Stratégies d'achat

Sous-traitance, partenariat
délocalisation

Éditions d'Organisation
1, rue Thénard
75240 Paris Cedex 05
www.editions-organisation.com

DU MÊME AUTEUR
AUX ÉDITIONS D'ORGANISATION

e-achat. Stratégie d'achat et e-commerce

L'entretien d'achat. Tactiques de négociation

Le Marketing achats. Stratégie et tactiques

En collaboration avec Pierre HEUSSCHEN
Acheter avec profit

En collaboration avec Chantal VICTOR
Mieux acheter avec la PNL

ISBN : 2-7081-3319-5

Roger PERROTIN
Jean-Michel LOUBÈRE

Stratégies d'achat
Sous-traitance, partenariat
délocalisation

Cinquième édition

Éditions
d'Organisation

Sommaire

AVANT-PROPOS

En 1995, la fonction achats a acquis ses titres de noblesse. Nul doute que l'ensemble des chefs d'entreprise lui reconnaissent aujourd'hui son rôle stratégique.

En vingt ans, cette fonction est ainsi passée d'une démarche administrative à une mission stratégique.

Cette transformation doit s'accompagner tout naturellement « d'outils ».

En effet, le niveau des relations « clients-fournisseurs » dans une économie de marché a considérablement évolué.

Notre ouvrage s'inscrit dans ce contexte car, il faut bien le dire, peu d'ouvrages ont été consacrés jusqu'à maintenant à la *stratégie d'achat.*

Les modèles existants à ce jour sont de type *monoculturel* et s'adressent à un domaine d'activité, par exemple l'automobile.

Nous avons essayé, dans cet ouvrage, de nous intéresser à une démarche interculturelle qui consiste à définir des stratégies d'achat différenciées par ligne de produits achetés.

Le sujet est tellement vaste que nous l'avons réduit à l'analyse des aspects de sous-traitance.

En effet, le terme de sous-traitance, du fait des phénomènes de délocalisation, a pris une importance toute nouvelle.

Nous essaierons de faire le point sur la relation entre :

• la sous-traitance, la coopération et le partenariat.

Ainsi que sur les relations clients-fournisseurs dont les extrêmes sont : la concurrence et le partenariat.

Nous laisserons bien entendu une large part aux aspects « négociation » qui, dans tous les cas, constituent le préalable à la rédaction des accords de tous les types.

1
Stratégie d'entreprise et sous-traitance

Depuis une dizaine d'années, les marchés industriels évoluent considérablement pour tenir compte de l'économie de marché qui impose :

- une course à l'innovation qui se traduit par une accélération du développement de produits nouveaux afin de satisfaire la demande des consommateurs en terme de variété et de flexibilité,
- une réduction drastique des délais de production (*time to market*),
- une optimisation de la qualité des produits,
- une recherche permanente de la rentabilité en termes financiers.

Ces éléments traduisent la volonté des entreprises de disposer d'un avantage concurrentiel, qui apparaît dans bien des cas comme une condition de survie. Stratégiquement, chaque entreprise s'est recentrée sur son cœur de métier et s'est mise à rechercher des savoir-faire à l'extérieur.

Par ailleurs, la mondialisation place l'entreprise française traditionnelle dans une position des plus désagréables. En effet, cette incontournable mondialisation crée un nouveau référentiel en termes de quantités à fabriquer, de délais de réalisation ainsi que de coûts.

Au-delà des moyens financiers, se placer sur un marché mondial pose le problème de l'existence propre. D'une manière générale, l'entreprise française, si importante soit-elle au niveau local, ne sera jamais qu'une petite entreprise face aux poids lourds venus des grandes nations ; à moins de prendre en compte l'existence de l'Europe.

Ce nouveau rapport de forces ainsi créé oblige les entreprises à s'allier sous différentes formes, mais qui ont toutes un point commun : la représentativité.

Celle-ci ne se traduit pas forcément par le seul critère de taille critique, mais par un ensemble d'éléments qui doivent satisfaire les actionnaires. Et dès que l'on évoque la mondialisation, y est associé naturellement le volume des quantités produites et vendues.

Mais si la caractéristique des entreprises françaises est de disposer des meilleurs atouts en terme de technologies, en revanche elles ne disposent pas de consommation interne suffisante pour couvrir les investissements nécessaires à leur mise en œuvre.

Combien de projets tout à fait novateurs ont avorté en raison du manque de débouchés, autrement dit du manque de besoins à l'intérieur du territoire.

Somme toute, la condition de survie des entreprises françaises placées dans un contexte d'économie de marché mondial est leur capacité à réagir à la constante évolution de ce marché. C'est la raison pour laquelle elles recherchent des savoir- faire à l'extérieur.

Ce qui nous amène au propos de cet ouvrage qui concerne cette recherche de compétences par **la sous-traitance, le partenariat ou la délocalisation.**

Ce sont bien évidemment des désengagements partiels ou totaux qui entraînent des associations d'entreprises que nous appellerons « alliances d'entreprises » ou « alliances stratégiques ». Dans tous les cas, il s'agit d'associations entre entreprises pour mener leur projet à bien, en conjuguant les ressources des parties.

Nous allons donner ci-après quelques formes d'alliances stratégiques.

LES ALLIANCES STRATÉGIQUES [1]

Il est devenu fréquent de rechercher et de favoriser le développement des entreprises non plus uniquement par l'intégration juridique et (ou) des participations financières mais par le **rapprochement contractuel**, celui-ci peut revêtir différentes formes que nous allons maintenant expliciter.

Les contrats de coopération

Ils constituent par rapport aux autres (le groupement momentané d'entreprises, les marchés de compensation, les joint-ventures, les contrats de fabrication en « O.E.M. ») la forme la plus générale de rapprochement contractuel reposant sur:

- une entreprise centrale (« pivot » des contrats de coopération) assurant la conception des produits, leur commercialisation et le soutien auprès des clients,
- des entreprises en « réseau » (reliées à l'entreprise centrale par des contrats de coopération) fabriquant les différents sous-ensembles du produit final.

---

1. Thimothy M. Collins et Thomas L. Doorley, *Les alliances stratégiques*, InterÉditions, Paris, 1991.

Il n'existe pas, surtout quand ces contrats de coopération revêtent un caractère international de qualification juridique bien établie, néanmoins ceux-ci doivent respecter des règles spécifiques au nombre de trois :

- la liberté contractuelle,
- l'obligation de coopérer,
- l'obligation de négocier.

a) La liberté contractuelle

Les parties au contrat (acheteur et fournisseur) doivent jouir dans les contrats de coopération d'une plus **large liberté contractuelle** que dans des contrats classiques appliquant les règles du droit commun.

Il n'apparaît plus justifié d'imposer des règles légales d'ordre public pour protéger l'un ou l'autre des contractants (exemple, l'article 1152 du Code civil permettant à l'un ou l'autre contractant de saisir le juge du contrat si la pénalité est considérée comme dérisoire ou excessive car on considère que chaque contractant a pris conscience de ses obligations respectives sans qu'il soit nécessaire de recourir au juge pour régler éventuel différend).

Remarque : ceci a d'ailleurs été jugé aux États-Unis ; des clauses limitatives (ou même exonératoires) de garantie ont été validées entre un vendeur et un acheteur expérimentés (« acheteur et vendeur de force à peu près égale dans la négociation »).

b) L'obligation de coopérer

Les contrats de coopération prévoient généralement que les entreprises collaboreront ensemble de **bonne foi** (le « best efforts » dans le droit anglo-saxon) ; c'est d'ailleurs tout l'intérêt de commencer un contrat par un préambule (« des attendus ») dans lequel les contractants expliquent succinctement pourquoi ils ont décidé de travailler ensemble (reconnaissance mutuelle du professionnalisme des cocontractants).

L'obligation de coopérer (c'est-à-dire d'après le dictionnaire Robert : opérer conjointement avec quelqu'un) consiste pour les parties à agir conjointement pour mener à bonne fin l'exécution du contrat.

Cela oblige :

- à fournir à l'autre l'assistance nécessaire,
- à respecter les intérêts de l'autre en s'interdisant notamment de le priver des avantages attendus du contrat,
- à exécuter les prestations promises avec toutes ses diligences.

c) L'obligation de négocier

Les contrats de coopération doivent prévoir qu'en cas de difficultés, les parties devront négocier de nouvelles bases d'accord pour surmonter les difficultés apparues. Ces contrats devront également prévoir les conséquences de l'échec des négociations (par exemple : résiliation et (ou) indemnisation).

Les contrats internationaux d'exploitation pétrolière fournissent un parfait exemple de ces obligations.

Lorsque le contrat est signé, la résiliation et le remplacement par un autre fournisseur ne sont guère envisageables. Il faut donc mener l'exécution à bonne fin tout en négociant constamment les réclamations (« claims » en anglais) du fournisseur.

Le groupement momentané d'entreprises (G.M.E.)

Les contrats de groupement momentané ou « consortium » sont des contrats conclus entre deux ou plusieurs entreprises en vue d'obtenir et d'exécuter **conjointement ou solidairement** un contrat de fournitures, de biens ou de services.

Dans notre propos, le G.M.E. peut s'envisager sous deux aspects :

a) L'entreprise acheteuse remet sur le plan commercial une proposition conjointement avec une autre entreprise (dans ce cas, le rôle de l'acheteur est secondaire par rapport à celui de la force de vente, mais la fonction peut intervenir dès l'origine dans la recherche du partenaire).

b) L'acheteur doit faire appel à plusieurs fournisseurs pour la réalisation d'une fourniture, d'une installation industrielle avec en final, pour ceux-ci, une **obligation de résultat**.

Les contrats passés techniquement avec chaque fournisseur méconnaissent fréquemment les problèmes de coordination et d'atteinte du résultat commun. Il peut, dès lors, être intéressant pour l'acheteur, dès la phase des négociations d'inciter les partenaires à former un G.M.E.

Tout groupement comprend un chef de file unique (parfois appelé mandataire commun) et des membres. Le mandataire commun (solidaire des autres membres du groupement dans l'exécution de leurs obligations) doit en général :

- préparer, proposer et négocier une offre commune,
- prendre en charge la gestion générale du contrat,
- assurer la coordination technique,
- obtenir la réception de la part de l'acheteur.

Le groupement peut être :

conjoint : chaque membre ne répond à l'égard de l'acheteur que de ses propres prestations.

solidaire : dans ce cas, la responsabilité ressortira à l'ensemble du contrat sans qu'elle puisse être clairement impartie à l'un des participants.

Les contrats de groupement prévoient, en général, que les membres sont solidairement tenus du paiement des clauses pénales pour retards dans l'exécution des prestations.

Les marchés de compensation

Il est fréquent, dans les échanges commerciaux entre les entreprises occidentales et les nouveaux pays industrialisés et pays en voie de développement, que l'entreprise qui a obtenu un contrat de fournitures soit dans l'obligation d'acquérir des produits fournis par le pays acheteur pour un montant pouvant être équivalent au prix de sa fourniture. Cette opération est dite de **compensation** ou « counter trade ».

Selon la nature exacte des échanges prévus, on distingue :

• Le troc

L'entreprise qui fournit reçoit à la place du prix qui lui est dû une quantité déterminée d'une matière ou marchandise convenue.

• Le contre-achat

L'entreprise qui fournit un produit ou un matériel s'engage à acheter à l'acheteur ou à une autre entreprise désignée par ce dernier une quantité déterminée d'un produit convenu.

• Le contrat dit « reverse counter trade »

L'entreprise qui espère réaliser une fourniture prochaine commence par acheter un produit auprès de son futur cocontractant et obtient ainsi un crédit devant servir au règlement de sa fourniture.

• Le switch

L'entreprise qui livre détient un crédit inscrit en compte qu'elle pourra utiliser à l'achat de prestations convenues qui seront réglées par le débit de son compte.

Les marchés de compensation peuvent être conclus :

- soit par un seul contrat (cas du troc),
- soit par deux contrats séparés (l'un de vente, l'autre d'achat).

D'une manière générale, on peut résumer la différence juridique entre un contrat de vente simple et un marché de compensation de la manière décrite par la figure 1-1.

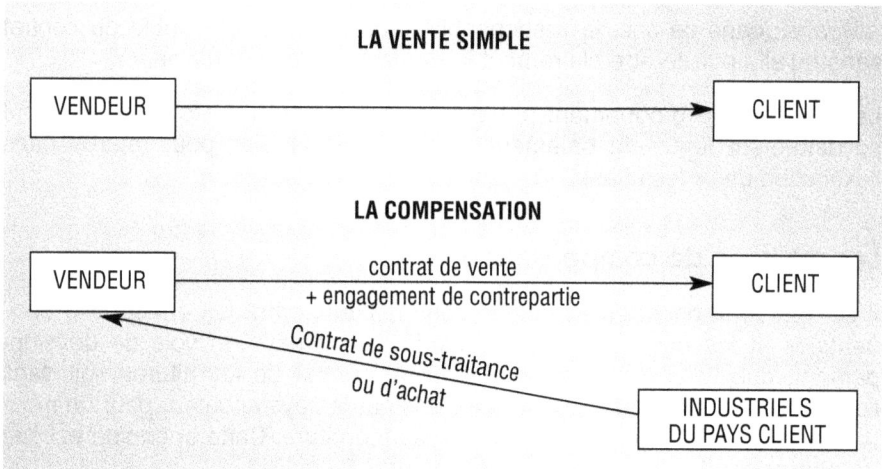

LA VENTE SIMPLE

| VENDEUR | ──────────────▶ | CLIENT |

LA COMPENSATION

| VENDEUR | ──────────────▶ | CLIENT |

contrat de vente
+ engagement de contrepartie

Contrat de sous-traitance
ou d'achat

| INDUSTRIELS DU PAYS CLIENT |

Figure 1-1 • Différence entre vente simple et compensation

Rappelons enfin que les compensations peuvent être :

• **directes** : opérations de compensation en relation directe avec les matériels (ou type de matériels) vendus au titre du contrat principal.
• **indirectes** : opérations de compensation sans relation aucune avec les matériels (ou type de matériels) vendus au titre du contrat principal.

Les joint-ventures

Elles ne constituent pas une catégorie juridique et signifient littéralement « l'entreprise en commun ».

Elles peuvent revêtir :

• une forme contractuelle (ce pourra être le cas d'une société en participation),
• une forme sociétale, c'est-à-dire avec création d'une personne morale nouvelle ; dans ce cas, il faut régler les problèmes des apports, de la répartition des bénéfices, des situations de blocage, ...

Le développement des joint-ventures s'explique par plusieurs motifs.

- Économique

Les synergies entre les partenaires permettent une accumulation de capitaux ou de marchés (avec une contrainte, celle de l'entrave à la concurrence) ;

- Technologique

La technologie lourde ou avancée nécessite une mise en commun de moyens ;

- Politique

Dans certains pays, l'accès aux marchés publics ou aux contrats privés avec des sociétés nationales nécessite l'association avec des partenaires locaux.

• Les contrats de fabrication en O.E.M. (Original Equipment Manufacturer)

Dans ces contrats, le fournisseur est spécialisé dans la fabrication de familles de **produits complexes** et il offre aux acheteurs potentiels la possibilité de convenir de certaines adaptations des caractéristiques du produit destiné à leur être vendu.

Compte tenu du coût des adaptations, le contrat comporte des engagements sur une période longue avec, en contrepartie, le droit pour l'acheteur d'auditer périodiquement les unités de fabrication du vendeur afin de vérifier l'application de procédures contractuellement convenues telles que les procédures sur l'assurance de la qualité.

L'exemple classique est celui de l'acheteur appartenant à une société vendant des systèmes (exemple : informatique pour la protection contre l'incendie, l'intrusion, ...) composés d'éléments matériels et immatériels et qui n'a pas capacité industrielle et technologique de couvrir toute la gamme des spécialités mises en jeu.

Les contrats doivent être approfondis sur les points suivants :

- assurance de la qualité, droit d'inspection des unités de fabrication du vendeur,
- garantie contractuelle du vendeur en cas de non-conformité des produits,
- garantie en matière de propriété intellectuelle. Il faut, par exemple, prévoir que « le fabricant garantit l'acheteur qu'à sa connaissance les produits contractuels livrés n'entraînent pas des droits de propriété intellectuelle détenus par un tiers »,
- droits sur la marque. Deux solutions peuvent essentiellement être prévues.

Cas 1. L'acheteur autorise le fabricant à apposer sur les produits contractuels la marque « ... » dont il est propriétaire. Le fabricant s'interdit de livrer à
d'autres clients qu'à l'acheteur les produits contractuels ainsi marqués ; il
s'engage également à ne pas déposer des demandes de marques pouvant
prêter à confusion avec la marque de l'acheteur.

Cas 2. Le fabricant livrera exclusivement à l'acheteur les produits contractuels qui les revendra sous sa propre marque intégrés dans les systèmes qu'il
commercialise ; il pourra également les revendre en tant que pièces détachées desdits systèmes.

Pour conclure ce bref développement des alliances stratégiques, et pour
résumer les formes de coopération acheteur/vendeur, nous vous proposons
le schéma différentiel *compensation/coopération* de la figure 1-2.

Bien entendu, et cet aspect sera longuement développé, le partenariat fournisseur s'inscrit dans une démarche de coopération, c'est-à-dire de relation
souhaitée entre deux parties.

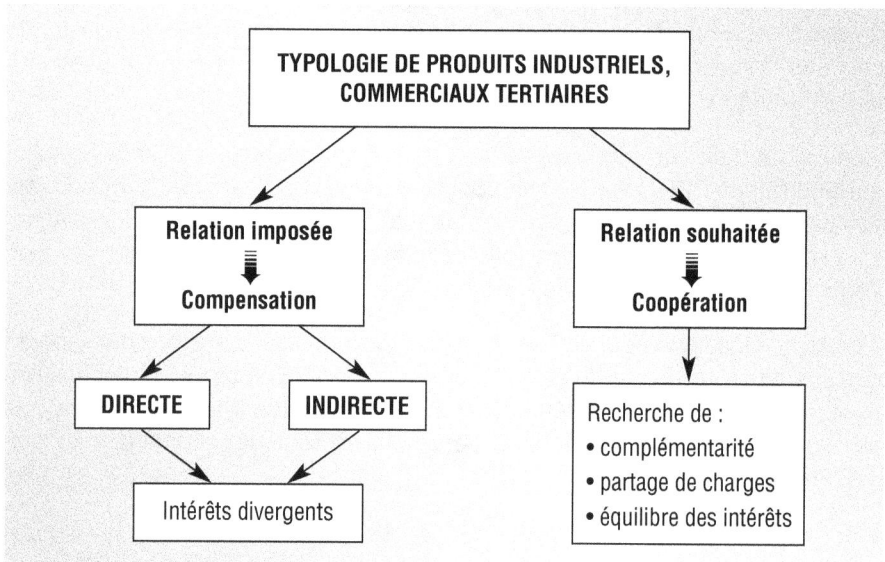

Figure 1-2 • Différence entre compensation et coopération internationale

LE PARTENARIAT FOURNISSEURS

Principes

Le partenariat fournisseurs, qui sera détaillé dans le chapitre traitant des différentes relations clients-fournisseurs, peut se définir comme une forme de coopération entre deux entreprises non concurrentes.

Mais ne nous y trompons pas ! Ce mode de collaboration, sans générer de conflit, n'en reste pas moins tendu, car le but à atteindre consiste en un *avantage concurrentiel* pour l'entreprise qui entreprend cette démarche.

Dans la relation client-fournisseur, l'avantage concurrentiel d'une entreprise provient de quatre facteurs stratégiques :

- prix,
- service,
- qualité,
- innovation.

Ainsi, dans une démarche partenariale, l'entreprise doit demander à ses fournisseurs :

- **sur l'aspect PRIX des produits,** de l'aider à rechercher des solutions à moindre coût pour les mêmes fonctions,
- **sur les aspects SERVICE ET DÉLAIS,** de répondre rapidement aux caractéristiques de volume du client final (flexibilité),
- **sur le plan de la QUALITÉ,** de l'aider à remettre en cause la qualité des produits à réaliser. Cela est d'autant plus vrai que le futur partenaire achète lui-même, sur le marché des composants, une part significative (estimée à plus de 50 %) du coût de revient des produits,
- **sur le plan de l'INNOVATION,** d'effectuer une veille technologique et commerciale permanente sur le marché pour introduire des produits de substitution à moindre coût ou assurer la pérennité des produits.

Pour tenir ces différents challenges, l'entreprise acheteuse doit veiller à l'exhaustivité de l'évaluation du futur partenaire (voir le chapitre traitant de l'évaluation technico-économique des fournisseurs).

En particulier, le facteur TEMPS constitue probablement la variable la plus importante à examiner chez un fournisseur.

Cette variable peut se décomposer de la manière suivante :

- le *temps* à investir pour démarrer une nouvelle fabrication (*start-up time*),
- le *temps* pour produire (*lead time*),
- le *temps* pour rechercher et développer de nouveaux produits (*time to market*),
- etc.

TYPE DE PARTENARIATS	MOYENS MIS EN ŒUVRE PAR LE FOURNISSEUR	FLUX	MOYENS MIS EN ŒUVRE PAR LE CLIENT	OBJECTIFS
Partenariats de réalisations simples	Main-d'œuvre peu spécialisée	▲ Produits/services Inputs simples		Recherche d'une économie sur le coût manouvrier Flexibilité Collaboration à court terme
Partenariats de réalisations complexes	Main-d'œuvre spécialisée Technologie élaborée	▲ Produits/services Inputs simples ▼ Technologie Organisation Brevet	▲ Matière grise ▼ Capitaux	Transférabilité et appropriation des compétences Recherche : JAT, qualité totale Maîtrise du coût total Réduction du lead time total Collaboration à long terme
Partenariats de conception	Matière grise Capacité	▲ Recherche Innovation ▼ Technologie Recherche	▲ Matière grise ▼ Capitaux	Recherche de l'innovation Design to cost Système complet de qualité Collaboration à long terme

Tableau 1-3 • Stratégie d'entreprise et sous-traitance

Sous-traitance et partenariat

Comme nous l'avons vu précédemment, le désengagement de l'entreprise ou la délocalisation de ses achats est quelquefois une condition de survie et, dans tous les cas, le moyen le plus efficace pour obtenir un avantage concurrentiel.

Mais, cette démarche constitue un véritable changement culturel.

En effet, comme nous le verrons dans le prochain chapitre, un partenariat fournisseur influe notamment sur :

- le niveau d'intervention de la fonction achats dans les processus de décision,
- les relations internes à l'entreprise,
- les relations clients-fournisseurs au niveau des différentes fonctions des entreprises,
- le raisonnement par objectifs,
- la définition des missions de chaque acteur et la répartition des tâches.

Il convient également de définir différents types de PARTENARIAT, de difficulté et d'efficacité croissantes :

- le partenariat simple (ou sous-traitance),
- le partenariat complexe,
- le partenariat de conception.

Le tableau 1-3 détermine les enjeux dans chaque cas.

LE CHAMP DE LA SOUS-TRAITANCE

La sous-traitance doit être définie aujourd'hui selon une dimension très large.

En effet, son champ d'application est ouvert à des fonctions d'entreprise jusqu'alors ignorées en termes d'externalisation.

Ainsi, nous allons définir la sous-traitance comme élément de la stratégie d'entreprise pour ensuite identifier le poids des services et les conséquences sur les différentes fonctions à sous-traiter.

a) Donnée stratégique

Lorsque les outils de communication se limitaient au courrier, puis au téléphone, l'acheminement d'informations de plus en plus complexes demandait plusieurs jours, sinon plusieurs semaines. La stratégie traditionnelle d'intégration verticale s'imposait autour d'un petit nombre de produits.

Les nouvelles technologies bouleversent ces données. Les dirigeants peuvent aujourd'hui fragmenter la chaîne de valeur ajoutée de leur entreprise, traiter à l'intérieur de l'entreprise les éléments stratégiquement clés (quand ils les ont bien identifiés) et, pour le reste, acheter au moindre coût global dans n'importe quel autre pays.

Résultat : la direction s'occupe avant tout de ce qu'elle fait le mieux, évite de disperser ses ressources, humaines, et financières sur des éléments secondaires de la chaîne de valeur.

Les entreprises qui ont intégré cette approche fondent leur stratégie non pas sur les produits mais sur une connaissance de plus en plus approfondie d'un petit nombre de compétences essentielles (service, technologie, marketing).

b) Le poids des services

Nous devons oublier l'idée reçue qui veut que la production soit distincte des activités de service. En fait, les entreprises sont de plus en plus des entreprises intégrant de la prestation de service.

Pour illustrer notre propos, notons qu'aux États-Unis, 76 % des salariés sont employés dans des secteurs habituellement considérés comme des services : communication, transport, finance, sociétés spécialisées autour de la finance, etc.[1].

Parmi ceux qui travaillent dans les entreprises industrielles, 65 à 75 % effectuent des tâches de service qui vont d'activités fondamentales liées à la production (recherche, logistique, maintenance, design) aux services administratifs indirects (comptabilité, droit, finances, personnel, communication, marketing, etc.).

Dans l'ensemble, on peut considérer que les services représentent plus des trois quarts de l'ensemble des coûts des industries américaines.

Le rôle des services est de plus en plus important dans l'apport de valeur ajoutée alors que naguère cet apport provenait essentiellement des processus de production.

Dans l'industrie pharmaceutique, notamment, l'apport de valeur ajoutée résulte essentiellement d'activités de service comme la mise au point de médicaments dans les divisions Recherche et Développement, l'élaboration de mesures de protection des brevets, etc.

---

1. *Harvard – L'Expansion*, été 1991.

c) Conséquences sur les fonctions à sous-traiter

L'adoption de telles stratégies a un impact direct sur la **fonction** achats.

Prenons l'exemple de SCI Systèmes, le plus grand sous-traitant mondial de l'électronique.

SCI s'est développée au rythme de 35 % par an dans un secteur difficile en se procurant à l'extérieur la plupart des processus de production et de services qu'elle considère comme non prioritaires. La Direction concentre ses ressources sur la conception et la mise au point des produits, la gestion de la logistique, le contrôle de la qualité et l'expertise dans les technologies d'assemblage des composants.

La réduction des frais généraux qu'entraîne une telle politique d'achats a permis à SCI de réagir avec souplesse et d'avoir des frais administratifs plus bas que ses concurrents.

Aujourd'hui donc les moyens « matériels » donnent rarement un avantage concurrentiel stable. Il est simple de les limiter d'une façon ou d'une autre. L'avantage durable provient de la qualité des collaborateurs, des capacités logistiques, des avantages **spécifiques** en termes de services qui débouchent sur une valeur perceptible par le client.

Il faut donc se consacrer à l'identification des quelques activités de services fondamentales où la société a développé (ou peut développer) des capacités distinctives. Ensuite, il faut avec rigueur chercher à éliminer, limiter ou sous-traiter les activités dans lesquelles l'entreprise ne peut être la meilleure.

LA PRISE DE DÉCISION : FAIRE OU FAIRE FAIRE

Compte tenu des éléments précédents, la décision « faire ou faire faire » peut être d'ordre stratégique et donc du ressort de la Direction générale.

Les différents critères

En fait, nous pouvons dégager trois critères de décision : financier, de capacité, d'avantage concurrentiel.

Le critère financier

C'est un critère de rentabilité pure.

Une partie du tableau 1-4 fait la synthèse d'une telle démarche.

Le premier cas, le plus simple, est celui :

- du nouvel investissement ; en effet, la décision de sous-traiter va se placer dans une approche globale recouvrant :

  - l'étude commerciale (positionnement sur le marché, espérance de vente),
  - le financement de l'investissement,
  - le coût de production (c'est à ce niveau que l'on devra envisager la sous-traitance comme un simple facteur de coûts).

Dans la pratique aujourd'hui, le financement, le marché, le taux d'actualisation (incluant la rentabilité) seront les facteurs-clés.

Le deuxième cas est celui où la capacité de production n'est pas disponible. L'analyse prendra en compte :

Produire ou sous-traiter

Équipement actuel existant	Capacité disponible	Volume fort	Prix du sous-traitant < (coût de production + quote-part frais généraux de production et frais de siège)	Sous-traiter
			Prix du sous-traitant > (coût de production + quote-part frais généraux de production et frais de siège)	Produire
		Volume faible	Prix du sous-traitant < coût de production	Sous-traiter
			Prix du sous-traitant > coût de production	Produire[1]
	Pas de capacité disponible		Rentabilité production < rentabilité cible	Sous-traiter
			Rentabilité production > rentabilité cible	Produire[2]
Nouvel investissement nécessaire			Rentabilité production < rentabilité cible	Sous-traiter
			Rentabilité production < rentabilité cible	Produire

1. À moins que la rentabilité de cette production soit jugée insuffisante.
2. À moins d'impossibilité de dégager une capacité sur une fabrication moins rentable

Tableau 1-4 • Schéma de la décision fondée sur le seul critère de la rentabilité

© Éditions d'Organisation

• d'une part, le coût de la sous-traitance ;
• d'autre part, le coût marginal de production.

C'est-à-dire les coûts complémentaires nécessaires pour produire en interne (exemple : heures supplémentaires, travail posté) ; il faut faire un calcul « objectif ».

C'est-à-dire prendre en compte notamment :

• le coût réel des heures supplémentaires (repos compensateur, taux complémentaire, ...),
• le coût complet des machines (faire une affectation des amortissements et des provisions d'entretien aux heures réellement consommées et ne pas se contenter d'une allocation annuelle dans des conditions normales d'exploitation),
• les coûts variables généraux (nous entendons par là : éclairage, chauffage, énergie) et pas uniquement les coûts variables incorporés aux unités produites (composants, matières premières).

La prédominance est encore économique. On aurait d'ailleurs pu y ajouter la gestion de trésorerie ; en effet, aujourd'hui les conditions de paiement des sous-traitants sont plus longues que celles des salariés et de certains coûts immédiatement décaissables (EDF par exemple) ; ce critère va donc également dans le sens de la sous-traitance.

Le critère de capacité

C'est le troisième cas du tableau 1-4, et c'est de loin le plus délicat, quant à la décision à prendre.

Dans tous les cas (volume fort ou faible) :

a) si le prix du sous-traitant est inférieur au coût de production (matières premières éventuellement et valeur ajoutée atelier), il faut sous-traiter,

b) si le prix du sous-traitant est supérieur au prix de cession industriel (défini comme la somme coût de production + frais généraux de production + éventuellement une quote-part des frais de siège), il faut produire avec ses moyens propres,

c) si le prix du sous-traitant est compris entre le coût de production et le prix de cession, les frais généraux de production (et éventuellement quote-part de frais de siège) risquent d'être compris deux fois (une fois dans le prix du sous-traitant et une fois chez l'acheteur comme des frais préexistants qu'il faut couvrir) ; il faut par conséquent analyser quelle est la structure des frais généraux de production et déterminer ce qui est spécifique à l'achat et au contrôle de la sous-traitance.

Précisons que cela justifie très largement l'application d'une comptabilité basée sur les activités mesurées elles-mêmes par des **inducteurs de coûts** (exemple : nombre de commandes, de fournisseurs, de contrôle qualité, de composants, ...), le principe étant que ce ne sont pas les produits finis qui consomment les ressources de l'entreprise, mais les activités. Les activités, étant, elles, consommées par les produits, non plus sur la seule base du volume, mais sur une triple base : une fixe liée à l'existence du produit, une proportionnelle au nombre de lots traités et une toujours liée au volume produit ou vendu.

Le critère d'avantage concurrentiel

Dans ce cas, les étapes de la prise de décision sont les suivantes :

- Définir **chaque activité** de la chaîne de valeurs comme un service qui peut être soit produit sur place, soit sous-traité à l'extérieur. (S'appuyer sur la notion de relation interne client-fournisseur est utile dans cette étape.)
- Se poser les questions suivantes sur chaque activité :

  - Avons-nous (ou pouvons-nous ?) avoir de meilleures ressources que le marché pour ce service ?
  - Si oui, est-ce un élément de notre stratégie de base ?
  - Si non, quelles sont les possibilités de sous-traiter cette activité ou de constituer une alliance stratégique avec une entreprise disposant de capacités supérieures ?

- Vérifier que l'on se focalise bien sur les deux groupes d'activités suivants :

  - celui où l'entreprise peut créer une valeur ajoutée distinctive (activité 1) ;
  - celui que l'entreprise doit de toute façon contrôler pour conserver ses atouts vis-à-vis de la concurrence dans les segments essentiels de sa chaîne de valeur ajoutée (activité 2).

La grille du tableau 1-5 peut aider, en donnant quelques exemples, à préparer la réflexion.

Dans cette démarche, la détermination d'objectifs à partir d'une étude de *benchmarking* constitue un outil puissant et pertinent[1], car il s'agit d'être le *meilleur* dans une fonction déterminée ; les indicateurs *benchmarks* étant des objectifs d'excellence assurant l'avantage concurrentiel recherché.

---

1. Robert C. Camp, *Le benchmarking*, Les Éditions d'Organisation, Paris, 3e tirage, 1995.

Activité	Que fournit-elle et à qui ?	Sommes-nous compétitifs dans ce service ?		Notre BENCHMARK (1)	Politique et/ou stratégie d'achats	Activité	
		Oui	Non			1	2
Faire la paie	Bulletin → salaire Virement → salaire Données → direction		X		À sous-traiter		X
Fabriquer une pièce importante du moteur	À l'assemblage, une pièce qui nous donne une grande souplesse de fonctionnement à bas régime. Secret de fabrication		X	(C₁) Qualité (C₂) Coût (C₃) Développement			
Livrer les clients sous 48 heures	À partir d'un stock, savoir livrer en France sous 48 heures		X	(C₁) À étudier (C₂) La Redoute (C₃) Autres		X	

(1) Technique qui permet de se fixer des objectifs en prenant, comme référence pour une activité donnée, le plus performant au monde. On se fixe des critères C_1 C_2 C_3 à satisfaire.

Tableau 1-5 • Prise de décisions à partir du critère d'avantage concurrentiel

Autres facteurs à prendre en compte

Pour vous aider dans votre décision « faire ou faire faire », nous vous proposons ci-après quelques éléments.

- Changer d'optique et considérer les coûts administratifs internes et les frais
  généraux comme des services qui pourraient être sous-traités, fait souvent
  apparaître une source d'avantages concurrentiels peu exploitée.
- L'objectif n'est pas de « sabrer » les coûts, mais de produire ou d'acquérir
  les services nécessaires au meilleur coût global.
- L'entreprise qui assure des activités qu'elle pourrait sous-traiter à meilleur
  compte affaiblit sa position concurrentielle.
- L'entreprise ne prendra pas pour seul critère l'efficacité économique quand
  le service qu'elle prend à son compte est vital pour garder la maîtrise globale du processus (de la R et D au S.A.V.).
- En n'intégrant pas certains services et en gérant des systèmes plutôt que
  des hommes et des machines, l'entreprise diminue les risques :

  – de non-performance, car il est plus simple de changer de fournisseur
    que d'évoluer soi-même,
  – d'être dépassé par l'apparition d'une nouvelle technologie (on peut
    changer de fournisseur ou de sous-traitant),
  – de non-flexibilité,
  – de ne pas avoir les meilleurs talents pour un service donné.

- L'entreprise acheteuse doit penser réseau, système et abandonner la pen-
  sée linéaire des relations bilatérales clients/fournisseurs.

Avantages et inconvénients de « faire faire »

Prendre la décision d'externaliser une fonction d'un produit, voire de l'entreprise est délicat, comme nous venons de le voir. En outre, il convient d'identifier les effets négatifs d'une telle démarche.

Nous nous proposons de lister, dans un cadre général, les avantages et
inconvénients de « faire faire », pour ensuite personnaliser ce bilan au cas des
services.

a) Cas général

AVANTAGES	INCONVÉNIENTS

• On peut, si l'on dispose d'un service méthodes, faire une analyse comparative entre :
  – le prix (résultat du marché),
  – le coût (calcul interne issu des nomenclatures et gamme opératoire).
 • Meilleure maîtrise du coût global (montant des factures augmenté du coût de fonctionnement du service achats et du coût d'élaboration du cahier des charges).
 • Meilleure maîtrise des coûts externes que des coûts internes (difficultés d'obtenir des vrais chiffres d'une comptabilité analytique).
 • Diminution des encours (stock au sens comptable). En réalité, il y a un stock déporté chez le sous-traitant et il faut apprécier le coût d'opportunité inclus dans le prix du sous-traitant.
 • Réduction des délais (au moins à la conclusion du contrat), alors qu'en interne il est difficile sinon impossible d'obtenir et de faire respecter des délais.
 • Utilisation de la sous-traitance pour réguler le plan de la charge globale.
 • Augmentation de la productivité sans investissement (ensuite, il faut être capable de définir une clause de partage des gains de productivité).
 • Meilleure réactivité dans la réponse sur des consultations de ses propres clients.
	• Le prix résulte du positionnement de l'acheteur sur le marché de la sous-traitance (l'acheteur est-il un client-cible pour le sous-traitant ?).
	 • Quelle est la sensibilité du prix du sous-traitant au rapport charge/capacité sur le marché concerné ?
	 • Rémanence des prix (on a un référentiel historique qui peut être anormalement élevé et l'on perd le comparatif interne si l'on arrête complètement la fabrication interne. Dans certains cas, on peut se recentrer en procédant à des consultations périodiques).
	 • Apparition des coûts cachés provenant d'un non-amortissement de son propre matériel (le coût du sous-traitant intègre déjà une part d'amortissement).
	 • La difficulté de maîtriser les délais d'exécution (il faut se donner les moyens de le faire avec des clés techniques, des paiements partiels et éventuellement des clauses pénales et de résiliation).
	 • Risque de défaillance du sous-traitant (d'où nécessité de l'évaluation sur le risque de défaillance) et plus généralement fiabilité du fournisseur pendant l'exécution.
	 • Risque de dégradation de la qualité des produits d'où nécessité d'instaurer des audits périodiques du fournisseur.
	 • Perte de son savoir-faire industriel.
	 • Perte de contact avec la fabrication.

AVANTAGES	INCONVÉNIENTS

• Possibilité de répondre à des consultations sans avoir le savoir-faire ni la nécessité d'investir.
 	
• Utilisation de savoir-faire des sous-traitants, mais nécessité de consulter sur la base d'un cahier des charges fonctionnel.
 	
• Importance de l'ouverture vers l'extérieur (on peut avoir différentes solutions techniques alors qu'en interne, on n'a qu'une seule possibilité).
 	
• Remise en cause interne grâce aux idées et innovations apportées par les sous-traitants.
 	
• Sources d'informations (technique et commerciale).
 	
• Supériorité de la spécialisation sur un métier.
 	
• Meilleure qualité de service (véritable relation client ↔ fournisseur).
 	
• Transfert des risques chez le sous-traitant (à pondérer avec l'approche partenariat).
 	
• Flexibilité dans la gestion de ses moyens de production.
	• Confidentialité (sur les dossiers proprement dits, les développements, les informations diverses).
	
	• Duplication pouvant être coûteuse (si l'on ne veut pas être en monosource).
	
	• On dépend de la structure financière du sous-traitant (notamment de sa capacité d'autofinancement et des éventuelles exigences des autres clients du sous-traitant).
	
	• Difficultés pour :
	  – récupérer les outillages dont on est propriétaire,
	  – faire reprendre les outillages venant d'un autre sous-traitant.
	
	• Difficulté de réintégrer chez soi une sous-traitance correspondant à une technique externalisée depuis plusieurs années.
	
	• Risque de créer des nouveaux concurrents.
	
	• Risque de perte de crédibilité vis-à-vis de ses clients.
	
	• Difficulté de tenir des engagements « moraux » vis-à-vis des sous-traitants.
	
	• Manque de formation de son personnel sur les composants sous-traités.

b) Cas des services (notamment la maintenance)

On peut ajouter un certain nombre de caractéristiques faisant pencher vers la sous-traitance.

- Pour certains matériels et équipements, il faut une spécialisation pointue que l'on ne trouve pas avec son propre personnel (dont la caractéristique est la polyvalence).
- La multiplicité des clients permet aux sous-traitants d'avoir une meilleure adéquation humaine charge-capacité...

- La rapidité d'intervention doit être soigneusement et contractuellement organisée (communications – télétransmissions – véhicules).
  Il faut noter qu'en interne cela conduit à un certain alourdissement de la gestion du personnel (astreinte – heures supplémentaires – repos compensateur).
- Le sous-traitant a une connaissance précise des règlements et normes applicables car cela fait partie intégrante de son métier. De même, la formation professionnelle plus ciblée est intégrée dans l'activité du sous-traitant (peu de formation mais très ciblée sur le métier du sous-traitant).
- La gestion des pièces de rechange est moins coûteuse chez le sous-traitant car il peut amortir la valeur du stock sur un plus grand parc d'équipements. Une gestion informatisée apporte une économie supplémentaire car il y a moins de références et une rotation plus rapide.
- Ce qui vient d'être dit sur les pièces de rechange peut s'appliquer à l'outillage et à la métrologie (et peut-être même justifier pour le sous-traitant d'équiper un atelier d'entretien de son matériel).
- Le sous-traitant peut investir dans une fonction méthodes (préparation des interventions, élaboration des gammes opératoires, analyse des modes de défaillance et de leur criticité).
- L'investissement dans un logiciel de contrôle de gestion technique est justifié alors que sa rentabilité est loin d'être évidente en interne.
- On peut déléguer contractuellement la responsabilité juridique (notamment gardien de la chose) au sous-traitant.

CONCLUSION

Ce premier chapitre, à caractère général, vous a présenté notre point de vue sur la ou les relations existantes entre la stratégie d'entreprise et la sous-traitance.

Bien entendu, à une stratégie d'entreprise correspond une ou plusieurs stratégies d'achat.

Il convient donc, maintenant, d'établir les relations existant entre ces nouveaux paramètres ; c'est l'objet du chapitre suivant.

2
Stratégie d'achat et sous-traitance

Nous avons vu précédemment que de nos jours, la sous-traitance ne s'appliquait pas seulement à la réalisation de « pièces de production » chez des fournisseurs spécialistes, mais également à différentes fonctions de l'entreprise.

Cette sous-traitance « élargie » permet à l'entreprise de conserver ou de générer un avantage concurrentiel, encore faut-il élaborer des stratégies d'achat de sous-traitance différenciées par lignes de produits achetés.

Ces stratégies différenciées ont une influence sur :

- l'organisation de la fonction achats,
- les méthodes de travail,
- les relations clients-fournisseurs.

Ainsi, nous vous proposons dans une première partie de vous donner certains axes de réflexions stratégiques que nous appellerons « leviers porteurs de gains » et dans une seconde partie, de cerner le plus finement possible les différents types de relations clients-fournisseurs.

LES LEVIERS PORTEURS DE GAINS

Les leviers ci-après permettent de déterminer la « bonne pratique d'achat » et ainsi de maximiser la performance de la fonction achats.

La coopération

C'est une alliance stratégique dans le but de maximiser le pouvoir de négociation de l'entreprise acheteuse. Elle peut être de deux types :

* la coopération horizontale qui consiste en une collaboration avec un concurrent à l'achat,
* la coopération verticale ou partenariat (voir ci-après).

Le partenariat

Le choix stratégique, qui sera revu plus en détail dans la deuxième partie de ce chapitre, consiste à exploiter les synergies client/fournisseur dans un esprit de partage des risques, moyens et gains, ainsi que l'accroissement de la compétitivité des partenaires sur le long terme.

La mise en œuvre se fait par :
* l'identification d'un enjeu,
* l'évaluation des contraintes et des risques,
* l'évaluation des fournisseurs,
* l'amélioration continue des performances des fournisseurs,
* la définition d'un coût objectif,
* l'établissement d'une transparence du contrôle des coûts,
* la fixation des règles d'échange entre les deux partenaires.

La concurrence

Il s'agit d'une action qui consiste à susciter l'intérêt de nouveaux fournisseurs pour le produit ou le service afin d'élargir le panel d'approvisionnement et ainsi le choix de fournisseurs.

La mise en œuvre se fait par :
* le préciblage et la consultation des fournisseurs,
* l'interrogation de nouvelles sources,
* la demande d'innovation commerciale lors des appels d'offres,
* l'amélioration continue des performances des fournisseurs.

L'internationalisation

Ce choix consiste à élargir le marché d'achat en recourant à l'importation et en sélectionnant des fournisseurs étrangers.

L'effet de taille

Il s'agit d'exploiter l'effet volume du besoin globalisé pour obtenir des meilleures conditions et une simplification de l'acte d'achat.

La mise en œuvre se fait par :
- l'évaluation de potentiel d'achat,
- la standardisation des besoins,
- la coordination des consommations.

La planification et la globalisation

La planification consiste à consolider l'ensemble des besoins prévisionnels à moyen et long terme.

La mise en œuvre se fait par :
- l'intégration des besoins prévisionnels,
- l'évaluation de l'incertitude des besoins prévisionnels,
- l'information donnée aux fournisseurs.

La globalisation est une planification étendue à l'ensemble des unités d'un même groupe (par exemple : usines d'un groupe industriel).

La mise en œuvre se fait par :
- la coordination des consommations,
- la standardisation des besoins,
- la réduction du nombre de fournisseurs,
- la réduction du nombre de commandes.

L'intégration verticale

Ce choix stratégique consiste à remonter dans la filière industrielle, en s'assurant la maîtrise des tâches assumées en amont, soit :

- par un développement interne à l'entreprise,
- par un développement externe sous forme du rachat d'une entreprise ou une prise de participation financière, ou toute autre forme de relations.

La conception à coût objectif

Il s'agit de concevoir, avec un partenaire et des prescripteurs, des produits ou des services répondant à un coût objectif nécessaire et suffisant pour satisfaire les exigences du client final.

La mise en œuvre se fait par :

- l'établissement d'un cahier des charges fonctionnel,
- la définition d'un coût objectif,
- l'établissement d'une transparence du contrôle des coûts,
- l'optimisation et le partage des gains de productivité.

La simplification des spécifications

L'objectif final est la juste définition du produit ou du service, l'attente du niveau qualitatif nécessaire et suffisant, la suppression de la sur-qualité.

La mise en œuvre se fait par :

- l'établissement d'un cahier des charges,
- l'analyse de la valeur.

La standardisation et le développement des produits nouveaux

Ce levier consiste à :

- soit introduire des produits standards en lieu et place des produits spécifiques,
- soit développer les systèmes achetés de sorte à intégrer des produits de substitution.

La mise en œuvre se fait par :

- les actions de veille technologique et commerciale,
- l'établissement d'un cahier des charges fonctionnel,
- l'analyse de la valeur.

le désinvestissement industriel

C'est le recours à la sous-traitance.

La mise en œuvre se fait par :

- le cahier des charges technique,
- l'analyse et le contrôle des coûts,
- l'étude FAIRE ou FAIRE FAIRE.

LA VISUALISATION DU PORTEFEUILLE DES ACHATS

Nous nous proposons de développer notre réflexion stratégique à travers des outils de visualisation qui doivent permettre de :

- différencier l'approche « achats » selon les familles de produits,
- choisir le type de relation client-fournisseur approprié, et en particulier de juger de l'opportunité d'un partenariat, au-delà d'une sous-traitance simple.

La démarche consiste, dans un premier temps, à établir une matrice *risques/profit,* dont le but est d'avoir une vision la plus objective possible des enjeux liés au portefeuille des achats.

L'évaluation du risque

D'une manière générale, le *risque* est inhérent à l'acte d'achat. Il peut avoir trait aux caractéristiques des produits disponibles, à l'environnement ou à tout autre paramètre tendant à créer un danger quant à la pérennité des approvisionnements.

L'évaluation du *risque* procède d'une démarche en deux étapes : l'identification des contraintes d'achat et l'identification des risques.

Étape 1 : identification des contraintes[1]

Nous nous bornerons dans cet ouvrage, à vous donner quelques éléments de réflexion. Pour plus de détails sur l'analyse des contraintes d'achat, vous voudrez bien vous reporter à l'ouvrage *Le Marketing achats* déjà cité.

Nous définirons une « contrainte d'achat » comme une inadéquation entre les besoins de l'entreprise et le marché des fournisseurs.

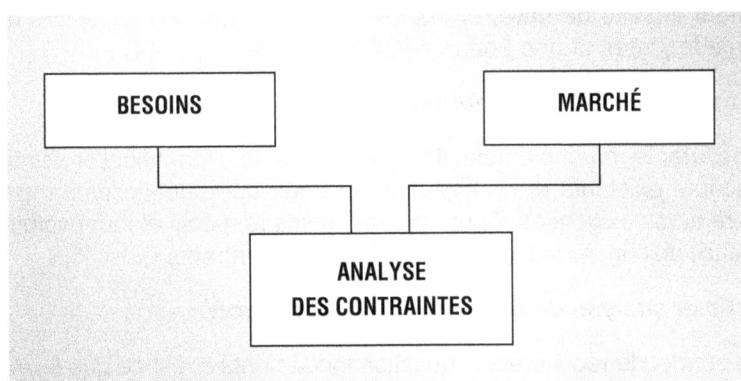

Figure 2-1 • L'adéquation Besoins-marché

---

1. Roger Perrotin, *Le Marketing achats*, Éditions d'Organisation, Paris, 4e édition, 2001.

Connaissant les besoins de l'entreprise, il convient d'analyser le plus finement possible le MARCHÉ.

L'analyse du marché consiste à identifier la nature et la valeur des « poids » situés de chaque côté de la balance du marché.

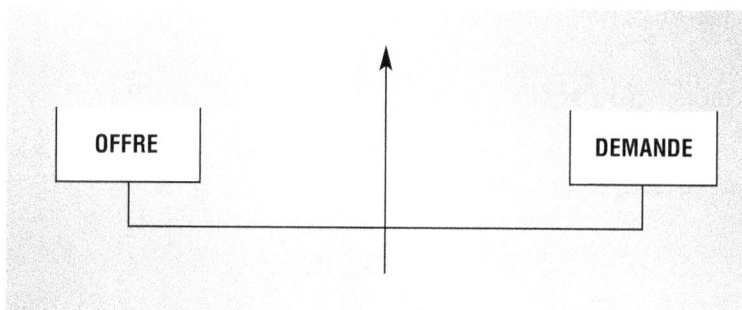

Figure 2-2 • La balance du marché

À titre d'exemple, et sans que ce soit exhaustif, vous devez étudier aussi bien l'offre que la demande, de la manière suivante :

■ **Analyse de l'offre**

L'objectif consiste tout d'abord à évaluer les fournisseurs potentiels, et à identifier les segments de marché susceptibles d'intéresser l'entreprise.

Il convient ensuite de détecter les fournisseurs ayant les capacités de production adéquates et une bonne santé financière.

1. La mesure du marché fournisseur

Pour mesurer le marché amont, il faut être capable d'identifier l'ensemble des fournisseurs existants et de sélectionner ceux qui potentiellement peuvent répondre à nos exigences. Connaître leur poids respectif et leur évolution sur le marché ; distinguer les leaders, les nouveaux entrants (...).

2. Étude et analyse de la capacité de production

L'étude permet de répondre à la question fondamentale : est-ce que les fournisseurs sont capables de s'adapter aux besoins croissants du marché ? Quelle est la capacité de production actuelle et quelles sont les possibilités d'extension ?

3. Étude et analyse de la situation financière

L'étude consiste à déterminer si les entreprises potentiellement intéressantes ont une gestion financière saine. Les fournisseurs ont-ils, par exemple, les fonds nécessaires pour leur exploitation courante et pour investir dans l'amélioration de leur équipement ?

Il faut connaître leur dépendance financière vis-à-vis d'organismes financiers, et leur capacité à rentabiliser leurs opérations.

4. *Étude et analyse du ou des produits proposés*

Pour acheter un produit, il faut que celui-ci réponde au mieux à vos besoins. Vous commencerez par positionner les produits les uns par rapport aux autres, puis vous analyserez leur contribution à l'activité de chaque entreprise.

5. *Étude et analyse du service*

La notion de service est une attitude dans le comportement du fournisseur, un état d'esprit accompagné des moyens appropriés pour satisfaire un client. Il convient dès lors de détecter cet état d'esprit.

6. *Étude et analyse des prix proposés*

Il s'agit de comparer les prix entre les différents fournisseurs, de déterminer un prix marché et de rechercher les raisons pour lesquelles un prix se situe en dehors du prix marché. La **DÉCOMPOSITION D'UN PRIX** pourra aussi expliquer certaines différences.

Enfin, il convient d'étudier les variations et prix des années antérieures et de faire une projection dans le futur.

7. *Étude et analyse des motivations des fournisseurs*

Quelles sont les raisons pour lesquelles certains fournisseurs vendront plus facilement à telle ou telle entreprise ? Il convient de détecter si votre entreprise est une « cible » pour les fournisseurs potentiels.

8. *Étude et analyse des fournisseurs de nos fournisseurs*

Cette étude permet de comprendre la dynamique d'un marché. Voire de contrôler certains éléments proposés par les fournisseurs :

• contrôle de la part matière,
• contrôle de la variation de prix,
• difficultés d'approvisionnement.

Elle peut permettre d'anticiper une hausse des prix, une rupture d'approvisionnement, etc.

■ **Analyse de la demande**

Cette étude procède à un recensement de l'ensemble des entreprises qui achètent sur le marché fournisseur, de leurs caractéristiques, de l'évaluation de leurs forces et faiblesses.

L'objectif étant de comparer ces éléments à votre entreprise et de bâtir un plan stratégique d'achats.

1. Définition de la demande

La demande d'achats est composée de vos propres besoins et des besoins d'un certain nombre de concurrents à l'achat.

La concurrence à l'achat est *directe* quand l'ensemble des entreprises achètent des services ou produits identiques afin de satisfaire des besoins identiques ou différents.

La concurrence à l'achat est *indirecte* lorsqu'il s'agit de satisfaire des besoins identiques avec des produits ou des services différents.

Ainsi définie, l'offre revient à recenser les entreprises concurrentes à l'achat directement ou indirectement.

2. Étude et analyse des entreprises concurrentes

Une fois recensées, il convient d'observer leur position (leader, nouvel entrant...), leur structure, leur stratégie globale, leur stratégie d'achats et leurs motivations à évoluer sur tel ou tel marché.

3. Étude et analyse des besoins et de leurs produits

Étude des besoins de ces entreprises, de l'importance des produits achetés jusqu'à l'utilisation de ces produits sur leur marché aval.

L'objectif est de détecter les concurrents qui peuvent remettre en cause notre position sur le marché fournisseur.

4. Étude et analyse de la communication de l'offre

Il convient d'identifier les moyens qu'utilise la concurrence pour se faire connaître sur le marché fournisseur. Cette étape permet de connaître les modes d'investigation des entreprises concurrentes à l'achat et leur politique d'achat.

■ **Représentation du marché**

Nous pouvons définir treize natures d'achats et les représenter, après étude du marché, sur le graphique 2-3 :

1. Travaux neufs, grands projets
2. Composants de production
3. Sous-traitance structurelle
4. Matières premières
5. Travaux neufs, Grands projets
6. Investissements de production
7. Consommables (frais généraux)
8. Prestations intellectuelles
9. Biens d'équipement
10. Transport
11. Projets d'engineering
12. Maintenance – entretien
13. Consommables de production

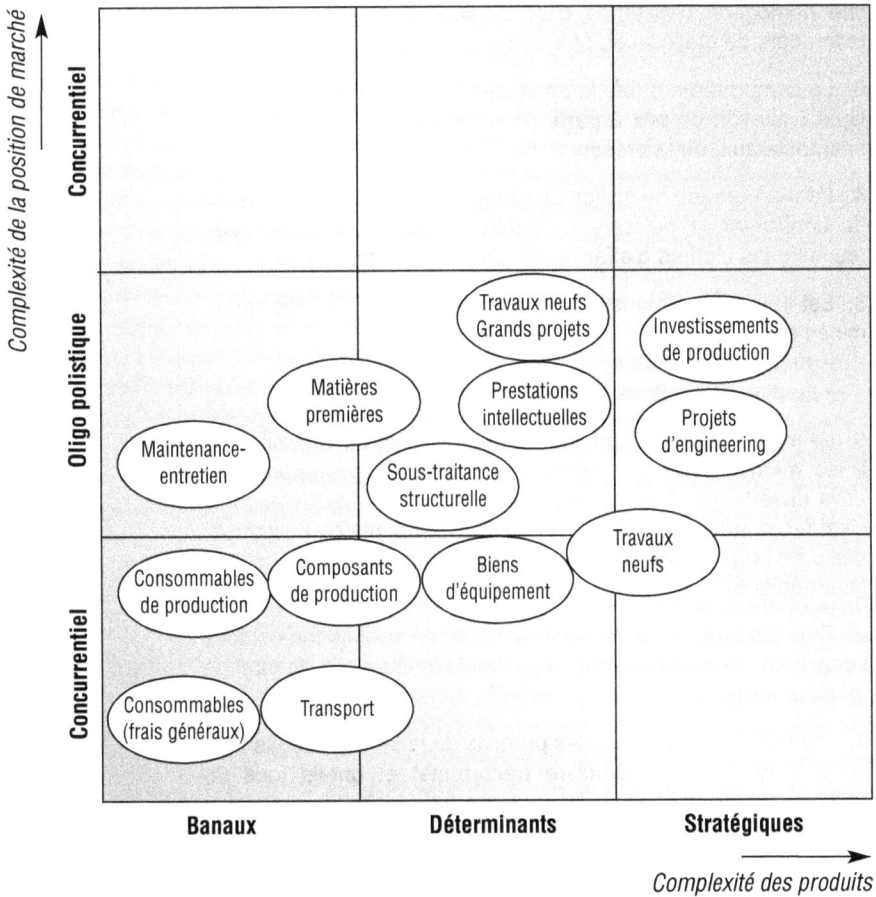

Figure 2-3 • Exemple de visualisation des segments d'achats

Cette segmentation effectuée, la check-list ci-après permet de vérifier si une famille déterminée correspond bien à un segment de marché homogène. Une majorité de réponses positives tend à démontrer que la famille de produits concernée correspond à un même segment de marché. En revanche, si la plupart des questions reçoivent une réponse négative, c'est qu'il existe plusieurs marchés fournisseurs et qu'il convient de revoir la segmentation des produits achetés.

	OUI	NON
1. Les principaux fournisseurs, au niveau des différents produits de la famille, sont-ils les mêmes?		
2. La famille considérée correspond-elle à un segment de marché homogène (existence d'un syndicat professionnel, d'une fédération, de statistiques officielles…)?		
3. Le comportement des fournisseurs sur le marché est-il identique (variation de prix à partir de l'effet d'expérience, de cours internationaux, de la présence d'un leader, etc.)?		
4. Pour un groupe multisites ou groupe industriel, est-il possible de centraliser la puissance d'achat de la famille déterminée (cumuler les chiffres d'affaires achats des différents sites)?		
5. Est-il possible de positionner financièrement la famille déterminée par rapport: – au marché de l'offre, – au marché de la demande?		
6. Le marché de l'offre de chacun des produits de la famille a-t-il les mêmes caractéristiques géographiques (provenance de pays ouverts tels que les pays de la CEE; les pays étanches, c'est-à-dire protégés par des barrières douanières ou politiques; des pays perméables, c'est-à-dire présentant une caractéristique intermédiaire)		
7. Tous les produits de la famille concernée sont-ils tous placés sur le même **marché électronique**, c'est à dire place de marché ou plate-forme d'achat		
8. Sur le plan interne, tous les produits de la famille sont-ils tous achetés de manière régulière (récurrents) et ont-ils tous un caractère standard?		

Tableau 2-4 • La segmentation

■ Représentation des contraintes

Elle comprend deux phases : identifier les contraintes et en établir le catalogue.

a) *L'identification des contraintes*

Deux paramètres concourent à caractériser les contraintes d'achats :

- leur origine : externe ou interne,
- leur cause : commerciale ou technique.

La démarche d'identification des contraintes consiste à examiner l'origine des freins à l'achat, puis à déterminer si la cause est d'ordre technique ou commerciale, à partir de l'étude de marché ci-avant et des besoins de l'entreprise.

De manière générale, toute contrainte qui procède d'un cheminement originel d'aval en amont est considérée comme une contrainte interne. Par défaut, nous pouvons définir les contraintes externes : ce sont celles que peut exercer l'environnement global ou spécifique sur les achats de l'entreprise.

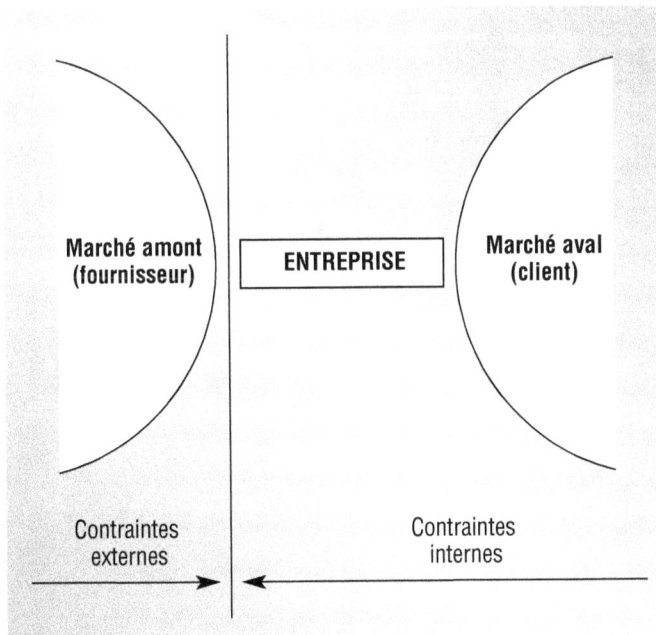

Figure 2-5 • Définition des contraintes

b) *Élaboration du catalogue des contraintes existantes*

Il convient dans un premier temps d'observer l'ensemble des portefeuilles d'achats et d'établir la liste des contraintes perçues qui s'y rapportent. Cette démarche doit être effectuée dans le cadre d'une réunion qui rassemble les représentants du bureau d'études, des services techniques, qualité ainsi que le chef des produits d'achats considérés.

Dès lors, peut être entreprise la rédaction d'un catalogue des contraintes. Il convient à ce stade de traiter toute la collecte d'informations et de voir si plusieurs aspects coercitifs ne définissent pas une seule et même contrainte.

Aussi une expression générique doit-elle être déterminée pour chaque contrainte afin d'éviter un phénomène de redondance, autrement dit d'exagération.

Établir un catalogue de contraintes consiste à rédiger une définition pour chaque contrainte. En fait, il s'agit de définir les caractéristiques d'une contrainte en six paliers d'intensité coercitive croissante :

- *palier 0 : sans impact pour l'achat*
- *palier 1 : une faible gêne pour l'achat*
- *palier 2 : une gêne dans certains cas*
- *palier 3 : une gêne*
- *palier 4 : une source de difficulté*
- *palier 5 : un obstacle à l'achat.*

À partir d'un calcul arithmétique simple[1], il est possible de représenter les contraintes de l'entreprise sur le graphique 2-5.

Les tableaux et figures 2-6 à 2-8 donnent un exemple d'analyse et de calcul des contraintes emprunté au secteur de la pharmacie.

---

1. Voir l'ouvrage *Le Marketing achats* de Roger Perrotin aux Éditions d'Organisation, Paris, 4e édition, 2001.

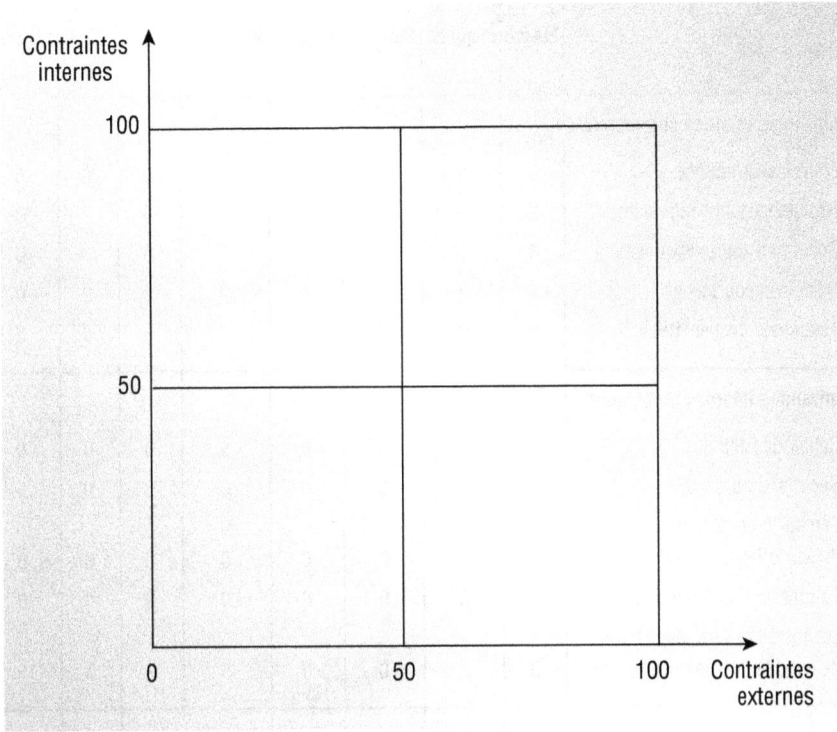

Figure 2-6 • La visualisation du portefeuille des achats

	Flacon	Étiquette	Bouchon	Capsule	Barquette	Notice	Étui pliant	Vignette
Contraintes internes commerciales								
• Fournisseur imposé	0	0	5	0	0	0	0	0
• Résistance au changement	2	0	0	0	0	0	2	0
• Sécurité d'approvisionnement	4	0	4	4	0	0		0
• Délai trop court exigé	4	3	4	4	2	2	2	0
• Assurance qualité : BPF	0	0	3	0	0	0	0	0
Contraintes internes techniques								
• Cahier des charges	0	0	0	0	5	0	0	0
• Sécurité du produit	5	0	0	0	0	0	0	0
• Lenteur du processus de validation	3	0	0	0	0	0	0	0
• Fournisseur en monosource	2	0	5	0	0	0	0	0
• Comptabilité avec les machines de conditionnement de l'usine	0	0	0	0	5	3	3	5
Contraintes externes commerciales								
• Entente sur le marché	4	0	0	2	0	0	0	0
• Étroitesse du marché fournisseur	3	0	3	3	0	0	0	0
• Quantité mini à l'achat	1	3	3	1	2	0	2	2
• Brevet	0	5	0	0	0	0	0	0
• Connaissance du marché à la vente	1	0	0	0	0	0	0	0
Contraintes externes techniques								
• Coût élevé des outillages	0	0	2	0	0	0	3	0
• Monopole technologique	5	5	0	0	0	0	0	0
• Temps de fabrication	1	1	4	1	2	0	2	0
• Technologie non maîtrisée	5	0	0	0	0	0	1	0
• Série mini de fabrication	0	3	2	1	2	0	2	2

Tableau 2-7 • Tableau d'analyse

Exemple de calcul

Contraintes internes du produit FLACON :

Commerciales : $(4 \times 5) + (4 \times 2) + (2 \times 2) + (0 \times 1) = 32$

↑

coefficient
la • des coef. = 10

Techniques : $(5 \times 5) + (3 \times 2) + (2 \times 2) + (0 \times 1) = \underline{35}$

Total   67

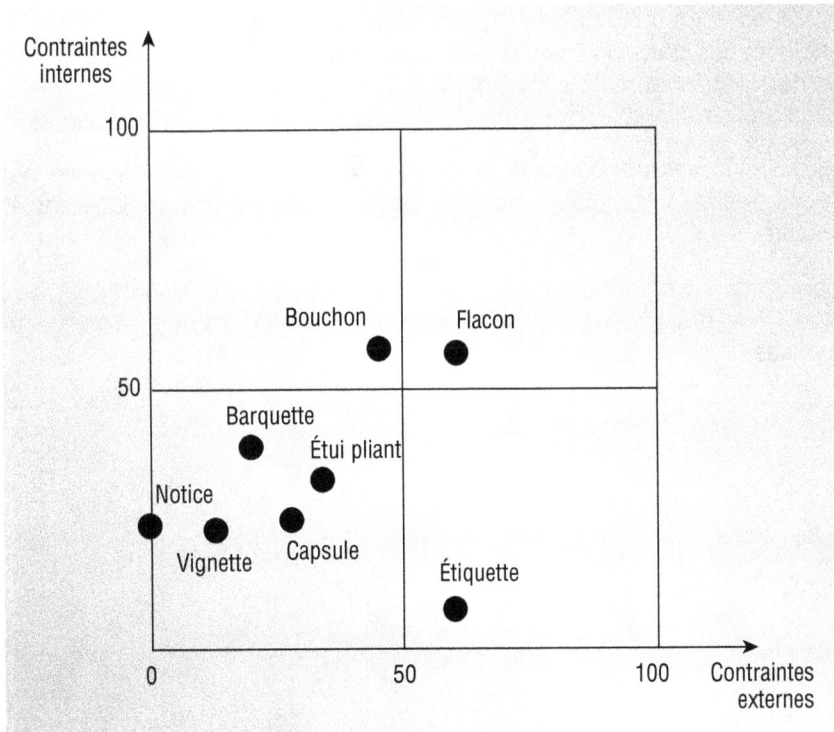

**Figure 2-8 • Exemple de visualisation du portefeuille des achats
(exemple emprunté à la pharmacie)**

PRODUITS	INTERNES	EXTERNES
Flacon	67	64
Étiquette	15	64
Bouchon	69	49
Capsule	28	28
Barquette	45	24
Notice	25	0
Étui pliant	29	34
Vignette	25	20

**Tableau 2-9 • Exemple de quantification des contraintes
dans l'exemple tiré de la pharmacie**

Mais si nous en restons là, cette représentation a un caractère statique. Or, nous sommes dans un marché essentiellement mouvant du fait de l'innovation des fournisseurs. Par ailleurs, certaines contraintes peuvent disparaître du fait de l'amélioration des compétences des acteurs de l'entreprise.

Ces considérations posent le problème de la fréquence à laquelle nous devons mettre à jour cette analyse, car celle-ci peut très rapidement être obsolète.

Il convient donc d'anticiper ces évolutions et modifier cette visualisation en se posant les trois questions suivantes et en essayant d'y apporter des réponses.

QUESTIONS	REPONSES
Pendant combien de temps la cotation faite restera-t-elle valable ?	Par le biais de la retranscription du niveau probable d'évolution des contraintes.
Quelle sera la pérennité de nos straté-gies ?	– Une probabilité d'évolution forte des contraintes impose de ne pas se fixer des axes stratégiques à long terme. – Une probabilité d'évolution faible des contraintes permet au contraire de s'as-surer que les axes stratégiques mis en place resteront valides longtemps.
Comment exprimer la probabilité d'évo-lution des contraintes ?	Par une cotation appropriée, fonction de l'évolution soit du marché, soit des exigences de l'entreprise.

Tableau 2-10 • Fréquence de mise à jour de l'analyse

Pour tenir compte de cette nouvelle dimension, chaque contrainte recevra une note supplémentaire de valeur – 1, 0, +1.

– La note – 1 correspond à une contrainte qui a tendance à se détério-rer

– La note 0 correspond à une contrainte qui a tendance à stagner

– La note +1 correspond à une contrainte qui a tendance à s'améliorer.

La représentation suivante constitue un exemple de cotation de contraintes internes commerciales intégrant les possibles évolutions dans le temps.

CONTRAINTES INTERNES COMMERCIALES	0	1	2	3	4	5	-1	0	+1
Absence de coordinateur			x					x	
Absence de politique globale pour le service achats		x						x	
Résistance des acheteurs à l'utilisation des nouvelles technologies					x				x
Absence de stratégies d'achats					x				x
Charges de travail mal réparties			x				x		
Connaissance tardive des besoins				x			x		
Limites géographiques imposées en interne	x								
Difficultés pour établir des prévisions à long terme			x						x
Intervenants multiples avec le fournisseur				x			x		
Lenteur du processus d'homologation					x		x		
Segmentation des achats incohérente avec le marché			x					x	
Performance de la fonction mesurée uniquement sur les prix				x				x	
Connaissance tardive des besoins				x					x
Processus de commande rigide								x	
Fournisseur imposé par le client					x		x		
Manque de coordination avec les autres sites du groupe		x					x		

Tableau 2-11 • Exemple de quantification des contraintes et leurs évolutions

Le calcul arithmétique, décrit ci-après, permet de quantifier une évolution probable du positionnement du produit, et donc de modifier notre stratégie en conséquence.

Calcul et représentation de l'évolution des contraintes

Le point de départ est la liste des contraintes notées précédemment.

Dans la pratique l'acheteur pourra ne retenir que les 10 contraintes principales et déterminer l'évolution probable du niveau de ces contraintes en les codifiant comme suit :

>   0 :   Stagnation.
>   -1 :   Détérioration probable.
>   1 :   Amélioration probable.

Dans chaque liste (Contraintes internes d'une part, Contraintes externes d'autre part), on détermine les coordonnées de chaque famille, suivant le système de calcul :

> Stagnation   ==> 0 x (niveau de contrainte)
> Détérioration   ==> -1 x (niveau de contrainte) +1
> Amélioration   ==> 1 x (niveau de contrainte)

Puis on effectue la moyenne de ces termes de calcul.

Attention :

Une contrainte préalablement notée 0 ne peut pas s'améliorer ;
Une contrainte préalablement notée 5 ne peut pas se détériorer.

Donc pour l'ensemble des contraintes on multiplie le chiffre correspondant à une évolution favorable (1) par le niveau de contrainte (1 à 5), et le chiffre correspondant à une évolution défavorable (-1) par le niveau de contrainte (0 à 4) +1 pour compenser le décalage de 1.

Il suffit alors de faire la somme des chiffres obtenus pour obtenir le niveau de variation des contraintes cherché.

Exemple :

CONTRAINTES INTERNES	0	1	2	3	4	5		-1	0	1
1. Absence de justification des choix techniques	x								x	
2. Absence de procédure de gestion des urgences				x						x
3. Assurance qualité	x							x		
4. Blocage d'informations techniques		x						x		
5. Cahier des charges draconien					x					x
6. Capacités-flexibilité du parc machines en production	x							x		
7. Difficulté d'homologation venant des spécifications clients	x							x		
8. Diversité des outillages requis	x								x	
9. Dossier technique incomplet				x				x		

Calcul du niveau d'évolution des contraintes internes :
0*0 + 1*3 − 1*(0+1) − 1* (1+1) + 1*4 + 0*0 − 1* (0+1) + 0*0 − 1*(4+1) = -2

CONTRAINTES EXTERNES	0	1	2	3	4	5		-1	0	1
1. Absence de manifestation professionnelle	x								x	
2. Fournisseurs indiscrets		x							x	
3. Brevet/secret de fabrication				x						x
4. Ecart culturel client/fournisseur	x								x	
5. Eloignement géographique du marché fournisseur					x			x		
6. Entente de fournisseurs				x						x
7. Faible confiance dans les nouveaux fournisseurs			x					x		
8. Instabilité politique sur le marché					x			x		
9. Législation contraignante			x					x		

Calcul du niveau d'évolution des contraintes externes :
0*0 + 0*1 + 1*3 + 0*0 − 1*(4+1) + 0*3 − 1*(52+1) − 1*(4+1) − 1*(2+1) = -13.

Tableau 2-12 • Exemple de quantification

Il est alors possible de visualiser l'évolution des contraintes suivant le schéma ci-après :

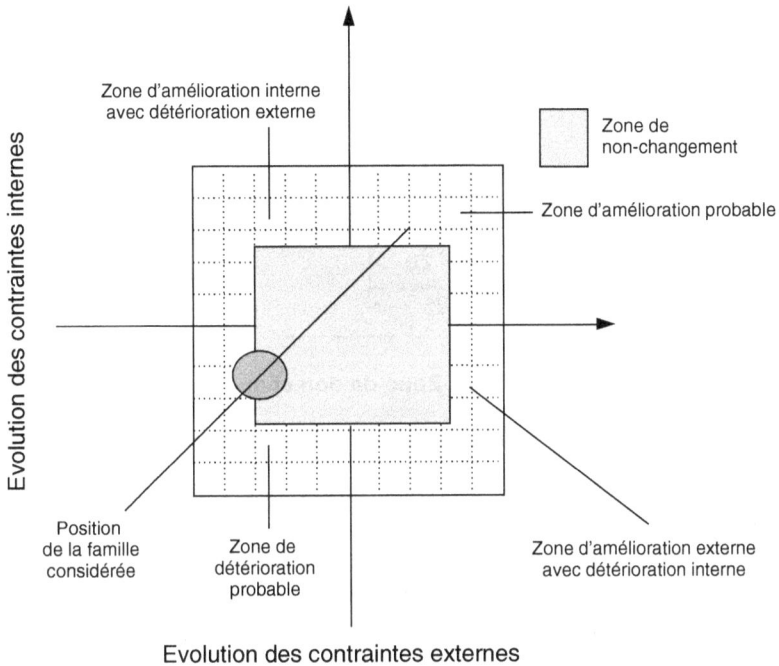

Evolution des contraintes internes

Zone d'amélioration interne
avec détérioration externe

Zone de
non-changement

Zone d'amélioration probable

Position
de la famille
considérée

Zone de
détérioration
probable

Zone d'amélioration externe
avec détérioration interne

Evolution des contraintes externes

Figure 2-13 : Evolution probable des contraintes.

La zone de non changement représentée sur la figure est la zone dans laquelle on considère que les évolutions de contraintes sont trop faibles pour influencer les risques et les profits de la famille. La limite de cette zone peut par exemple se calculer en prenant **le quart** de la détérioration et de l'amélioration maximale pour l'ensemble des contraintes. On peut alors diviser les coordonnées par le nombre de contraintes.

Dans l'exemple précédent, les limites de la zone se calculent ainsi :

En abscisse, la zone est comprise entre :

1*0+1*1+1*3+1*0+1*4+1*3+1*2+1*4+1*2 = 19 soit ? * 19 = **4.79**
et :

-1*(0+1)-1*(1+1)-1*(3+1)-1*(0+1)-1*(4+1)-1*(3+1)-1*(2+1)-1*(4+1)-1*(2+1) = -28
soit ? * -28 = **-7**

En ordonnée, la zone est comprise entre :

1*0+1*3+1*0+1*1+1*4+1*0+1*0+1*0+1*4 = 12   soit ? * 12 = **3** et :

-1*(0+1)-1*(3+1)-1*(0+1)-1*(1+1)-1*(4+1)-1*(0+1)-1*(0+1)-1*(0+1)-1*(0+1)-
1*(4+1) = **-21**

$$\text{soit ? * -21 = } \textbf{-5.25}$$

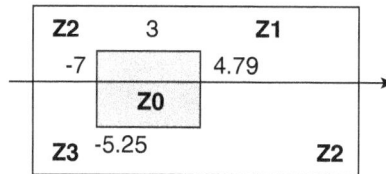

Figure 2-14 : Zone de non changement

La représentation dans la matrice des contraintes est alors la suivante.

Dans notre exemple, l'abscisse de la famille sort des limites de la zone de non changement, il est donc à prévoir un léger impact sur le potentiel de profit de cette famille. Les contraintes externes sont à surveiller régulièrement et des actions doivent être menées pour améliorer leur évolution. Par exemple l'éloignement géographique des fournisseurs est une contrainte déjà cotée à 4 et qui devrait se détériorer. De nouvelles prospections fournisseurs doivent être menées, on peut éventuellement revoir le cahier des charges en pratiquant une analyse de la valeur sur le produit pour être moins réducteur, ou encore réaliser une étude faire ou faire faire.

Dans la matrice d'évolution des contraintes nous avons segmenté les zones ainsi :

> **Zone 0 : Zone de non changement**
> **Zone 1 : Zone d'amélioration probable des contraintes**
> **Zone 2 : Zone d'amélioration des contraintes internes avec détérioration des contraintes externes + Zone d'amélioration des contraintes externes avec détérioration des contraintes internes**
> **Zone 3 : Zone de détérioration probable des contraintes.**

On peut également déterminer l'échéance de mise à jour de l'analyse stratégique des achats. Suivant que les contraintes vont subir une évolution de grande ampleur ou non, Il faudra mettre à jour notre analyse des contraintes et des risques plus ou moins rapidement.

Dans notre exemple, une mise a jour semestrielle semble la plus appropriée.

L'acheteur segmentera ces zones en fonction de son appréciation personnelle des conséquences des évolutions des contraintes sur son profit et ses risques. Voici par exemple un choix de segmentation de la matrice :

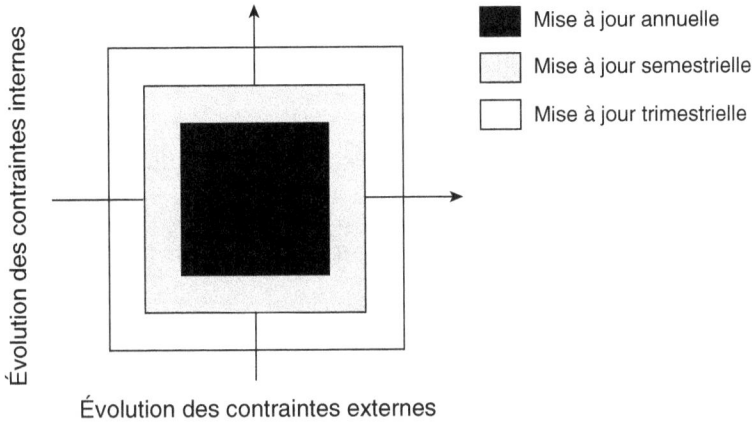

Figure 2-15 : Mise à jour de la représentation des contraintes d'achats.

Cette approche permet une bonne représentation ou visualisation du portefeuille des achats.

Elle permet, comme nous allons le décrire, de mettre en place l'analyse stratégique des achats et dans un premier temps, de déterminer les risques de rupture d'approvisionnement.

Etape 2 : identification des risques de rupture d'approvisionnement

Rappelons seulement qu'une contrainte peut exister et occasionner une gène parfois importante sans qu'il y ait pour autant un quelconque risque de rupture des approvisionnements de l'entreprise. Au contraire, certaines contraintes de faible intensité peuvent occasionner des risques importants d'ordre technique, commercial ou logistique.

La cotation des risques suivant deux dimensions : FAIBLE ou FORT, se fait de la façon suivante :

Après avoir établi la liste des contraintes et les avoir visualisées à l'aide d'un graphe comme il a été vu précédemment, l'étape suivante consiste à déterminer celles qui peuvent entraîner un risque.

Dans la pratique un total de 8 à 10 contraintes constitue un maximum dont la moitié correspond à des problèmes d'organisation, donc identiques à toutes les familles de produits.

Ces 10 contraintes vont faire l'objet d'une analyse critique selon une procédure identique à celle adoptée pour l'analyse des contraintes. Après avoir distingué les risques techniques des risques commerciaux générés par ces contraintes, calculé l'intensité de chacun de ces risques et avoir adopté un système de pondération, on sera en mesure de caractériser le risque global inhérent à la famille d'achats.

Pour mémoire, le calcul de l'intensité du risque est largement développé dans la dernière édition de l'ouvrage « le marketing achats » du même auteur aux Editions d'Organisation.

Le niveau de risques de rupture des approvisionnements s'évalue facilement par construction de la matrice des risques.

Construction de la matrice des risques

Dans cette construction, l'acheteur peut sélectionner les 10 contraintes lui paraissant les plus pertinentes. Pour chacune de ces contraintes, il doit caractériser le risque induit (il peut y avoir plusieurs types de risques techniques et commerciaux par contrainte) par celles-ci.

Pour cela il établit la liste des risques généralement encourus dans son domaine d'activité.

De nombreuses méthodes existent pour caractériser un risque. Rappelons toutefois que nous cherchons à découvrir d'éventuels risques de rupture d'approvisionnements, lesquels risques doivent être quantifiés en « tout ou rien », c'est-à-dire selon une répartition « **fort ou faible** ».

A partir de ces considérations, plusieurs niveaux de précision peuvent être adoptés, mais dans tous les cas, le facteur « temps » est déterminant dans la quantification du risque de rupture d'approvisionnements.

Description du risque induit

Contraintes	Risque technique	Risque commercial
Absence de coordinateur	Risque de non compatibilité	

Une fois le risque caractérisé, l'acheteur doit noter l'intensité de ce risque (note de 0 à 5) à partir du temps estimé pour pallier ce risque et de la probabilité d'occurrence, à l'aide des tableaux suivants :

Intensité des risques

Risques techniques	Temps estimé T	Probabilité d'occurrence P	Indice TxP	0 I = 1	1 I = 2	2 I = 3	3 I = 4	4 I = 6	5 I = 9

On procède de la même manière avec **les risques commerciaux.**

Niveau de cotation	Temps estimé pour pallier le risque T	Probabilité d'occurrence du risque P
3	insuffisant	> 60 %
2	moyen	30 % < P < 60 %
1	suffisant	< 30 %

Nous vous proposons la démarche simple qui consiste à quantifier le risque « fort ou faible » de la manière suivante :

Dans un premier temps, la détermination du temps estimé pour pallier le risque est obtenu en réfléchissant à sa couverture, c'est-à-dire aux moyens dont nous disposons pour éviter le risque (stock de consignation, potentiel d'achats,...).

Couverture du risque

Risque technique ou commercial	1 an	2 ans	3 ans
Ex : Durée de vie du produit insuffisante	100 %	0 %	0 %

Dans l'exemple ci-dessus, le temps pour pallier ce risque est de 1 an. A partir de ces réflexions, l'acheteur peut établir un barème de cotation lui permettant de déterminer si le temps restant pour pallier le risque est suffisant, moyen ou insuffisant.

Il est alors facile de représenter le risque encouru, soit techniquement, soit commercialement en calculant le rapport :

Total des intensités retenues/Total des maximum des intensités observables.

Plus simplement, on peut observer que, sur chacun des axes commercial ou technique, si **I > = 4,** le risque est fort.

Risque technique
100 %

Produit 1 Fort	
Faible	

Faible   Fort   100 %
Risque commercial

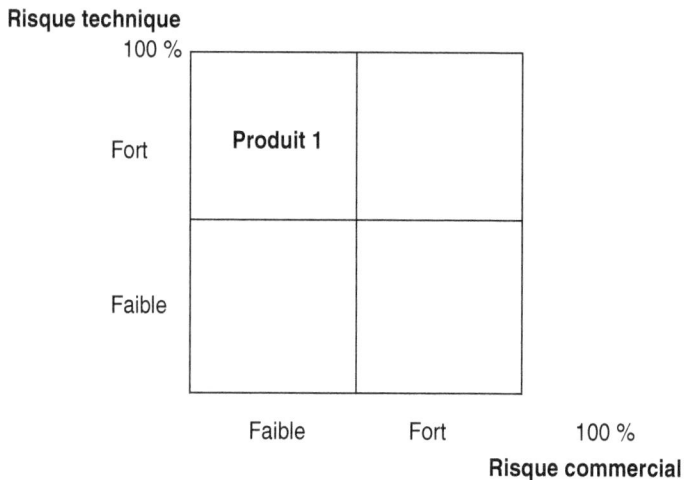

Figure 2-16 : La matrice des risques

Il suffit alors de considérer que si l'un des risques, technique ou commercial est fort, le risque de rupture d'approvisionnements est lui-même fort pour l'ensemble de la famille considérée.

Voici quelques pistes de réflexion quant à la nature des risques que l'acheteur peut rencontrer.

Risques techniques

- Panne du système informatique,
- Introduction de virus informatique,
- Perte de connaissance due à la dématérialisation de l'acte d'achats,
- Arrêt de fabrication d'un produit (en phase de lancement ou en fin de vie),
- Danger d'utilisation d'un produit,
- Défaillance d'un produit par rapport à l'utilisation prévue,
- Défaillance technique des fournisseurs,
- Evolution rapide des technologies,
- Incompatibilité des produits entre eux,
- Non-qualité liée au marché fournisseurs,
- Non-qualité liée au processus d'habilitation des fournisseurs,
- Perte de savoir-faire du fournisseur ou du donneur d'ordres,
- Délai trop court exigé,
- Défaillance des circuits logistiques du fournisseur lié aux commandes en ligne,
- Sourcing en ligne inefficace.

Risques commerciaux

- Quotas, embargos,
- Risque politique,

- Concurrence faussée, notamment sur enchères inversées,
- Contrefaçon,
- Défaillance économique des fournisseurs,
- Evolution défavorable des devises,
- Fournisseur imposé inadapté,
- Puissance d'achats trop faible,
- Capacité de livraison des fournisseurs trop faible,
- Monosource de type « niche »,
- Pas de procédure d'urgence,
- Départ des donneurs d'ordres importants vers une zone géographique à main d'œuvre moins chère,
- etc.

Étape 3 : l'évaluation du profit potentiel

Ce paramètre peut être identifié de deux façons différentes :

- à partir de la loi de Pareto sur les produits achetés,
- à partir de la typologie des produits achetés.

La loi de Pareto

> UN PRODUIT DE TYPE Ⓐ SERA CONSIDÉRÉ
> COMME AYANT UN POTENTIEL DE PROFIT FORT.

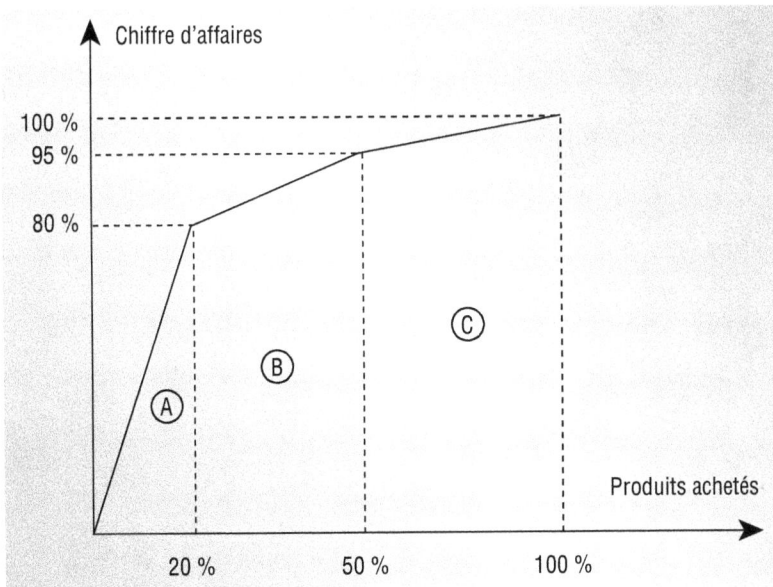

Figure 2-17 • Loi de Pareto des produits achetés

En effet, ce sont les 20 % de produits qui représentent à eux seuls 80 % du chiffre d'affaires achats.

Cette loi peut, bien entendu, être déclinée aux produits d'une même famille. Exemple : pièces mécaniques par rapport au chiffre d'affaires des produits spécifiques sur plans.

La typologie d'achats

Il est démontré que, d'une façon générale, plus la fonction achats intervient en amont du processus décisionnel, plus le gain sur achat ou, d'une certaine manière, plus l'apport de la fonction achat est important.

Nous pouvons définir le moment d'intervention de l'acheteur selon trois niveaux :

- participation au cahier des charges d'expression des besoins,
- négociation des achats,
- passation des marchés.

Ces moments d'interventions permettent de positionner les produits achetés selon trois types qui déterminent des gains potentiels différenciés.

Cela est illustré dans le graphique 2-12, calculé dans une entreprise achetant du packaging.

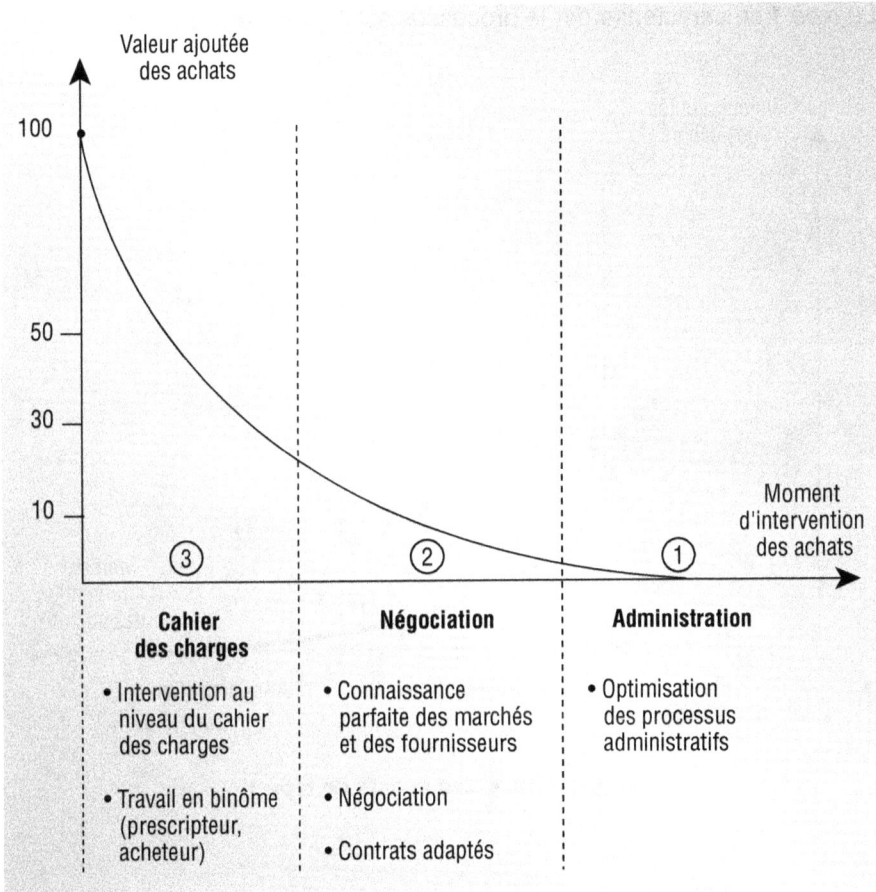

Figure 2-18 • La valeur ajoutée des achats

Plus les achats interviennent tard, moins ils sont productifs pour l'entreprise.

Le type 1 se caractérise par le processus schématisé en figure 2-13.

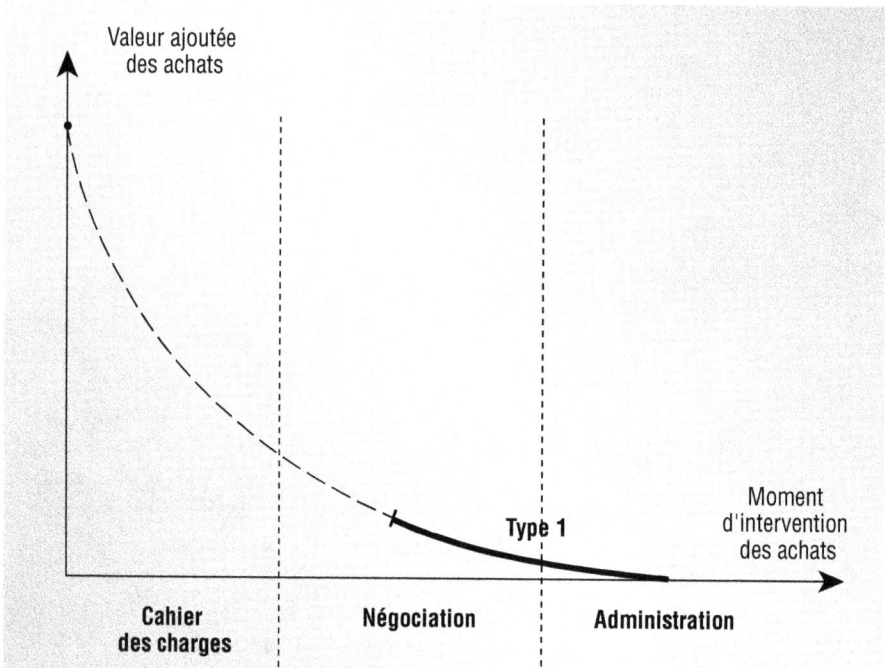

Figure 2-19 • Les achats de type 1

Il s'applique aux :

• achats banaux achetés quasiment sur catalogue,
• achats complexes mais répétitifs, où la démarche d'achat a déjà été faite.

Le type 2 se caractérise par le processus schématisé en figure 2-14.

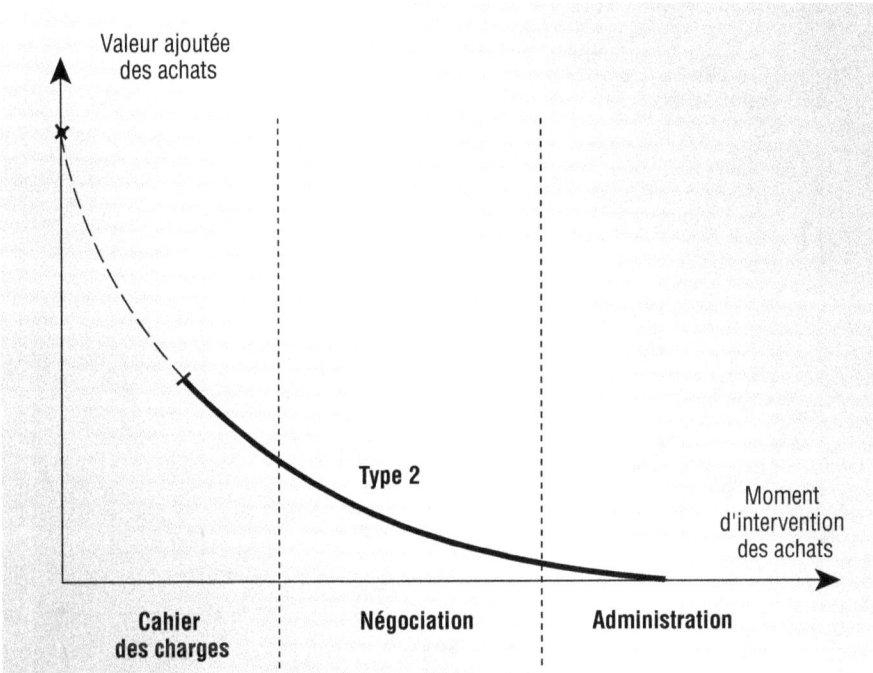

Figure 2-20 • Les achats de type 2

Deux natures d'achats sont possibles.

- **Les achats « spécifiques » ou « spécifiés »** de spécialiste, souvent de « high-tech ». Le technicien est déterminant dans le choix du fournisseur auquel il va acheter ou avec lequel il va **développer** un produit, une prestation.
  L'acheteur ne peut pas dialoguer sur le cahier des charges car il n'a pas la compétence requise, le cahier des charges se construisant au fur et à mesure du dialogue client-fournisseur et la technicité mise en jeu étant hors de portée de l'acheteur.
- **Les achats de valeur modeste ou importante** où il n'est pas productif de remettre en cause le cahier des charges. L'acheteur optimise son achat en se tournant vers les marchés et en tirant le meilleur parti par négociation auprès de fournisseurs aptes (homologués par lui comme remplissant toutes les conditions pour lui livrer le produit ou prestation convenu dans les conditions prescrites).
  Les achats « standard » de toute valeur rentrent dans ce type 2.

Le type 3 comprend les achats demandant que les trois étapes soient incluses dans le processus d'achats.

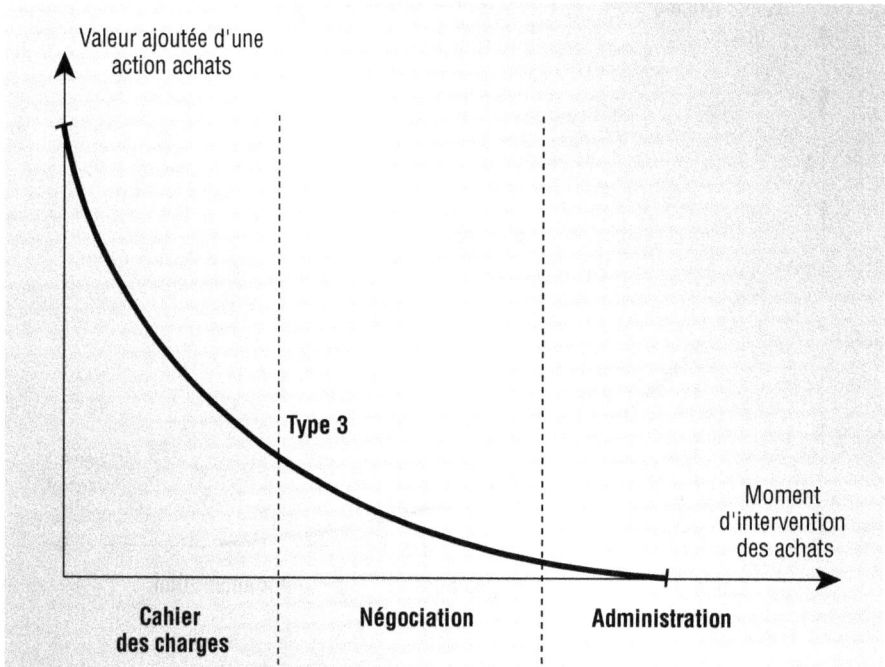

Figure 2-21 • Les achats de type 3

DANS NOTRE ANALYSE, UN PRODUIT DE TYPE 3 SERA CONSIDÉRÉ
COMME AYANT UN POTENTIEL DE PROFIT FORT.

La matrice RISQUES/PROFIT

À partir de ces deux dimensions, nous pouvons établir la matrice de visualisation du portefeuille des achats appelée « matrice **RISQUES/PROFIT** ».

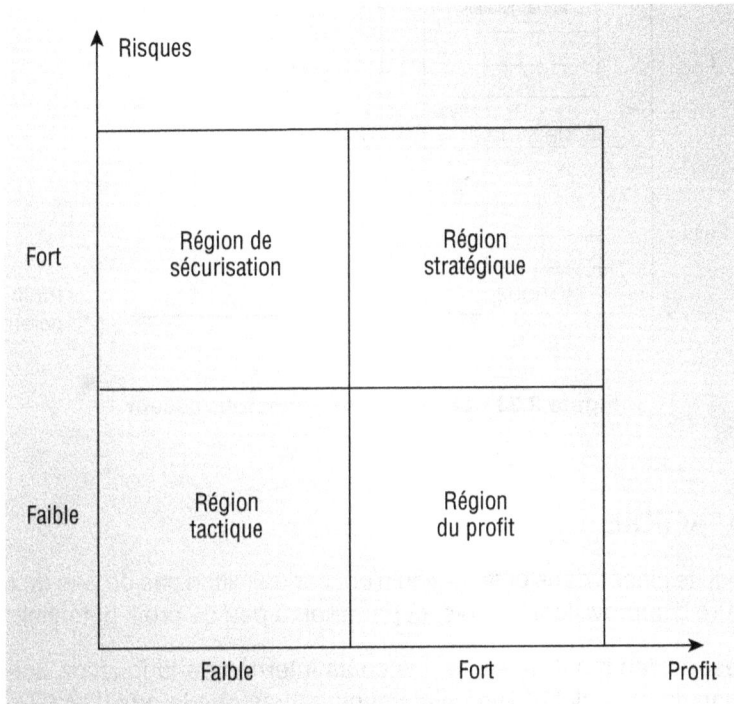

Figure 2-22 • La matrice RISQUES/PROFIT

Cet outil détermine quatre régions : tactique, profit, sécurisation, stratégie.

Mais pour déterminer les différentes stratégies à adopter, il convient d'intégrer à chaque région, deux nouveaux paramètres :

– la nature du produit ou de la prestation : **standard ou spécifique**
– la périodicité d'achat : **récurrent ou non**

On obtient alors une matrice comportant seize régions ; chacune d'entre elles admettant des leviers de gain différenciés.

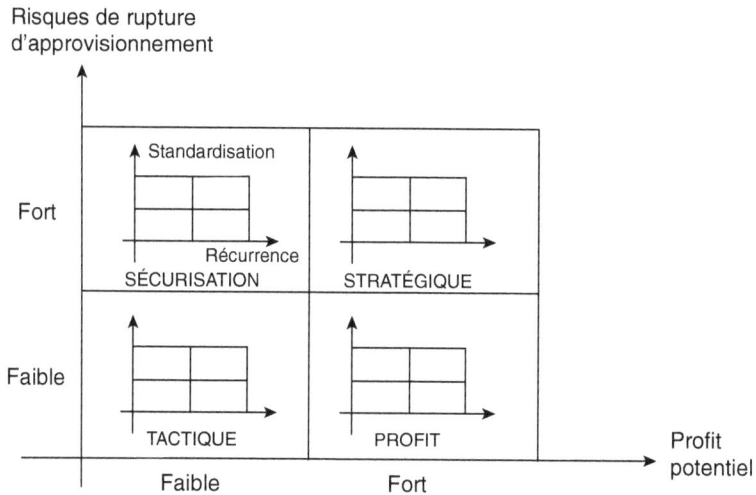

Figure 2.23 • Les relations client/fournisseur

Région TACTIQUE

Les produits placés dans cette région n'ont par définition pas ou peu de risques de rupture d'approvisionnements, et par ailleurs peu de profit potentiel.

L'idée est évidemment de limiter les coûts internes de la fonction achats en minimisant le coût global sur les éléments autres que le prix d'achat.

	Achats non récurrents	Achats récurrents
Achats spécifiques	– Place de marché « sourcing ». – Simplification des spécifications. – Stock minimum.	– Place de marché « sourcing et e-procurement ». – Simplification des spécifications. – Analyse de la valeur simplifiée. – Standardisation. – Veille par Internet.
Achats standards	– Effet de taille. – Globalisation. – Enchères en ligne. – Purchasing card. – Délégation des achats.	– e-procurement intégré.

Ainsi, ce tableau permet de faire un choix parmi les différents leviers à notre disposition dans une même région stratégique, en tenant compte des nouveaux paramètres décrits ci-avant.

D'une manière générale, si le prix n'est pas l'élément déterminant, il convient de se préoccuper des autres éléments du coût global, à savoir :

– le coût d'acquisition des produits,
– le coût de possession (valeur du stock),
– le coût d'obtention de la qualité des produits achetés,
– le coût d'industrialisation,
– etc.

Nous préconisons dans ce cas l'utilisation des nouvelles technologies sans retenue car les gains sont réels.

En particulier, un « intranet » bien conçu permettra à un groupe de sociétés de disposer d'informations précieuses pour ensuite, avec un système **e-pro-curement intégré,** passer des commandes en ligne. Enfin, les paiements des fournisseurs pourront s'effectuer de la même manière.

L'ensemble de ces prestations constitue un gain de temps non négligeable, ainsi qu'un gain sur la nature des transactions.

Région PROFIT

Les caractéristiques de ces produits sont telles que si les risques de rupture d'approvisionnements sont faibles, le profit potentiel est important ; ce qui impacte de manière significative la performance de la fonction achats.

Le marché étant probablement concurrentiel, la **mise en concurrence** est évidemment le premier levier de gain auquel nous pensons. La réflexion doit alors être faite dans l'ordre suivant :

1. Mise en concurrence, puis négociation et choix d'un fournisseur.

2. Une fois l'ordre passé, le produit se trouve alors positionné dans la région TACTIQUE et un contrat cadre ou une relation automatisée avec l'appui des nouvelles technologies devient pertinent.

Cette réflexion peut s'étendre au domaine international.

En effet, on peut se poser la question de l'opportunité d'une mise en concurrence internationale et de la délocalisation de la fabrication de ces produits.

Bien évidemment, le premier critère est rempli, à savoir que les risques de rupture d'approvisionnement sont faibles. Car, sauf à être obligé de délocaliser certains produits par exemple dans le cas d'application de marchés de compensations entre deux pays, il serait utopique d'envisager la fabrication dans des pays à faible coût de main d'œuvre, des produits pour lesquels les risques encourus sont élevés. C'est par exemple le cas de réalisations dont le niveau de qualité exigé demande un suivi rigoureux de la part de l'acheteur, sous forme de « revues de contrats ».

Mais ce n'est pas le seul critère. Il faut bien tenir compte du fait qu'un achat à l'étranger entraîne de nombreux frais :

– sourcing ou recherche de zone de fabrication et de fournisseurs,
– qualification des fournisseurs,
– adaptation des cultures aux différents us et coutumes,
– contractualisation délicate,
– frais annexes.

Malgré le fait qu'un certain nombre de ces frais additionnels soient des frais fixes, il convient de faire un bilan sur une échelle de long terme, et de prévoir des solutions permettant de couvrir les frais encourus par la démarche de délocalisation.

Les éléments de réflexion sont les suivants :

– augmenter la durée de la relation avec le fournisseur,
– augmenter les quantités achetées et revendre l'excédent localement, c'est-à-dire trouver un marché local,
– délocaliser un ensemble de produits de l'entreprise pour émietter les frais fixes.

En outre, ces considérations sont d'ordre économique et une délocalisation des fabrications entraîne un ensemble de problèmes sociaux qu'il convient d'apprécier.

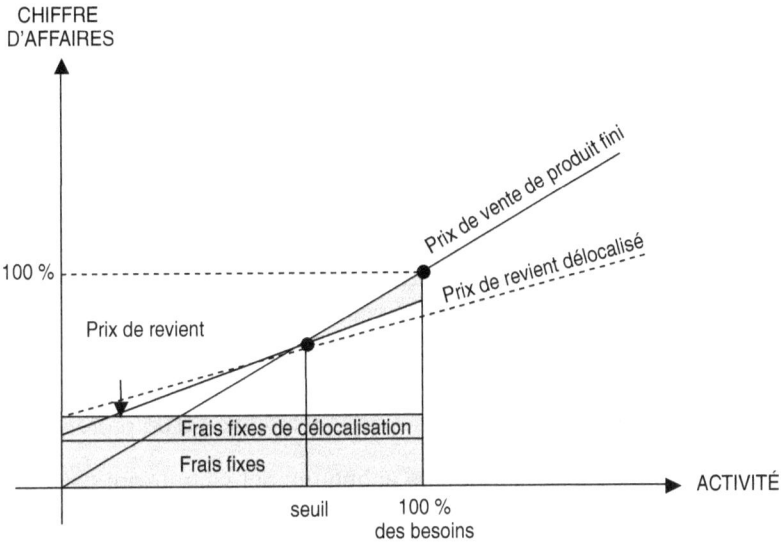

Figure 2.24 • Le compte de résultat du produit à délocaliser

Mais les nouvelles technologies devraient limiter les frais liés à la délocalisation des fabrications du fait de la disponibilité des informations en ligne.

Finalement les leviers de gains pour les produits placés dans la région de PROFIT sont les suivants :

	Achats non récurrents	Achats récurrents
Achats spécifiques	– Sourcing, appels d'offres en ligne. – Mise en concurrence. – Enchères inversées – Stock minimum. – Standardisation. – Veille technico-économique par internet.	– Etablissement de cahiers des charges fonctionnels. – Conception à coût objectif et analyse de la valeur. – Sourcing et appels d'offres en ligne. – Mise en concurrence internationale. – Contrat de moyen ou long terme.
Achats standards	– Sourcing, appels d'offres en ligne. – Enchères inversées. – Globalisation des achats. – Effet de taille.	– Sourcing, appels d'offres en ligne. – Mise en concurrence internationale. – Contrat de long terme. – Stock de consignation. – E-procurement.

Région SÉCURISATION

Avec cette région, nous entrons dans des domaines plus complexes dans la mesure ou les risques de rupture ne sont pas négligeables.

Avant tout, il convient de sécuriser les approvisionnements car le potentiel de profit est faible mais les risques de rupture d'approvisionnements sont importants.

Mis à part le cas des produits nouveaux de haute technologie, les acteurs de l'entreprise donneuse d'ordres sont souvent à l'origine des risques encourus.

Citons quelques exemples :

• le mauvais choix du fournisseur lors de la fabrication d'un prototype.

  Ce phénomène est bien connu des acheteurs qui se trouvent devant le fait accompli d'un choix de fournisseur effectué par un service « recherche et développement » ; choix portant sur un fournisseur très performant techniquement, capable de réaliser des petites séries, mais incapable de supporter la charge prévue à terme.

• la motivation du fournisseur.

  Un audit fournisseur, outre les considérations de capacité à réaliser un produit ou une prestation, doit comporter un certain nombre de rubriques à renseigner concernant la politique à moyen et long terme du fournisseur. Il n'a peut-être pas envie de continuer ce type de fabrications ou de prestations pour des raisons comptables ou tout autres.

• notre capacité de motivation.

  Le produit que l'acheteur projette d'acheter est peut-être un « poids mort » pour le fournisseur car finalement il n'est pratiquement plus que le seul client à s'approvisionner et le chiffre d'affaires n'est pas suffisant pour envisager une fabrication sur une échelle de long terme.

Finalement, les leviers de gains sont assez délicats à « manier » et nécessitent une compétence aiguë sur la technicité des produits à acheter.

Là encore, nous attendons beaucoup des places de marché « sourcing ».

	Achats non récurrents	Achats récurrents
Achats spécifiques	– Réflexion « Faire ou Faire- Faire » – Veille technologique par internet. – Place de marché « sourcing ». – Reconception de produits.	– Réflexion « Faire ou Faire- Faire ». – Veille technico-commerciale par internet. – Place de marché « sourcing ». – Contrats de long terme. – Stocks de sécurité.
Achats standards	– Place de marché « sourcing ». – Veille technico-commerciale par internet. – Stock de sécurité.	– Place de marché « sourcing ». – Veille technico-commerciale par internet. – Contrats de long terme. – Stocks de sécurité.

Région STRATÉGIQUE

Nous appelons bien souvent cette région « **le partenariat** » car dans bien des cas, la gestion des achats placés dans cette région relève de démarches de long terme dont les caractéristiques sont celles d'une relation d'interdépendance entre les acteurs ; interdépendance aussi bien sur le plan technique que financier.

C'est à notre sens, le domaine privilégié du **partenariat d'innovation** auquel nous avons déjà fait allusion.

	Achats non récurrents	Achats récurrents
Achats spécifiques	– Réflexion « Faire ou Faire- Faire » – Veille technico-commerciale par internet sur le plan mondial. – Partenariat d'innovation. – Place de marché « sourcing ». – Cahier des charges fonctionnel. – Reconception de produits avec un partenaire.	– Réflexion « Faire ou Faire- Faire ». – Veille technico-commerciale par internet sur le plan mondial. – Place de marché « sourcing ». – Partenariat d'innovation. – Cahier des charges fonctionnel. – Reconception de produits avec un partenaire. – Contrat de long terme. – Stock de sécurité.
Achats standards	– Veille technico-commerciale par internet sur le plan mondial. – Place de marché « sourcing ». – Effet de taille. – Globalisation des achats. – Stock de sécurité ou de consignation.	– Veille technico-commerciale par internet sur le plan mondial. – Place de marché « sourcing ». – Effet de taille. – Globalisation des achats. – Contrat de long terme. – Stock de consignation.

En conclusion, ces différents tableaux constituent des outils de réflexion, c'est-à-dire des stratégies à court et moyen terme qui permettent au responsable des achats de trouver les meilleurs leviers de gain pour une situation donnée.

En outre, chaque région comporte plusieurs leviers possibles. Le choix définitif du bon levier, c'est-à-dire de la bonne stratégie à court ou moyen terme à adopter sera finalement fait en tenant compte de la nature de l'achat, c'est-à-dire du segment de marché considéré.

A titre d'exemple, les tableaux ci-après permettent de faire ce type de choix.

Stratégies d'achats

Régions	Tactique	Profit	Sécurisation	Stratégique
Caractéristiques des produits	– sources d'appros nombreuses – produits de substitution existent – produits de faible valeur ou achetés en quantité réduite	– sources d'appros nombreuses – marché dynamique – produits de substitution existent – produit de forte valeur (type A) ou à fort potentiel de gains (type 1)	– peu de sources principales – peu de produits de substitution – produit de qualité pointue du fait de sa spécificité – risques techniques et/ou commerciaux	– achats stratégiques combinant risque élevé et engagement fort – produits à forte valeur ajoutée
Stratégie d'achat	Minimiser les ressources employées	Maximiser le profit par une attaque en force	pérennité des approvisionnements	pérenniser les approvisionnements en générant un gain important
Actions	– circuit administratif d'approvisionnement simplifié – déléguer les achats – minimiser les coûts internes – ne disposer que d'un stock minimum – standardiser les produits	– achats spot – mise en concurrence systématique – explorer le marché – demander aux fournisseurs une grande flexibilité – réduire le stock le plus possible – exploiter le pouvoir d'achat et jouer sur l'analyse des coûts, effet d'expérience et volume d'affaires – mettre en place une analyse de la valeur simplifiée	– relation à long terme avec plannings prévisionnels – étude des produits de substitution – veille technologique et commerciale poussée – réflexion faire ou faire faire	– définition d'un prix objectif – respect des objectifs de qualité – réduction des cycles de transformation – partage des gains, pertes, risques et moyens avec le partenaire – relation client/fournisseur transparente – suppression des cloisons internes à l'entreprise (création de groupes de travail ou centres d'achats) – acceptation de remise en cause de spécification ou méthode de contrôle – anticipation des conflits et définition préalable de solutions
Leviers	– simplification des spécifications – effet de taille – globalisation – délégation – concurrence	– concurrence – internationalisation – effet de taille et globalisation	– planification – globalisation – intégration verticale – simplification des spécifications	– partenariat – faire ou acheter

Approche leviers/nature d'achats

Nature d'achats / Leviers	faire ou acheter	CCO	partenariat	simplification des spécifications	standardisation	globalisation	planification	co-sourcing	concurrence
matières premières						O	o	O	O
négoce			o		O	o			o
intra-groupe									o
investissements	o	o				O	o		O
frais généraux	o	o			o	O	o	O	O
composants	o	o			o	O	O	O	O
sous-traitance industrielle	o	O	O	o		O	O		o
prestations intellectuelles	o	o	o			O	O	O	o
sous-ensemble high-tech	o	O	O	o			o		

LEVIER PRINCIPAL ◯   LEVIER SECONDAIRE ○

LES RELATIONS CLIENTS-FOURNISSEURS

Dans un premier temps, nous nous limiterons à la description des deux modèles classiques :

- la mise en concurrence,
- le partenariat,

pour ensuite, à l'aide d'une étude historique, nous projeter dans le futur et conclure sur les relations de sous-traitance les plus actuelles.

La mise en concurrence

La mise en concurrence des fournisseurs est le comportement le plus souvent adopté par les acheteurs, qu'ils évoluent dans le domaine industriel ou dans celui de la distribution.

Dans ce modèle relationnel, l'objectif de l'acheteur est de minimiser le prix des produits ou services achetés :

- en travaillant avec un grand nombre de fournisseurs, ou plus exactement en consultant un nombre important de fournisseurs,
- en répartissant la charge des fournisseurs en fonction du prix annoncé et éventuellement de la performance de chacun d'eux,
- en entretenant des relations formelles à partir de démarches à court terme.

Cette approche nécessite une disponibilité des produits et un marché très ouvert. C'est ce que nous avons déterminé à l'aide de la matrice RISQUES/PROFIT.

Bien entendu, le cahier des charges fonctionnel n'est pas de mise. En effet, la mise en concurrence s'opère généralement à partir d'un cahier des charges précis définissant le produit dans les moindres détails. Les fournisseurs consultés n'ont généralement pas le loisir d'apporter la moindre modification à ce cahier des charges qui par ailleurs stipule :

- les normes de qualité,
- le calendrier des livraisons,
- les pénalités,
- etc.

En termes d'achats, c'est la notion

PRIX, DÉLAI, QUALITÉ

qui se traduit souvent par : le PRIX d'abord.

Il est évident qu'une mise en concurrence conduit à une baisse des prix : **il ne faut pas s'en priver chaque fois que cela est possible**.

En revanche, ce mode de relation n'est applicable que pour les produits situés dans certaines régions de la matrice RISQUES/PROFIT, car il entraîne un certain nombre de dysfonctionnements :

- le fournisseur peut pratiquer un prix d'appel lors de la première relation, car il sait que, dans bien des cas, le contrat est de longue durée,
- une fois retenu, le fournisseur sait que s'il respecte la QUALITÉ, il pourra augmenter son PRIX avec des formulations du type : « ces nouveaux moulages nécessitent une finition manuelle plus importante que prévu » ou pire : la formule de révision de PRIX !!!!

Les conséquences sont les suivantes :

- l'acheteur doit connaître parfaitement le coût réel de production des pièces,
- le fournisseur conserve ses méthodes de production ou de distribution, entraînant une situation conflictuelle,
- des devis irréalistes emportent souvent le marché, causant de nombreux réajustements ultérieurs.

Le partenariat

Le partenariat clients-fournisseurs, rendu célèbre par ses applications dans les entreprises japonaises, repose sur une dépendance mutuelle à long terme entre une entreprise acheteuse et les fournisseurs capables d'atteindre un COÛT OBJECTIF en garantissant une qualité supérieure et une livraison rapide et fiable.

Nous avons vu au paragraphe précédent que ce type de modèle était préférable dès lors que les risques et le profit étaient importants.

Les enjeux se déclinent alors en :

- un prix objectif,
- le respect des objectifs de qualité,
- la réduction des cycles de transformation,
- etc.

Le partenariat consiste alors à donner une réponse à ces enjeux en s'y mettant à deux. La démarche de partenariat oblige les deux parties à accepter de partager :

- les gains et les pertes,
- les risques,
- les moyens.

Ce concept entraîne tout naturellement des changements de comportement tels que :

- une relation clients-fournisseurs plus transparente,
- la suppression des cloisons internes à l'entreprise (création de groupes de travail ou « centres d'achats »),
- l'acceptation de la remise en cause d'une spécification, d'une méthode de contrôle,
- l'anticipation des conflits et définition préalable des solutions.

Dans le modèle japonais, la notion de maître d'œuvre est très forte.

Au tout début du processus de développement, le donneur d'ordres sélectionne tous les fournisseurs nécessaires qui sont choisis, non pas par appel d'offres, mais plutôt à la faveur d'une relation continue et d'un dossier de performances.

L'entreprise donneuse d'ordres établit un prix de *VENTE CIBLE* pour ses propres produits, puis remonte vers la source, avec l'aide des fournisseurs afin de déterminer les moyens à mettre en œuvre (en commun) pour maintenir le prix de vente prévu.

Ainsi, ce sont les *MAÎTRES D'ŒUVRES* qui participent au développement de l'ensemble. Les fournisseurs maîtres d'œuvres adoptent un système triangulé avec leurs propres fournisseurs (figure 2-18).

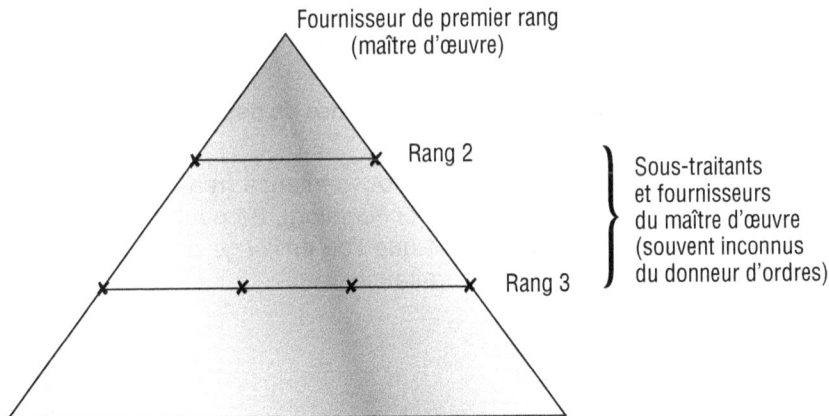

Figure 2-25 • Le système triangulé du partenariat

Après analyse conjointe, le maître d'œuvre entre en discussion avec le donneur d'ordres, non pas sur le prix, mais sur le meilleur moyen d'atteindre ce prix.

Dans ce type de relation, la politique d'achat est caractérisée par :

• des relations à long terme avec un nombre limité de fournisseurs,
• une interaction étroite entre les différentes fonctions,
• des contrats simples et flexibles,
• le partage des coûts supplémentaires imprévus,
• l'intégration par le maître d'œuvre des fluctuations de charge du donneur d'ordres.

Enfin, le partenariat peut se décliner sous différentes formes comme le montrent les schémas et tableaux 2-19 à 2-22.

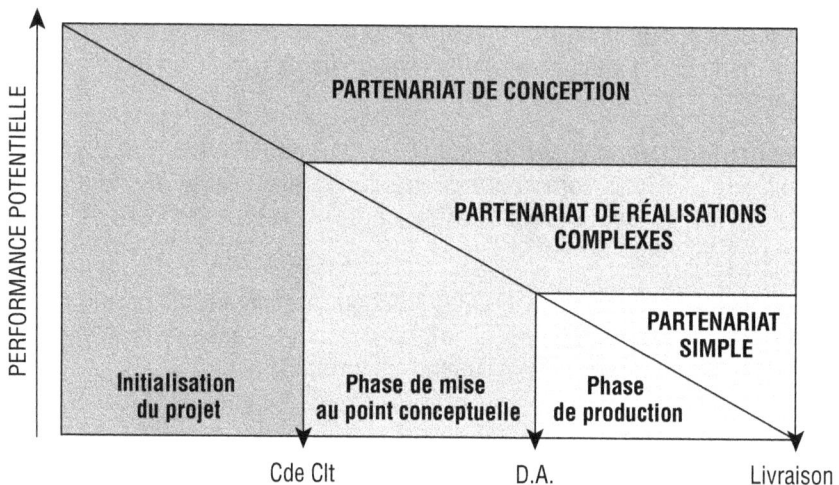

Figure 2-26 • Les différentes formes de partenariat

Si l'on admet qu'il existe trois types de sous-traitance (réalisations simples, réalisations complexes, partenariat de conception), on peut établir une corrélation entre la complexité du produit que l'on envisage de sous-traiter, sa structure de coût et le type de sous-traitance.

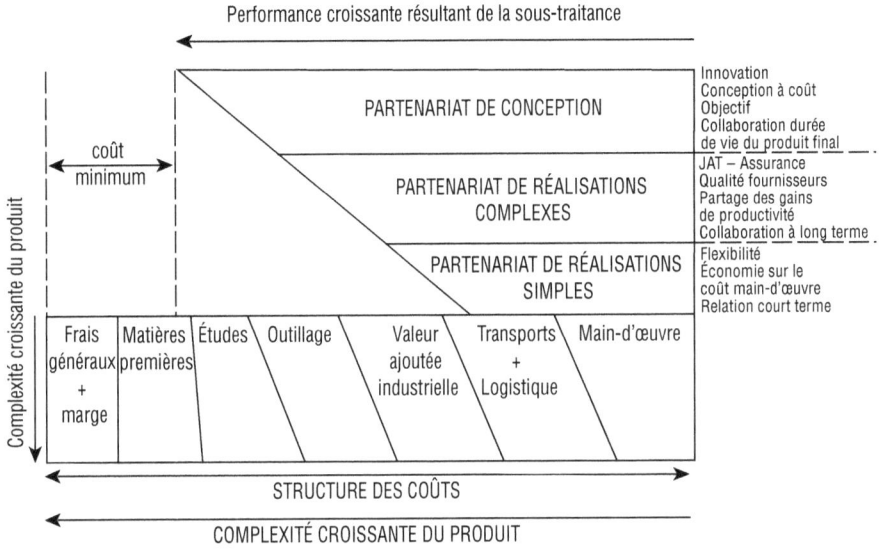

Figure 2-27 • Relation entre la sous-traitance et la complexité du produit

En réalité, on peut prendre deux cas limites illustrant le raisonnement : prestations simples et sous-traitance de fonctions (figure 2-21).

**PRESTATIONS COURANTES
À BASE DE MAIN-D'ŒUVRE**

**SOUS-TRAITANCE DE FONCTIONS
(Hypothèses de départ : Target Costing
et cahier des charges fonctionnel)**

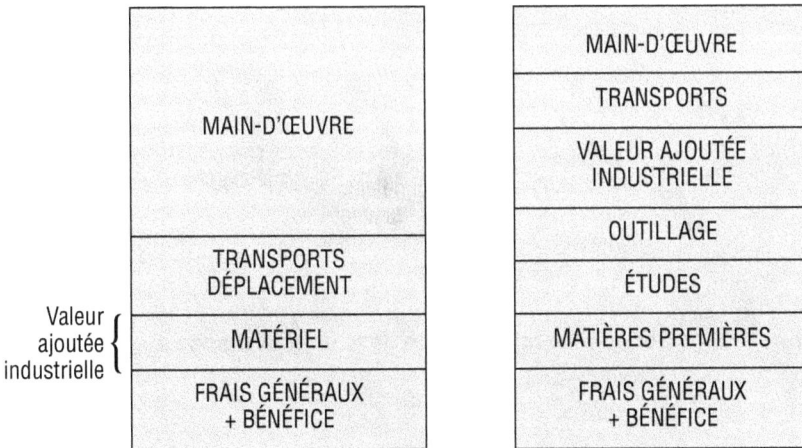

Figure 2-28 • Deux cas limites de la sous-traitance

Plus on se déplace de la droite vers la gauche du schéma 2-20, plus il faudra aller au « cœur » du produit et plus il faudra passer d'un partenariat de réalisations simples à un partenariat de conception.

Pour une prestation simple (nettoyage, maintenance préventive), l'élément essentiel sur lequel on pourra négocier sera la main-d'œuvre (taux horaire et nombre d'heures) accessoirement les frais de déplacement et commun à tous les cas : les frais généraux et la marge.

Pour la sous-traitance de réalisations complexes, par exemple, contrat avec un sous-traitant sur la base de l'assurance Qualité et du Juste à Temps, il faudra, en outre, s'intéresser à la valeur ajoutée industrielle (outil de production, type, cadence, maintenance) et éventuellement à la conception de l'outillage.

Si l'on va plus loin (partenariat de conception), il faudra en plus se préoccuper du volume et de la valeur des études et trouver la (les) matière(s) première(s) répondant aux fonctionnalités et au target costing recherchés. En d'autres termes, c'est toute la structure du coût du produit qui est alors mise en cause mais le gain potentiel est à la hauteur des efforts entrepris.

On peut résumer l'intensité de la démarche par le schéma 2-22.

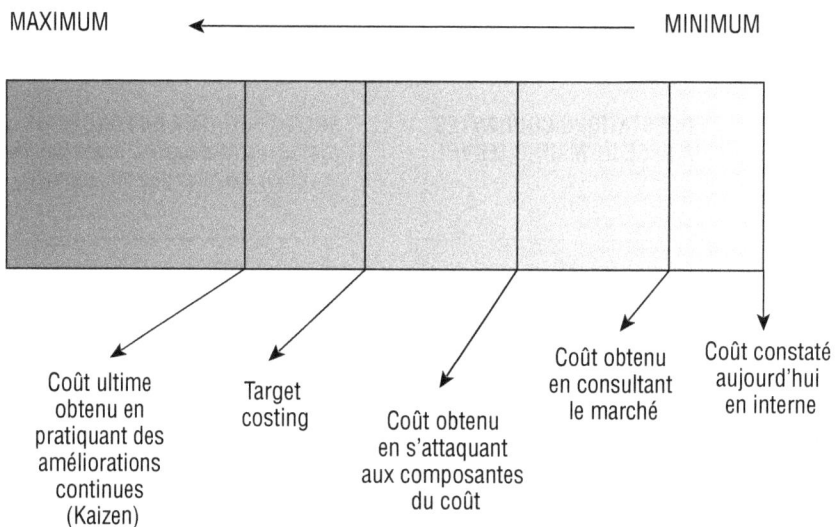

Figure 2-29 • Schéma de la démarche de la sous-traitance au partenariat

Évolution des relations clients-fournisseurs

Pour décrire et expliquer l'évolution des relations clients-fournisseurs, il faut évoquer les récentes transformations de notre économie. Au cours des trois dernières décennies, nous sommes progressivement passés d'une *ÉCONOMIE DE PRODUCTION* à une *ÉCONOMIE DE MARCHÉ.*

Ce changement de système économique a modifié en profondeur l'activité et l'organisation des entreprises. Pour l'acheteur, le mode de calcul des prix des produits s'en est trouvé ainsi transformé (tableau 2-23).

• En économie de production, le prix de vente d'un produit est la somme des coûts de l'entreprise majorée d'une marge bénéficiaire.

> **COÛT DE REVIENT + BÉNÉFICE = PRIX DE VENTE**

• En économie de marché, le prix de vente est dicté par la loi du marché. L'entreprise doit être capable de fabriquer le produit au coût de revient le plus bas, quitte à sous-traiter, voire à délocaliser. Dans ce système, le coût de revient optimum apparaît donc comme un objectif.

> **PRIX DE VENTE – AUTOFINANCEMENT = COÛT DE REVIENT**

En économie de production...	**En économie de marché...**
• Le produit et la technologie tiennent le premier rôle dans la stratégie de l'entreprise.	• L'entreprise cherche à développer de nouveaux marchés.
• L'intégration des processus de fabrication est forte.	• L'entreprise fabrique uniquement les produits qui relèvent de sa vocation réelle et elle sous-traite dans tous les autres domaines.
• L'organisation est centralisée et pyramidale, avec des lourdeurs administratives.	• L'aspect administratif est secondaire par rapport aux composantes techniques et commerciales de la vie de l'entreprise.
• La communication entre les différentes fonctions est difficile.	• L'organisation est basée sur des fonctions transversales plutôt que des services. Les échanges sont permanents entre le marketing, la qualité, les achats, la logistique…
• L'entreprise a une faible capacité de reconversion, du fait de ses investissements importants et de l'obligation de les amortir.	• La stratégie est entièrement fondée sur la flexibilité et l'entreprise devance les situations critiques en provoquant sa propre reconversion.
• Les achats tendent à satisfaire les demandes exprimées et n'ont pas de rôle stratégique.	• Les achats collaborent à l'expression des besoins dès leur apparition.
• Les achats « vivent loin » de la fonction marketing et des ressources novatrices de l'entreprise.	• Les achats sont en dialogue permanent avec le marketing et les bureaux d'études.

Tableau 2-30 • Comparaison des caractéristiques de l'économie de production et de l'économie du marché

Nous considérons que, dans ce contexte de changement de type d'économie, les relations clients-fournisseurs ont évolué selon quatre stades.

Stade 1 : avant 1975 (pleine économie de production)

Politique et stratégie d'achat

• Le phénomène d'intégration verticale ne nécessitait l'achat que de produits ou services non critiques pour l'entreprise, d'où un relativement faible impact financier des achats dans le coût de revient des produits.

• Les relations clients-fournisseurs étaient basées sur une échelle temporelle de court terme selon la recherche du meilleur PRIX.

Tactiques employées

• Recherche d'avantages ponctuels à partir de commandes d'achats au coup par coup.
• Mise en concurrence du marché des fournisseurs au niveau de chaque commande ou marché.
• Consultation du marché à partir de spécifications produits figés.
• Imposition au fournisseur des paramètres de Qualité Totale (délai, niveau de qualité, service ...) avec établissement de pénalités en cas de non-respect du contrat.

Ainsi, dans le stade 1, le rôle de l'acheteur était d'obtenir le prix le plus bas au niveau de chaque commande.

Stade 2 : 1975 ↔ 1985 (début de l'économie de marché)

Politique et stratégie d'achat

• La recherche de la diminution du coût de revient s'effectuait à partir d'une politique de DÉLOCALISATION, ce qui a entraîné une augmentation de la masse financière achetée.
• Corrélativement à cette délocalisation, on a élargi le parc fournisseurs pour une meilleure mise en concurrence.

Tactiques employées

• Les relations clients-fournisseurs étaient de court terme, selon une mise en concurrence du marché des fournisseurs.
• En termes commerciaux, cette mise en concurrence du marché des fournisseurs se faisait à partir de spécifications produits figés et les commandes d'achats étaient passées au coup par coup sans donner d'éléments prévisionnels aux fournisseurs.
• En revanche, en termes de qualité, et du fait de la multiplicité du nombre des fournisseurs, les acheteurs ont été obligés de donner des conseils aux fournisseurs dans le but, lors des partages des marchés d'achat, d'obtenir une QUALITÉ TOTALE CONSTANTE.

Finalement, dans le stade 2, on peut résumer la mission de l'acheteur comme suit :

• optimiser le budget d'achat annuel,
• augmenter le nombre de fournisseurs actifs et animer la concurrence,
• manager la performance des fournisseurs à travers des conseils.

Stade 3 : 1985 à 1993-1995

Politique et stratégie d'achat

- La délocalisation s'étend au domaine international, dans le but de disposer d'un coût de revient des produits le plus bas possible, à partir d'un faible coût de main-d'œuvre.
- Parallèlement à cela, les industriels se livrent à une course à l'INNOVA-TION, entraînant une réduction drastique des durées de vie des produits. En termes de stratégie d'achat, il convient donc :

    - de créer son propre réseau de fournisseurs pour garder un avantage concurrentiel (confidentialité),
    - de diminuer le nombre de fournisseurs et rechercher à travers des relations de **PARTENARIAT** à bénéficier de la capacité d'**innovation** des fournisseurs.

Tactiques employées

- Les relations clients-fournisseurs sont de LONG TERME pour bénéficier de l'innovation en provenance des fournisseurs, ainsi que du respect d'une certaine confidentialité.
- Mise en place du GLOBAL SOURCING qui consiste à faire réaliser aux fournisseurs PARTENAIRES de sous-ensembles des ensembles complets et également de regrouper les besoins d'une entreprise multisites. L'acheteur travaille au départ avec un CAHIER DES CHARGES FONCTIONNEL.
- En termes de qualité, le raisonnement est abordé selon la notion de COÛT GLOBAL, intégrant les notions de COÛT D'ACQUISITION, de POSSES-SION, de NON-QUALITÉ, ce qui implique des programmes bilatéraux d'amélioration de la performance et conduit à la notion de FOURNISSEUR PRIVILÉGIÉ ayant une délégation de contrôle.
- À partir des données ci-dessus, il est possible d'envisager un fonctionnement achats sous la forme de commandes ouvertes et d'approvisionnement en JUSTE À TEMPS (dans le cas d'achats de proximité).

Dans le stade 3, nous entrons dans le PARTENARIAT de réalisation et la mission de l'acheteur se décline de la manière suivante :

- manager les fournisseurs en les aidant à s'améliorer,
- optimiser le COÛT GLOBAL.

Stade 4 : Projection sur le futur : le partenariat global

Ce modèle, encore très peu utilisé, devrait permettre de profiter des meilleurs outils et concepts existants en recherchant l'innovation permanente.

Cette démarche consiste à :

- intégrer dès la conception les processus d'études, de production, d'achats et de soutien logistique,
- combiner pluridisciplinarité, outils spécifiques et systèmes d'information technique,
- piloter le risque technique, inhérent au développement,
- maîtriser le coût final.

Pour ce faire, les leviers d'action sont les suivants :

- les études amont et les avant-projets avec contribution de toutes les fonctions de l'entreprise,
- les essais et la qualification des produits,
- l'INTÉGRATION DES FOURNISSEURS ET DES COOPÉRANTS (notion de CO-MAKERS).

Ainsi, en termes d'achats, les fournisseurs et coopérants sont intégrés très en amont. Il en est donc de même pour le service achats de l'entreprise donneuse d'ordres (fabriquant de l'ensemble fini).

Au niveau de **l'avant-projet**, les fournisseurs sont associés comme partenaires dans le cadre de réflexions et actions de type :

- faire ou faire faire,
- marketing achats (produit, coût, marché),
- montage industriel du projet.

La relation ainsi créée est appelée CO-MAKERS ou GUEST ENGINEERS.

Le schéma 2-24 visualise cette démarche.

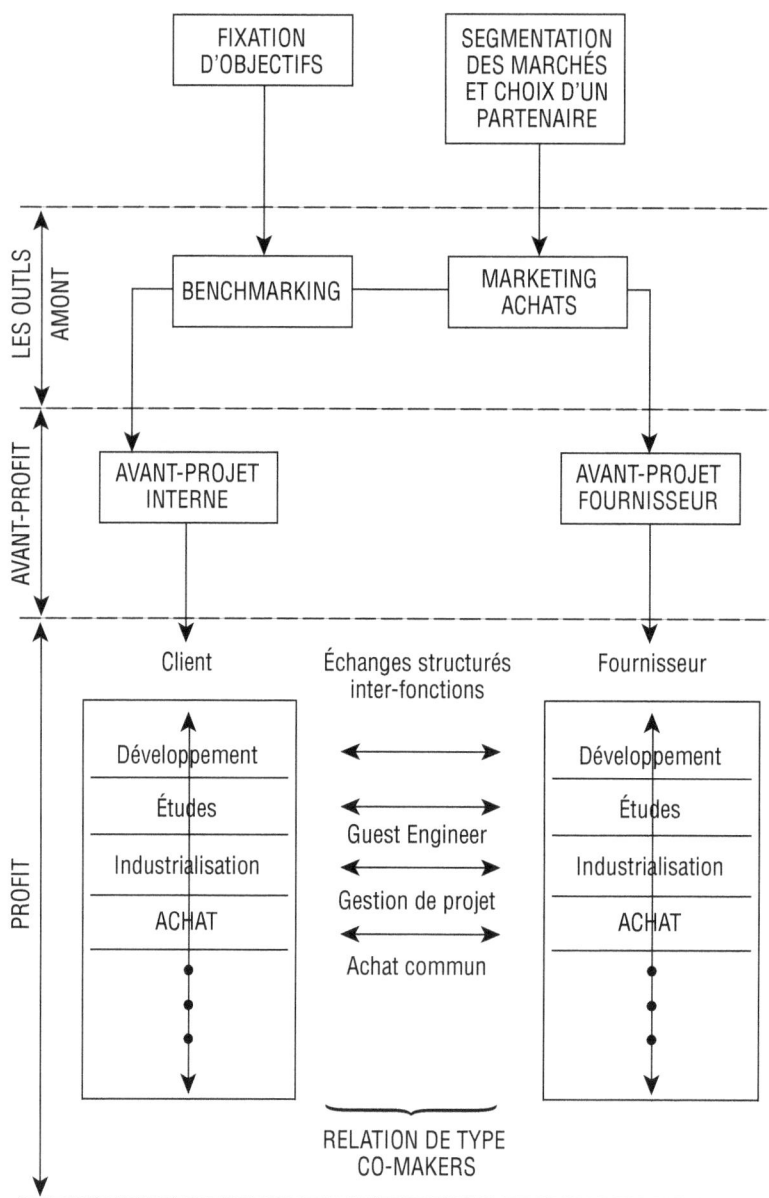

Figure 2-31 • Principe du partenariat global

Critère / Niveau	Prix	Relations court terme	Budget	Performance Qualité	Relations long terme	Qualité/ plan des progrès	Coût global	Flexibilité/ innovation	Stratégie et organisation
Stade 1	X	X							
Stade 2	X	X	X	X					
Stade 3	X		X		X	X	X	X	
Stade 4 PARTENARIAT GLOBAL			X (Coût objectif)	X	X	X	X	X	X

Tableau 2-32 • Récapitulatif des différentes relations clients-fournisseurs

Conclusion

Si le concept de PARTENARIAT paraît satisfaisant, il est toutefois difficile à mettre en œuvre dans la culture occidentale. En effet, la relation de type partenarial crée une dépendance entre les parties qui, culturellement, heurte les concepts habituels.

Quoi qu'il en soit, le partenariat est quasiment obligatoire dans certains cas inhérents au couple RISQUES/PROFIT.

Comme conditions de réussite d'une telle démarche, nous pourrons énoncer un certain nombre de règles d'or:

1. Définissez clairement vos objectifs stratégiques.

2. Vérifiez la motivation de votre futur partenaire en regard avec vos objectifs.

3. Structurez au mieux l'opération.

4. Tissez des relations personnelles fortes.

5. Prévoyez dans votre accord un mécanisme de résolution des conflits.

6. Adaptez-vous au style de votre partenaire.

> ENFIN, LA RÉUSSITE D'UNE DÉMARCHE DE PARTENARIAT
> RÉSIDE DANS LA CAPACITÉ DE VOTRE PARTENAIRE
> À PRÉVOIR LES BESOINS DE SON CLIENT (TABLEAU 2-25).

LES MODES DE NÉGOCIATION DANS LA SOUS-TRAITANCE

Les différents types de relations clients-fournisseurs décrits précédemment présupposent le choix d'un mode de négociation.

En effet, le partenariat nécessite la mise en place d'une démarche négociatrice construite à partir du coût de la prestation et non du prix du produit.

Nous nous proposons dans cette partie, après en bref rappel du «dilemme du prisonnier», de comparer les modes théoriques de négociation, coopératif et distributif, et ensuite distinguer dans le cas de la sous-traitance, le prix et le coût des produits ou prestations pour choisir le mode de négociation le plus approprié.

Rappel du dilemme du prisonnier

Cet exemple particulier de la théorie des jeux a connu récemment un regain d'intérêt dans certains pays avec les aveux des «repentis».

L'énoncé est le suivant: deux personnes (X et Y) ont été arrêtées alors qu'elles cherchaient à écouler des marchandises volées. Elles sont soupçonnées par les services de police d'être les auteurs du vol.

Elles sont, chacune de leur côté (interrogatoire) confrontées à la situation suivante:

- si elles se taisent, elles sont libres – Gain: 0
- si l'une dénonce l'autre et si celle-ci se tait:

    - la première (repentie) touche une prime: + 3
    - la seconde est largement sanctionnée: 5 ans de prison (noté – 7)

- Si les deux personnes se dénoncent mutuellement, elles sont condamnées à deux ans de prison (noté – 2).

Les hypothèses sont rassemblées dans le tableau ci-dessous:

		Personne Y	
		Se tait	Dénonce l'autre
Personne X	Se tait	(0 , 0)	(+ 3 , – 7)
	Dénonce l'autre	(+ 3 , – 7)	(– 2 , – 2)

Pour les deux joueurs, la stratégie « je dénonce l'autre » est dominante car pour le joueur X:

- 3 > 0 (cas où le joueur Y se tait)
- – 2 > – 7 (cas où le joueur Y dénonce aussi le joueur X)

La solution est donc une solution non coopérative ou elle est sous-optimale car les deux joueurs auraient intérêt à se taire (0 , 0) > (– 2 – 2).

On peut appliquer le dilemme du prisonnier à la relation de sous-traitance selon le tableau page suivante[1]:

---

1. D'après Axelrod R., *Donnant-donnant – Théorie du comportement coopératif*, Odile Jacob, Paris.

		Entreprise utilisatrice	
		Coopère	Ne coopère pas
Sous-traitant	**Coopère**	R = 3 R = 3	S = 0 T = 5
	Ne coopère pas	T = 5 S = 0	P = 1 P = 1

R = Récompense de la coopération
P = Sanction de la défection mutuelle
T = Tentation de la défection
S = Sanction du naïf

La sous-traitance selon un mode distributif

La relation de sous-traitance, fondée sur une remise en cause permanente (commandes ponctuelles, reconsultations fréquentes, approches économiques brutales, ...), correspond à la situation du dilemme du prisonnier.

En effet, en schématisant et en se plaçant dans une relation de marchandage, l'entreprise utilisatrice active la concurrence à chaque renégociation pour avoir les prix les plus bas (à l'instant) ; il y a ainsi renouvellement fréquent des sous-traitants.

De son côté, le sous-traitant, qui n'est pas assuré de la reconduction de son contrat, cherchera à récupérer cet aléa (qualité médiocre, délais peu fiables, ...) et ne fera aucun effort pour améliorer ses coûts de production.

Comme dans le dilemme du prisonnier, la stratégie dominante consiste à ne pas coopérer :

$$T = 5 \quad > \quad R = 3 \text{ et}$$

$$P = 1 \quad > \quad S = O$$

La sous-traitance selon un mode coopératif

La théorie des jeux démontre que seule la durée permet de passer d'un état non coopératif (jeu à un coup) à un engagement coopératif entre entreprise utilisatrice et sous-traitant.

Un contrat explicite suffisamment long et reconductible en cas de non-défaillance du sous-traitant agit comme un stimulant pour celui-ci afin de diminuer ses coûts de fabrication, donc ses prix.

Cette stabilité contractuelle ne signifie pas qu'il faut évacuer toute concurrence car, annuellement, le prix du sous-traitant est comparé au prix du marché, mais ceci n'est pas suffisant pour que la coopération perdure. Il faut, en effet, que chaque participant à la transaction trouve un intérêt à la poursuite de la relation, cela suppose que les gains issus de la relation soient répartis de façon que chaque partenaire en tire un bénéfice qui, à son tour, permet de maintenir la durée comme l'indique le processus ci-dessous :

Contrat ➠ Gains issus de la relation ➠ Répartition équitable de ceux-ci

➠ Intérêt à continuer et à renouveler le contrat

➠ Nouveau contrat.

La distinction entre prix et coûts

Les contrats peuvent être conçus selon deux approches : le prix et les coûts.

Dans un **contrat type « prix »**, le prix est fixé dans le contrat et le prix du règlement est égal à celui du contrat.

Ce contrat présente trois caractéristiques :

➠ *Pour l'acheteur*

- Il n'exige aucun suivi des coûts au cours de son déroulement.

➠ *Pour le fournisseur*

- Il doit produire le plus efficacement possible puisqu'il conserve tous les gains issus des réductions de coûts.
- Il doit supporter les risques liés à la variation des facteurs de coûts (exemple : augmentation des matières premières, de l'énergie, des salaires).

Dans un **contrat type « coûts »**, l'acheteur assume le risque lié à la variation des facteurs de coûts et partiellement ou totalement celui lié à la productivité du fournisseur.

On a donc par exemple :

- un forfait révisable
- et des dépenses contrôlées révisables.

Dans le **cas de la commande unique**, à renouvellement fréquent, chaque consultation conduit à sélectionner le « moins disant » (l'état limite de cette situation est l'achat « spot » classique pour les matières premières).

Dans ce cas, le contrat est d'une durée inférieure à un an (*a fortiori* si la commande est unique) et il est **non révisable**.

La consultation remet à chaque fois des outsiders en jeu et le sous-traitant, sous cette pression concurrentielle, répercute dans le nouveau prix proposé, les gains de productivité qu'il a pu dégager dans l'exécution de la commande précédente.

Le problème pour l'acheteur est qu'il s'agit d'un raisonnement en « relatif », c'est-à-dire qu'il n'a pas de référentiel absolu (prix obtenu à la précédente consultation) et que le nouveau prix obtenu notamment du sous-traitant titulaire du contrat précédent peut prendre en compte :

• certes des gains de productivité, mais aussi,
• une répartition différente des frais commerciaux et généraux,
• une approche marginale (la plupart des frais indirects ont été couverts dans le prix précédent et l'on fait cette fois-ci un prix uniquement à coûts directs).

Cette pratique est d'autant plus aisée à mettre en œuvre que :

• pour l'acheteur, les coûts de transfert d'un fournisseur à un autre sont faibles ;
• le fournisseur est dans une relation non coopérative, qui offre plus de souplesse mais aussi le risque de ne pas donner lieu à une reconduction du contrat.

Dans le cas de **contrats à moyen terme**, les éléments évoqués ci-dessus vont cette fois-ci pleinement agir à partir de la formule suivante :

$$P = P_0 + k_1\, a_1 - k_2\, a_2$$

P est le prix auquel on aboutit à l'issue de la renégociation.

P_0 est le prix initial.

a_1 représente les variations des coûts nominaux observés par le sous-traitant.

k_1 est le coefficient de partage de cette variation des coûts.

a_2 représente la réduction des coûts obtenue par le sous-traitant grâce aux gains de productivité et de progrès.

k_2 est le coefficient de partage des gains de productivité et de progrès obtenus par le sous-traitant.

Remarques

• Sur le **paramètre a₁**,

l'acheteur a des informations économiques sur l'évolution nominale des coûts (à travers les indices publiés), mais le vendeur ajoute (ou est pénalisé) des (par des) variations liées à ses négociations avec ses propres fournisseurs.

(Exemple : un tarif peut officiellement ne pas bouger ou augmenter et ceci est traduit par la variation des indices alors que par le jeu de remises et ristournes, le sous-traitant obtiendra des conditions différentes).

• Sur **le paramètre a₂**,

la productivité pure associée à une gamme opératoire peut plus ou moins rapidement trouver ses limites (la courbe d'expérience tend vers une valeur asymptotique) ; par contre, les coûts indirects (au sens large) affectables à un contrat peuvent très fortement diminuer et cette dimension, seul le sous-traitant peut la connaître à la condition que sa comptabilité analytique soit pertinente. En outre, il peut y avoir des gains dus au progrès (par exemple, technologie du matériel), qui en général apparaissent par paliers et non pas de manière quasi continue.

(Exemple : les coûts de fonctionnement des approvisionnements souvent appliqués sous forme d'un pourcentage de la valeur des produits achetés peuvent n'avoir aucun rapport avec les coûts réellement engagés ; c'est d'ailleurs ce qui fait l'intérêt de systèmes tels que la comptabilité basée sur les activités déjà évoquées au chapitre précédent.)

On peut mesurer la plupart des situations décrites dans le tableau 2-26 duquel on peut extraire cinq cas caractéristiques :

k_2 \\ k_1	0	0,5	1
0	1		2
0,5		5	
1	3		4

0,5 est une valeur arbitraire et indicative

Figure 2-33 • Les paramètres du dilemme du prisonnier

CAS 1 Le sous-traitant supporte toute la hausse des coûts, mais conserve toute l'augmentation due aux gains de productivité qu'il réalise.

CAS 2 L'entreprise utilisatrice accepte la hausse de tous les coûts (indexation économique) et le sous-traitant conserve pour lui tous les gains de productivité.

CAS 3 Le sous-traitant supporte toute la variation des coûts et rétrocède tous les gains de productivité à l'entreprise utilisatrice.
Il existe certains contrats où le calcul de P est fixé autoritairement (notamment dans les contrats comprenant plusieurs tranches et où la productivité est mesurée par un pourcentage affecté au nombre de mois de chaque tranche. Exemple : 1/4 % par mois, soit 3 % par an).

CAS 4 L'entreprise utilisatrice accepte de répercuter l'augmentation des coûts mais s'attribue tous les gains de productivité.

CAS 5 Il y a partage entre entreprise utilisatrice et sous-traitant. Ce partage permet au sous-traitant de faire face à une partie de l'augmentation des coûts et l'incite à innover car il conserve une partie des gains de productivité.

L'élément-clé du partenariat est donc :

• l'aptitude du sous-traitant à innover de façon à dégager des gains de productivité ;
• l'acceptation par l'entreprise utilisatrice d'un partage du risque économique.

La durée de la relation contractuelle est un moyen de substituer un état coopératif à un état non coopératif et l'implication du sous-traitant dès la conception permet de mettre en œuvre un schéma de « target costing » illustré par un constat et une méthode (figure 2-27).

Un constat

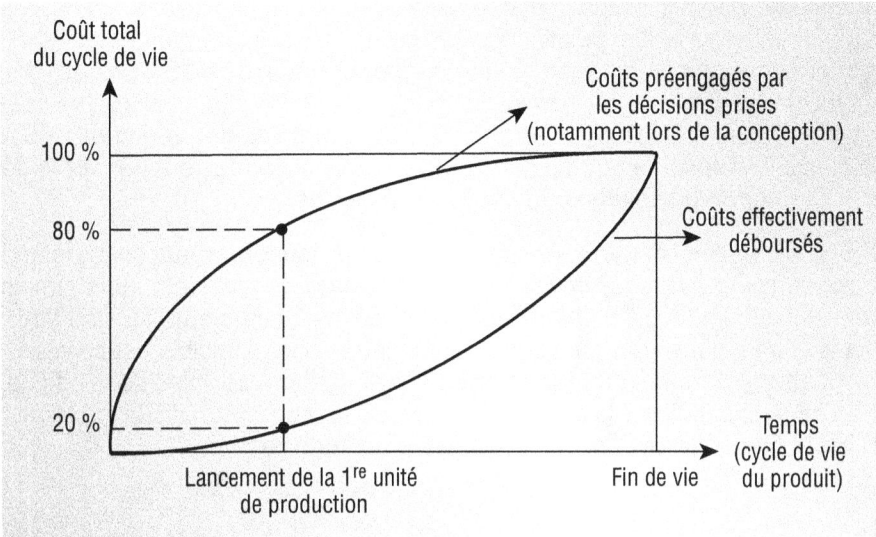

Une méthode

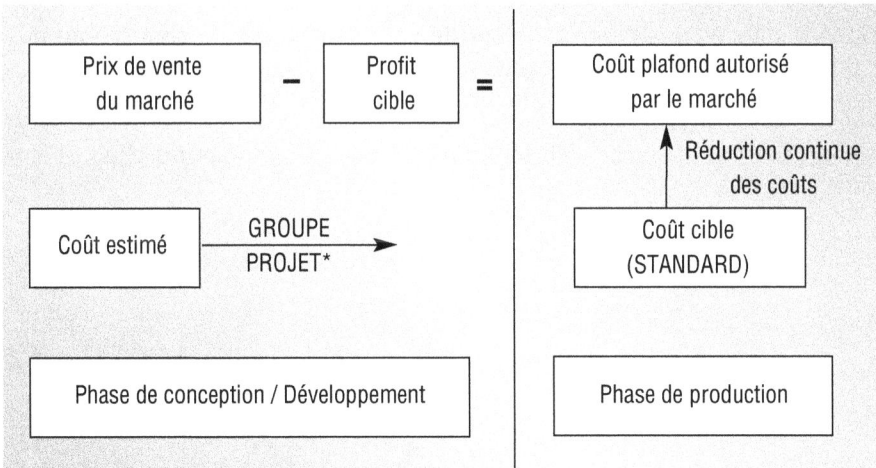

* Marketing, Études, Achats, Direction Industrielle

Figure 2-34 • Méthodologie de partenariat et théorie des jeux

On constate que le sous-traitant peut être associé dès la phase de conception (groupe projet) afin d'améliorer le coût estimé (déterminé lui, soit par des
méthodes paramétriques : relation entre coût et paramètres physiques
simples tels que poids, puissance, surface, ... soit par des méthodes analo-
giques : on rapproche le produit futur de produits déjà existants, soit par des
méthodes analytiques basées sur des gammes opératoires) jusqu'à un coût
cible ; mais ultérieurement, il y aura des améliorations de productivité pure
impliquant le sous-traitant qui, en cours de fabrication, devront permettre de
s'approcher du prix plafond autorisé par le marché.

Dans les systèmes traditionnels, le coût cible (supérieur au coût plafond
autorisé par le marché) devient le coût standard, lequel n'est alors jamais
remis en cause (dès l'instant où les coûts réels sont inférieurs au standard).
Dans la démarche « target costing », au contraire, le coût cible est constamment amélioré, notamment avec l'aide des sous-traitants, mais dans ce cas,
on s'intéresse moins à la conception et plus à la fabrication et à la logistique.
C'est là que se situe la grande nouveauté de la démarche.

*

*   *

Nous avons traité dans ce chapitre des différentes relations clients-fournisseurs.

Dans la plupart des cas, l'acheteur de sous-traitance est confronté au problème de l'ÉVALUATION des sous-traitants potentiels. Cela est d'autant plus
important que la relation choisie tend vers un PARTENARIAT.

Les critères d'évaluation des futurs partenaires font l'objet du chapitre suivant.

3
Le plan d'assurance qualité
des sous-traitants et partenaires

La démarche d'achat exige de plus en plus souvent que l'acheteur porte une appréciation du fournisseur fondée sur les points suivants :

- Le fournisseur a-t-il une structure économique lui donnant de bonnes chances d'être pérenne ?
- Y a-t-il chez le fournisseur des éléments indiquant une volonté de se développer et d'investir ?
- La gestion du fournisseur est-elle saine ?
- Quel est le niveau de risque à s'engager avec lui ?
- Les grandes fonctions de l'entreprise sont-elles bien gérées, porteuses de progrès ou de recul ?
- Les frais généraux sont-ils maîtrisés ?
- Le système Qualité existe-t-il ? Est-il satisfaisant ?
- Quelle est la forme juridique adaptée ?
- Peut-il répondre à nos préoccupations ?
  (conception à coût objectif, délai, flexibilité...)

Répondre à ces questions est essentiel lorsque l'acheteur envisage une relation à moyen terme ou long terme ; il ne peut dans ce cas se contenter d'informations générales portées dans la plaquette de communication générale de l'entreprise ou se contenter de choisir son futur partenaire sur réputation.

Ces dimensions s'inscrivent dans ce que nous appelons le **plan d'Assurance Qualité Fournisseur**.

Les éléments techniques constituant l'évaluation des fournisseurs sont largement diffusés par l'application des normes ISO.

Aussi, nous bornerons-nous à traiter dans ce chapitre :

- le plan d'Assurance Qualité Fournisseurs,
- l'évaluation économique des fournisseurs,
- le contrôle de leur performance.

LE PLAN D'ASSURANCE QUALITÉ FOURNISSEUR

Pour avoir confiance l'acheteur entreprend généralement une démarche en quatre grandes étapes, avec l'aide d'un qualiticien.

1. **La prise de contact ou l'évaluation d'aptitude**, pour répondre à la question : le fournisseur a-t-il le **potentiel** technique, humain, financier, organisationnel pour maîtriser tous les aspects qualité ? L'outil est le **questionnaire de prise de contact**.

2. **L'évaluation qualité**, pour répondre à la question : le fournisseur est-il apte, en termes de qualité à répondre aux exigences de l'acheteur[1] ? C'est l'Assurance Qualité Fournisseur (AQF).

3. **Le plan Qualité**, pour examiner et décrire comment, dans le cadre de son système Qualité, le fournisseur va concevoir, élaborer, contrôler le produit ou la prestation achetée.

4. **Les livraisons d'échantillons**, pour vérifier la conformité des produits fabriqués. Ces échantillons sont accompagnés du rapport de contrôle produit précédemment défini.

5. **La délégation de contrôle**, le fournisseur et l'acheteur entreprennent une démarche zéro défaut, et établissent un plan de surveillance. Les livraisons s'établissent dans le cadre de la maîtrise contractuelle de la qualité, c'est l'Assurance Qualité Produit (AQP).

---

1. Ensemble de l'organisation, des responsabilités, des procédures et des moyens nécessaires pour mettre en place le management de la qualité au sein de l'entreprise.

Phase	①	②	③	④	⑤
ÉTAPE	Prise de contact	Visite d'évaluation	Plan Qualité	Premières livraisons	Délégation de contrôle
OUTILS / MÉTHODES	• Marketing (Achat et technique) • Questionnaire de prise de contact	• Questionnaire d'entretien qualité • Rapport d'audit	• Audit process • Audit produit • Audit procédé • A.M.D.E.C[1]	• Échantillons industriels • Rapport de contrôle	• Suivi de la qualité des livraisons • Demandes d'actions correctives • Plan de surveillance
ACTEUR	Acheteur	Acheteur + Qualiticien	Acheteur + Qualiticien + Technicien	Qualiticien	Acheteur + Qualiticien

1. A.M.D.E.C : Analyse des Modes de Défaillances et de leur Criticité.

Tableau 3.1 • La démarche d'Assurance Qualité Fournisseur

Les outils énumérés ci-dessus sont suffisamment connus ; nous n'en donnerons pas le détail. En revanche, le choix d'une stratégie d'achat du type :

- sous-traitance,
- coopération,
- partenariat,

présuppose une bonne maîtrise des aspects économiques du fournisseur.

L'ÉVALUATION ÉCONOMIQUE DES FOURNISSEURS

Cette évaluation présente aujourd'hui un double aspect :

- **Sur le plan des achats**, dans la mesure où l'on développe des relations pluriannuelles par exemple :

  - pour tous les contrats de maintenance, le fournisseur acceptant plus facilement d'investir sur des contrats longs (maintenance entre deux grandes révisions),
  - pour les contrats de sous-traitance industrielle, il faut un contrat basé sur la durée de vie d'amortissement de l'outillage (au minimum) et sur

la durée de vie du produit fini dans lequel va être intégrée la pièce objet du contrat.

Il faut s'assurer que la structure financière du sous-traitant laisse espérer que sa situation est saine et qu'elle le restera au moins pendant la durée de vie du contrat.

Il est d'ailleurs intéressant de remarquer que les méthodes de scoring (que nous évoquerons plus loin) donnent une perspective à **trois ans**.

- **Sur le plan matériel**, de nombreuses banques de données communiquent aujourd'hui :

  - les résultats « bilan et compte de résultat » selon une présentation fiscale normalisée,
  - les ratios qu'elles considèrent les plus pertinents,
  - éventuellement un scoring.

Il appartient à l'acheteur de se forger son « intime conviction » notamment, d'une part, en comparant l'évolution des ratios-clés sur deux à trois ans (comparaison temporelle). D'autre part, en rapprochant les ratios de ceux de la branche professionnelle à laquelle appartient le sous-traitant (la Centrale des Bilans de la Banque de France est, de ce point de vue, particulièrement utile).

Les ratios essentiels

Il paraît indispensable d'analyser cinq familles :

- activité et structure du compte de résultat,
- productivité,
- gestion courante,
- rentabilité,
- structure financière.

Activité et structure du compte de résultat

a) Activité

On mesure le taux de variation d'une année « n » par rapport à la précédente « n–1 ».

• Chiffre d'affaires

Il faut distinguer la variation en unités monétaires courantes et celle en unités monétaires constantes.

Pour des prestations essentiellement de main-d'œuvre, on pourra par exemple comparer la variation à celle d'un indice tel que l'IME (indice des industries mécaniques et électriques) ou l'indice des salaires du Syntec (contrat de maintenance dans un cas, contrat de prestations intellectuelles dans l'autre cas).

• **Valeur ajoutée**

Si l'on admet qu'un sous-traitant est d'autant plus intéressant qu'il dégage plus de valeur ajoutée, le taux de variation de la valeur ajoutée doit être égal ou supérieur à celui du chiffre d'affaires.

Cela étant, cela ne préjuge en rien de la répartition de la valeur ajoutée (cet aspect sera vu dans la structure du compte de résultat).

Une des difficultés du calcul réside dans le fait que la valeur ajoutée n'est pas forcément homogène (dans les données comptables connues de l'acheteur) d'une année par rapport à l'autre.

Pour les adhérents de la Centrale des Bilans de la Banque de France, un retraitement est fait de manière systématique en tenant compte :

• du personnel intérimaire,
• de la sous-traitance **conjoncturelle**,
• de la part d'amortissements contenue dans les annuités de crédit-bail.

NOTA : Ces charges sont, en comptabilité, enregistrées en charges externes (donc en consommation intermédiaire) alors qu'elles sont la traduction économique essentiellement de frais de personnel et d'amortissements.

b) Structure du compte de résultat

On l'apprécie à trois niveaux :

• la part de valeur ajoutée dans le chiffre d'affaires
  (voir remarque faite ci-dessus),
• la part de frais de personnel contenue dans la valeur ajoutée,
• la part d'excédent brut d'exploitation dans la valeur ajoutée.

En moyenne, on trouve pour les sous-traitants :

• une part de valeur ajoutée (par rapport au chiffre d'affaires de l'ordre de 55 à 60 %),
• une part de frais de personnel (par rapport à la valeur ajoutée de l'ordre de 60 à 65 %),
• une part d'excédent brut d'exploitation (par rapport à la valeur ajoutée de l'ordre de 30 à 35 %).

L'excédent brut d'exploitation est la **ressource fondamentale** que l'entreprise tire de son cycle d'exploitation.

Il constitue en quelque sorte le cash-flow d'exploitation avant résultats financier et exceptionnel et avant impôt sur le résultat. Il sert de charnière entre le compte de résultat et l'équilibre emplois-ressources du bilan.

Productivité

C'est un ratio usuel qui compare certaines valeurs à **l'effectif moyen**.

Ces valeurs sont :

- le chiffre d'affaires,
- la valeur ajoutée,
- les frais de personnel,
- l'équipement productif (terme qui se comprend bien et qui est systématiquement calculé par la Centrale des Bilans de la Banque de France).

Ces ratios productivité doivent être analysés avec prudence car :

- l'obtention de l'effectif moyen est difficile (essentiellement à cause de l'emploi partiel et de l'externalisation). En outre, les documents fiscaux sont souvent sur ce point mal (pas) remplis,
- la productivité calculée est une **productivité globale** (il y a donc mélange des productivités industrielle et administrative).

Gestion courante

Il s'agit ici d'éclairer l'acheteur sur les trois ratios de la gestion courante d'exploitation :

- les conditions de règlement clients,
- les conditions de règlement fournisseurs,
- les taux de couverture des stocks.

a) Règlement clients

Le calcul est fait en jours de chiffre d'affaires TTC ; afin que le calcul soit pertinent, il faut intégrer :

- en plus : les moyens de règlement anticipé consentis par les institutions bancaires (tels que les bordereaux de cession de créances commerciales) ;
- en moins : les avances et acomptes reçus des clients (parfois encore très fréquents en sous-traitance).

L'acheteur pourra avec ce ratio :

- comparer ses propres conditions à celles de ses concurrents à l'achat,
- se convaincre de l'existence d'un coût d'opportunité dans les prix qu'il obtient de ses sous-traitants (ce coût correspond sensiblement aux charges financières supportées par le sous-traitant).

b) Règlement fournisseurs

Le calcul est fait en jours d'achats TTC. Il faut pour ce ratio :

- isoler les fournisseurs d'investissements,
- prendre la totalité des achats (techniquement les comptes 60 Achats et 61/62 : Autres charges externes).

c) Taux de couverture des stocks

Ce taux est également à calculer en jours, ici de consommation du stock concerné soit :

$$\frac{\text{Stock moyen}}{\text{Consommation}} \times 360$$

Il faut tenter de mesurer le taux de couverture pour les quatre natures de stocks, à savoir :

- marchandises (produits destinés au négoce),
- matières premières,
- en cours de production,
- produits finis.

Ce dernier ratio permet de juger de la qualité de la gestion des stocks chez le sous-traitant ; il ne permet pas à l'inverse d'apprécier les risques de rupture (ce qui peut être intéressant pour les contrats de maintenance à cause des pièces de rechange et pour les contrats de sous-traitance industrielle au niveau des matières premières et autres approvisionnements).

Rentabilité

Elle est mesurée par deux indicateurs : la rentabilité financière et la rentabilité économique.

a) La rentabilité financière

$$\frac{\text{Résultat net}}{\text{Capitaux propres}}$$

Cette rentabilité intéresse prioritairement les investisseurs chez le sous-traitant. Le résultat net globalise les résultats d'exploitation, financier et exceptionnel. Il est obtenu, déduction faite de l'impôt sur les bénéfices et de la participation des salariés aux fruits de l'expansion; par contre, il ne tient pas compte des décisions de l'assemblée générale des actionnaires quant à l'affectation de ce résultat aux dividendes.

Il faudra donc que l'acheteur apprécie sur les résultats des années précédentes quelle est la politique de distribution des dividendes.

Cette appréciation n'est pas neutre car elle indique la volonté des dirigeants du sous-traitant:

- soit de conserver le résultat dans l'entreprise (pas ou peu de dividendes distribués) et de marquer ainsi la confiance dans le savoir-faire du sous-traitant;
- soit de distribuer l'essentiel du résultat, ce qui peut être pour l'acheteur l'indice que le sous-traitant ne cherche pas à se développer par autofinancement (cela pouvant dès lors constituer une contrainte pour la recherche d'un partenariat avec le sous-traitant).

Il est usuel (et facile pour l'acheteur) de mesurer la formation de cette rentabilité par **l'effet de levier**:

$$\underbrace{\frac{\text{Résultat net}}{\text{Capitaux propres}}}_{} = \underbrace{\frac{\text{Résultat net}}{\text{Chiffre d'affaires}}}_{(1)} \times \underbrace{\frac{\text{Chiffre d'affaires}}{\text{Total du bilan (Actif)}}}_{(2)} \times \underbrace{\frac{\text{Total du bilan (Passif)}}{\text{Capitaux propres}}}_{(3)}$$

(1) C'est la composante commerciale; mesurée en pourcentage, elle est de l'ordre de quelques pour cent.

(2) C'est la composante industrielle: mesurée en valeur absolue, elle est supérieure ou inférieure à 1 (c'est une caractéristique du métier qu'exerce le sous-traitant).

On retient l'actif car celui-ci comprend l'essentiel des emplois industriels du bilan à savoir:

- les immobilisations,
- les stocks,
- les créances clients.

(3) C'est la composante financière; mesurée en valeur absolue, elle est par construction supérieure à un. On considère qu'elle marque la confiance de la communauté financière dans les aptitudes du sous-traitant (on verra dans « structure financière » que la valeur peut aller de 2 à 5).

On peut donner en conclusion les fourchettes suivantes:

(1) Composante commerciale : $\dfrac{1}{100}$ à $\dfrac{6}{100}$

(2) Composante industrielle : 0,8 à 1,2

(3) Composante financière : 2 à 5

d'où Rentabilité financière : $\dfrac{1,6}{100}$ à $\dfrac{36}{100}$

Il est usuel que cette rentabilité financière oscille entre 15/100 et 25/100.

b) La rentabilité économique

Elle est calculée par le ratio : $\dfrac{\text{Capacité d'autofinancement}}{\text{Chiffre d'affaires}}$

La capacité d'autofinancement (depuis longtemps appelée **cash-flow**) comprend deux parties :

* **le résultat net** (avant distribution de dividendes, sinon il s'agit de l'autofinancement et non plus de la capacité d'autofinancement) ;
* **la dotation aux amortissements et aux provisions** (il y a toujours pour ces dernières une part d'incertitude car, en toute rigueur, il ne faudrait retenir que les provisions à caractère de réserves ; à défaut d'avoir cette précision, nous conseillons aux acheteurs, dans un souci de prudence, de retenir la moitié du total des provisions).

Cette rentabilité est celle qui traduit véritablement l'aptitude du sous-traitant :

* à maintenir son outil de production (investissement de remplacement) ;
* à se développer (investissements nouveaux) ;
* à rembourser les dettes financières ; on considère qu'en pratique la capacité d'autofinancement doit :

  – pour un tiers de sa valeur, couvrir l'annuité de remboursement des dettes financières à plus d'un an,
  – ou correspondre pour la totalité de sa valeur au tiers de la totalité des dettes financières dont l'échéance est supérieure à un an.

L'évolution de la rentabilité économique permet incontestablement à l'acheteur d'apprécier si le sous-traitant a une politique de développement cohérente avec sa rentabilité et sa politique d'investissement.

Structure financière

Deux ratios classiques correspondent à l'approche des entreprises par la communauté financière :

a) $\dfrac{\text{Capitaux propres}}{\text{Capitaux permanents}}$

La limite inférieure acceptable est 0,5 et la valeur orthodoxe est de 0,7.

b) $\dfrac{\text{Capitaux propres}}{\text{Total du bilan (passif)}}$

Ce ratio a déjà été vu dans l'effet de levier. Il est considéré comme normal aux environs de 0,35. Il peut traduire une grande confiance de la communauté financière s'il atteint 0,20.

NOTA : Il faut cependant être très vigilant sur un ratio isolé de son contexte ; en effet, l'évolution de cette valeur vers 0,20 peut traduire :

- une diminution des capitaux propres donc des pertes,
- une augmentation du passif due par exemple à l'alourdissement des dettes fournisseurs, fiscales et sociales.

Il est, par contre, fondamental dans cette rubrique que l'acheteur se préoccupe de **l'équilibre global de la trésorerie** du sous-traitant traduite par l'expression :

$$FR = BFR + T^+$$

Techniquement, ces indicateurs se calculent de la manière suivante :

- Fonds de roulement (FR) :

    Capitaux permanents – Valeurs immobilisées nettes.

- Besoin en fonds de roulement (BFR) :

    Stocks + Créances clients – Dettes (fournisseurs, sociales et fiscales).

- Trésorerie (T^+) :

    Disponibilités – Concours bancaires courants (y compris engagements hors bilan).

Économiquement, ils ont la signification suivante :

- Le **fonds de roulement** est l'excédent de capitaux permanents sur le financement de l'actif immobilisé (valeurs immobilisées nettes, outil de production).
  Il est clair que le sous-traitant doit :

    – d'abord dégager des ressources financières pour financer son outil,
    – avoir un montant suffisant de ressources financières pour lui permettre de faire « tourner » son activité.

- Le **besoin en fonds de roulement** est la ressource financière dont il faut disposer pour couvrir les stocks et les créances clients déduction faite du crédit fournisseurs, social et fiscal (et déduction faite des éventuelles avances et acomptes reçus des clients).

On admet que LE BFR est caractéristique de chaque métier et l'on vérifie la relation $\boxed{BFR = k \, XCA}$ souvent exprimée en jours de chiffre d'affaires hors taxes.

NOTA : Le besoin peut parfois être une ressource (l'exemple classique étant celui de la distribution).

- La **trésorerie**, qui idéalement devrait être nulle, traduit le déséquilibre existant entre FR et BFR.
  En sous-traitance, le BFR représente entre un à deux mois de chiffre d'affaires hors taxes.
  L'acheteur doit intégrer le fait que des difficultés de trésorerie d'un sous-traitant ne sont que l'effet de **causes plus profondes** (la trésorerie est uniquement le thermomètre de la situation du sous-traitant).
  On peut distinguer trois causes essentielles à une évolution défavorable de la trésorerie : une rentabilité insuffisante, une gestion laxiste du BFR, le non-respect de l'équilibre haut de bilan emplois-ressources.

1. *Une rentabilité insuffisante*

L'autofinancement alimente le fonds de roulement (résultat, amortissements, provisions) ; si cet autofinancement est insuffisant, FR se dégrade.

2. *Une gestion laxiste du BFR*

On ne maîtrise pas l'évolution des stocks et des créances clients et la politique d'achats du sous-traitant conduit à une réduction de son propre crédit fournisseurs. Cette cause est fréquente lorsque :

- le sous-traitant connaît un fort développement de son chiffre d'affaires,
- le sous-traitant a des produits et/ou des activités qui vieillissent (obsolescence).

3. *Le non-respect de l'équilibre haut de bilan emplois-ressources*

Le principe est de financer des emplois longs (essentiellement outil de production) par des ressources longues (réserves et emprunts).

Si ce principe n'est pas respecté, on peut malgré tout investir :

- soit en prenant de la trésorerie court terme,
- soit en remplaçant l'investissement par du crédit-bail ou de la location longue durée (alourdissant les charges, donc diminuant l'autofinancement).

Il appartient à l'acheteur de vérifier l'évolution de cette équation tant chez le sous-traitant que dans la branche professionnelle à laquelle il appartient.

Le scoring

La Banque de France (centrale des bilans) a, à partir d'un échantillon d'entreprises ayant déposé leur bilan, élaboré une formule de scoring permettant de porter un jugement sur le **risque de défaillance** à un horizon de trois ans.

La difficulté d'utilisation pratique de ce scoring est qu'il nécessite des retraitements comptables non accessibles à l'environnement externe (car il faut des comptes détaillés) ; aussi lui préfère-t-on le scoring de **Conan-Holder** (du nom de deux collaborateurs de la Fiduciaire de France).

Cette formule est aujourd'hui calculée par la plupart des banques de données.

$$Z = 0,24\ R_1 + 0,22\ R_2 + 0,16\ R_3 - 0,87\ R_4 - 0,15\ R_5$$

Avec : $R_1 : \dfrac{\text{Excédent brut d'exploitation}}{\text{Endettement global}}$

$R_2 : \dfrac{\text{Capitaux permanents}}{\text{Total de l'actif (bilan)}}$

$R_3 : \dfrac{\text{Valeurs réalisables et disponibles}[1]}{\text{Total de l'actif (bilan)}}$

$R_4 : \dfrac{\text{Frais financiers}}{\text{Chiffre d'affaires}}$

$R_5 : \dfrac{\text{Frais de personnel}}{\text{Valeur ajoutée}}$

La formule permet de classer les sous-traitants en quatre catégories que l'on retrouve dans le tableau 3-2.

SCORE	SITUATION DE L'ENTREPRISE	RISQUE DE DÉFAILLANCE
$Z > 0,1$	Bonne à très bonne	Inférieur à 30 % et même à 10 % si $Z > 0,16$
$0,04 > Z > 0,1$	Alerte	30 à 65 %
$-0,05 < Z > 0,04$	Danger	65 à 90 %
$Z < -0,05$	Échec	Supérieur à 90 %

Tableau 3-2 • **Les risques de l'entreprise**

---

1. Stock + Créances + Disponibilités.

Exemple de situation normale :

$R_1 = 0,3$ $R_2 = 0,5$ $R_3 = 0,6$

$R_4 = 0,02$ $R_5 = 0,65$

SCORE : 0,16

Méthode préconisée

Nous avons sélectionné 10 ratios afin de trouver une méthode facilement applicable par les acheteurs.

Les 10 ratios issus de la centrale des bilans de la Banque de France et calculés par métiers (précisément par le code activité NAF).

Les 10 ratios

Activité

1. Taux de variation du chiffre d'affaires

Il doit être positif, supérieur au taux d'inflation (ou à tout taux indiquant la variation nominale des prix).

5 % est un minimum (sous réserve de la situation du marché fournisseurs et de l'influence des matières premières, …)

2. Taux de variation de la valeur ajoutée

Il doit être positif ou supérieur au taux de variation du chiffre d'affaires, 6 % est un minimum.

Productivité et structure

3. Rendement apparent de la main-d'œuvre (valeur ajoutée/effectifs)

Il doit progresser d'un taux au moins égal à celui de l'inflation.

À positionner par rapport à celui du secteur d'activité.

450 KF est le seuil acceptable mais très variable selon les métiers.

4. Répartition de la valeur ajoutée vis-à-vis de l'entreprise (autofinancement/valeur ajoutée)

Il doit être de l'ordre de 20 à 25 %.

Gestion courante

6. Délais de rotation clients (en jours)

$$\frac{\text{Clients} - \text{Avances sur commandes}}{\text{Chiffres d'affaires TTC}} \times 360$$

Il doit être positionné par rapport aux conditions que l'acheteur consent à ses fournisseurs.

Une situation saine devrait être de l'ordre de 60 jours (avec une tendance à la diminution).

Une augmentation de ce ratio peut indiquer :
- Un portefeuille clients de qualité médiocre (défaillance…).
- Des produits rencontrant des difficultés techniques (d'où problèmes pour se faire payer).

7. Délais de rotation stocks d'approvisionnement (en jours)

$$\frac{\text{Stock moyen de matières premières et approvisionnement}}{\text{Consommation matières premières et approvisionnement}} \times 360$$

Ce ratio dans une vision « stock zéro » doit être le plus faible possible, fonction de l'activité, 15 jours paraît acceptable.

8. Poids du besoin de financement (en jours)

$$\frac{\text{Besoin de financement}}{\text{Chiffre d'affaires HT}} \times 360$$

Dans une optique de réduction des ressources financières à mettre en œuvre, ce ratio doit être le plus faible possible.

30 jours doit être un minimum.

Rentabilité et structure financière

9. Taux de marge d'exploitation

$$\frac{\text{Excédent brut d'exploitation}}{\text{Chiffre d'affaires HT}}$$

Ce ratio traduit l'aptitude du fournisseur à dégager un excédent d'exploitation permettant : investissement de maintien, de développement, rémunération des capitaux investis.

Ce ratio ne doit pas être inférieur à 15 % (18 à 20 % est une valeur acceptable).

10. Couverture des capitaux

$$\frac{\text{Capitaux permanents}}{\text{Capital investi}[1]}$$

Ce ratio doit être proche de 100 et si possible supérieur à 100.

---

1. Capital investi : immobilisations nettes + besoins de financement.

Données centrales des bilans

Code Naf : 300 c : Fabrication d'ordinateurs et autres équipements informatiques

	1998				1997			
	Moyenne	Quartile défavorable	Quartile favorable	Le fournisseur	Moyenne	Quartile défavorable	Quartile favorable	Le fournisseur
Variation du chiffre d'affaires	+ 15,1	− 3,7	+ 20,8	+ 60,5 / 2	+ 9,0	− 3,2	+ 17,5	+ 18,3 / 2
Variation de la valeur ajoutée	+ 20,5	− 2,2	+ 29,8	+ 38,1 / 2	+13,2	− 8,3	+ 27,7	+ 9,6 / 1
Rendement apparent de la main-d'œuvre	442,3	256,8	549	329 / 1	391,4	245,5	425,3	298 / 1
Répartition de la valeur ajoutée vis à vis du personnel	78,2	88,1	69,4	72,8 / 1	78,5	89,2	67,5	85,8 / 1
Répartition de la valeur ajoutée vis-à-vis de l'entreprise (autofinancement)	13	7,4	25,6	19,8 / 1	12	7,1	19,8	10 / 1
Rotation clients	81	111	49	58 / 1	84	109	64	92 / 1
Rotation stocks d'approvisionnement	86	114	33	80 / 1	72	97	32	41 / 1
Poids du besoin de financement	69	92	32	2 / 2	66	92	35	2 / 1
Taux de marge d'exploitation (EBE)	7,6	5	13,4	10,4 / 1	7,5	5,7	10,1	5 / 0
Couverture des capitaux investis	112,3	86,3	123,1	286 / 2	118,4	92,6	127,5	140 / 2
Cotation				14				11

Le scoring

Pour chacun des 10 ratios, on indique la moyenne et les deux quartiles.

NOTA : Dans la présentation centrale des bilans, l'indication est 1er quartile, 3e quartile ;

Nous avons transformé ceci en :

Quartile défavorable.
Quartile favorable.

La cotation est simple :

2 si la valeur trouvée pour le fournisseur est supérieure au quartile favorable ;
1 si la valeur trouvée est comprise entre les deux quartiles ;
0 si la valeur trouvée est inférieure au quartile défavorable.

On a donc un maximum de 20 quartiles et on peut admettre que si :

– le score est supérieur à 12 : la santé est bonne ;
– le score est compris entre 12 et 8 : il y a incertitude ;
– le score est inférieur ou égal à 8 : il y a inquiétude à avoir sur la pérennité des fournisseurs.

Le calcul des coûts de revient

Chez un sous-traitant, la fonction comptabilité analytique a comme rôle l'établissement des coûts de revient des produits et des prestations. Il appartient à l'acheteur d'obtenir du sous-traitant une décomposition du coût de revient des produits qu'il achète selon l'une ou l'autre des formes ci-après présentées.

Cas de la sous-traitance industrielle

La décomposition est la suivante :

I. MATIÈRES

MATIÈRES PREMIÈRES
1. Coût matières consommées
2. Coût rebuts (démarrage, changement teintes, ...)

    en % de 1
3. Frais sur matières

    en % de (I + 2)

PIÈCES SOUS-TRAITÉES
4. Coût de l'outillage (valeur ramenée à l'unité fabriquée)
5. Coût variable de la pièce
6. Coût rebuts

    en % de 5
7. Frais sur pièces sous-traitées

    en % de 4 + 5 + 6

TOTAL COÛT MATIÈRES
8. Total   1 à 7

TOTAL REVENTE DES CHUTES
9. Valeur (à déduire de 8)

II. VALEUR AJOUTÉE INDUSTRIELLE

10. Coût main-d'œuvre productive

    (Taux horaire :   Temps unitaire :   )
11. Coût matériel et équipement

    (Taux horaire :   Temps unitaire :   )
12. Coût rebuts

    en % de (10 +11)
13. TOTAL VALEUR AJOUTÉE INDUSTRIELLE

    10 + 11 + 12

III. FRAIS GÉNÉRAUX

14. TOTAL FRAIS GÉNÉRAUX

    en % de 13

IV. FRAIS D'ÉTUDES

COÛT GLOBAL

15. Coût d'études (ramené à l'unité)

16. Redevance brevets – logiciels (ramenée à l'unité)

TOTAL FRAIS D'ÉTUDE

17. = 15 + 16

V. MARGE

18. TOTAL MARGE

      en % de 13 + 14 + 17

VI. PRIX DE VENTE DÉPART

19. TOTAL PRIX DE VENTE

8 – 9 + 13 + 14 + 17 + 18

VII. LOGISTIQUE

20. Emballage

21. Transports

22. Surcoût juste à temps

23. TOTAL LOGISTIQUE

20 + 21 + 22

VIII. PRIX DE VENTE RENDU FRANCO DESTINATION

24. = 19 + 23

Cas des prestations (essentiellement main-d'œuvre)

On suppose que la base de la négociation est un taux horaire, que celui-ci soit la base :

- d'un forfait (avec un nombre d'heures),
- d'une prestation en dépenses contrôlées,
- d'une évaluation sur la base d'un bordereau de points (ou du temps unitaire) par élément d'ouvrage.

La décomposition à obtenir est :

---

1. Salaire horaire moyen brut

   (avec : indication de la convention collective de rattachement et le nombre de points de la classification.)

2. Taux de primes diverses

   (en % de 1)

3. Coefficient de charges sociales

4. Coefficient de charges connexes

5. Outillage, vêtements et protections individuels

6. Frais de fonctionnement du chantier

   (part horaire) avec notamment :
   - l'encadrement,
   - l'éventuelle préparation et mise en œuvre d'un plan d'Assurance Qualité

7. Frais généraux du sous-traitant (part horaire)

   (éventuellement décomposés en agences, siège social.)

8. Bénéfice et aléa

9. Incidence horaire des frais de déplacement.

Les calculs étant ramenés à l'heure, il importe de déterminer s'il s'agit : d'heures payées ou d'heures d'aptitude à produire (heures productives pour simplifier) ; on relève entre les deux un écart de l'ordre de 20 %, écart dont il faut savoir où il est incorporé dans la valeur du taux horaire.

*

*   *

L'objectif n'est pas de faire de l'acheteur un spécialiste financier, mais de lui permettre de poser des questions pertinentes et de vérifier la cohérence de ses sentiments qualitatifs avec la réalité « têtue » et incontournable de l'orthodoxie économique.

LA MESURE DE LA PERFORMANCE DES FOURNISSEURS

L'évaluation du travail réalisé par un sous-traitant objectif, un coopérant, poursuit un double objectif :

- S'assurer de la conformité de la prestation par rapport au cahier des charges et aux éléments négociés.
- Établir un plan de progrès dans le cas d'une démarche de *PARTENARIAT*.

L'évaluation des performances des fournisseurs peut être menée de différentes manières :

- Par points ou méthode pondérée.
- Graphiquement.
- Autres.

Dans le cas d'un partenariat, ou d'un contrat de *FACILITY MANAGEMENT*, *il* s'agit d'un véritable « *ENGAGEMENT sur la QUALITÉ* ».

À titre d'illustration, nous vous présentons une méthode graphique ainsi que deux exemples tirés de nos missions en entreprise :

- Une cotation de la performance d'une prestation de type « *MÉNAGES* ».
- Un « engagement sur la Qualité » joint au contrat *de FACILITY MANAGEMENT* donné en annexe de cet ouvrage.

La méthode graphique

Cette méthode consiste à représenter la performance globale du fournisseur comme une surface. La grille d'évaluation des performances est une cible dont le centre est associé à la note minimum. Les cercles concentriques de la cible correspondent à un barème de 1 à 5.

Chaque quadrant représente un des quatre paramètres principaux : prix, qualité, délai, service.

Chacun des paramètres peut être affiné en sous-rubriques. Dans l'exemple illustré par la figure 3.3, le paramètre « prix » se subdivise en :

- « décomposition des prix de vente » (on entend par là, la somme d'informations que le fournisseur donne à l'acheteur sur la structure des coûts de revient des produits spécifiques qu'il fabrique) ;
- « niveau des prix du fournisseur par rapport à la concurrence »,
- « conditions de paiement proposées par le fournisseur ».

Mais le nombre et le libellé de ces sous-rubriques ne sont pas imposés. Ils varient selon certains facteurs, qui sont :

- la nature des produits approvisionnés. Par exemple, le paramètre « décomposition des prix de vente » ne présente pas d'intérêt pour l'acheteur dans le cas d'un produit standard. Ou encore : la « fiabilité », relative au paramètre « qualité », n'est pas adaptée au cas des produits consommables (fournitures de bureau, etc.) ;
- la politique financière de votre entreprise. Ainsi, si certaines contraintes de règlement vous sont imposées d'office, le paramètre « conditions de paiement proposées par le fournisseur » est inadéquat.

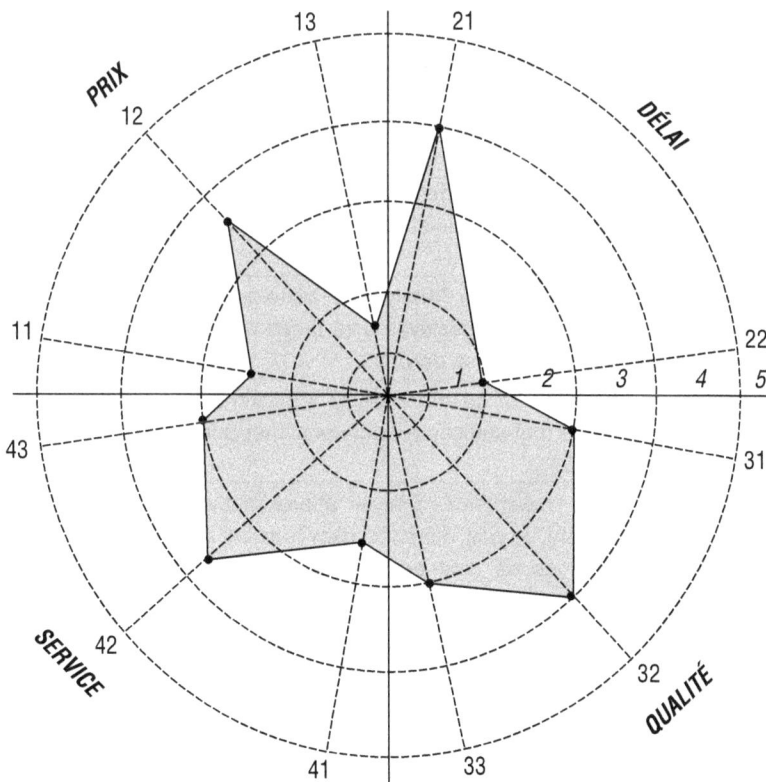

1. FACTEUR DE PRIX	3. FACTEUR QUALITÉ
11. Calcul des prix de vente 12. Niveau des prix par rapport à la concurrence 13. Conditions de paiement	31. Niveau de la qualité 32. Constance de la qualité 33. Fiabilité
2. FACTEUR DÉLAI	4. FACTEUR SERVICE
21. Longueur des délais 22. Respect des délais contractuels	41. Service sur le plan qualité-prix 42. Service sur le plan quantité-délai 43. Service après-vente

Figure 3-3 • Graphique d'analyse des performances d'un fournisseur

Après avoir déterminé les sous-rubriques de manière pertinente, vous devez attribuer à chacune d'elles une note (de 0 à 5). Ainsi, pour évaluer « la décomposition des prix de vente » d'un fournisseur, vous pourrez établir une grille quantifiant (de 0 à 5) les informations que ce fournisseur vous aura transmises (tableau 3-4).

Analyse de l'offre du fournisseur	Barème
Le fournisseur présente une décomposition détaillée de son prix (main-d'œuvre, matières, frais généraux, marge bénéficiaire). Il justifie les remises par quantités achetées et les variations de prix à partir de cette analyse (spécialement dans le cas d'une sous-traitance).	5
Le fournisseur accepte de discuter l'analyse détaillée de prix faite par l'acheteur. Des conclusions positives sont tirées notamment pour les remises, les modifications de prix.	4
Le fournisseur ne peut fournir qu'une analyse approximative de son prix ; elle est malgré tout suffisante pour constituer une justification du prix demandé.	3
Le fournisseur accepte d'examiner l'analyse approximative faite par l'acheteur ; il accepte, le cas échéant, d'en tirer les conséquences si des variations de coût des différents composants interviennent.	2
Le fournisseur se dérobe devant tout effort de décomposition de son prix.	1
Le fournisseur ignore manifestement lui-même les éléments de son prix de vente.	0

Tableau 3-4 • Évaluation du paramètre « décomposition du prix de vente »

Puis, vous symboliserez ce paramètre par un rayon sur la cible, dans le quadrant correspondant au prix et vous indiquerez la note que vous lui aurez attribuée sur l'un des cinq cercles concentriques.

Vous répéterez ces opérations pour chaque paramètre que vous évaluez, en établissant un barème (de 0 à 5) adapté au fournisseur considéré.

Comment utiliser le diagramme ?

En joignant les différents points obtenus sur chaque rayon, vous tracez une figure géométrique dont la surface est proportionnelle à la performance globale du fournisseur (Figure 3-3).

- Vous pouvez tracer une surface type, correspondant à une performance minimale exigée et comparer à celle-ci les surfaces respectives des divers fournisseurs ; sélectionnez alors ceux dont les prestations sont les plus avantageuses.
- Vous pouvez aussi comparer par superposition les surfaces correspondant aux performances de plusieurs fournisseurs et consulter, pour le prochain exercice, uniquement les deux ou trois meilleurs (ceux dont les surfaces sont les plus grandes).
- Vous pouvez encore sélectionner des fournisseurs à partir d'un paramètre particulier (par exemple, la qualité).
- Vous pouvez également déterminer les conditions optima à obtenir sur les différents points examinés et tracer le graphique correspondant à l'objectif optimum (Figure 3-5).

Fournisseur : XX Produit XYZT	1	2	3	4	5
Calcul de prix					
Niveau de prix par rapport à la concurrence					
Conditions de paiement					
Longueur des délais					
Tenue des délais					
Niveau de qualité					
Constance de la qualité					
Service qualité-prix					
Service quantité-délai					

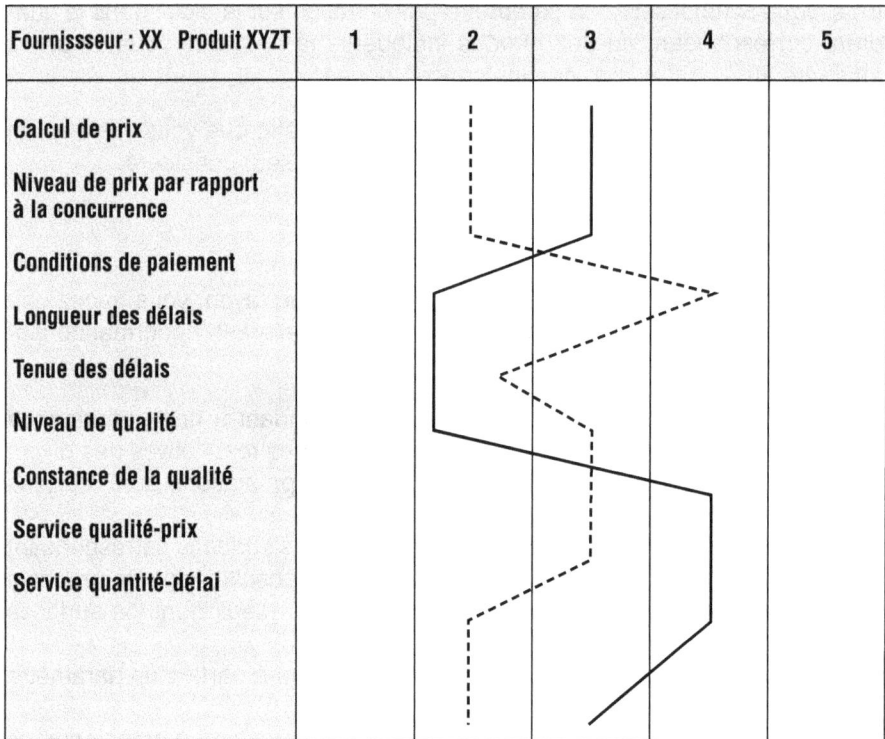

————————— Limite minimale

- - - - - - - - - - Profil du fournisseur sélectionné

Figure 3-5 • Évolution de la performance du fournisseur dans le temps

Exemple 1 (selon un contrôle par points de défauts)

Contrôle de Qualité d'une prestation de service de type «*MÉNAGES*».

Texte du contrat

Fiche de contrôle de qualité

Le contrôle de qualité s'effectue au moyen d'une fiche de contrôle de qualité où la qualité du nettoyage suivant les lieux ou sols est quantifiée par des chiffres de pénalisation affectant les défauts de nettoyage constatés.

Cette fiche de contrôle de qualité est établie suivant le modèle p. 100.

Cette fiche comprend un code défaut où les défauts de nettoyage (poussières, toiles d'araignées, traces de doigts, tâches diverses) sont codifiés de 1 à 4 et un code de points de pénalisation par défaut de nettoyage suivant que l'importance (la gravité) du défaut est jugée peu importante, limite, importante ou très importante. Il est fixé un maximum admissible de points de pénalités.

Organisation du contrôle

Le chantier étant divisé par le *CLIENT* en secteurs, le contrôle s'effectue comme suit sur trois (3) secteurs, pris au hasard :

a) Si le contrôle du premier secteur donne un nombre de points de pénalités inférieur au maximum admis, le contrôle est terminé.

b) Si le contrôle du premier secteur donne un nombre de points de pénalités supérieur au maximum admis, le deuxième secteur est contrôlé.

c) Si le contrôle du deuxième secteur donne un nombre de points de pénalités inférieur au maximum admis, le contrôle est terminé.

d) Si le contrôle du deuxième secteur donne un nombre de points de pénalités supérieur au maximum admis, le troisième secteur est contrôlé.

Pénalité

LE PRESTATAIRE sera redevable au *CLIENT de pénalités* journalières, et selon le cas, mensuelles, qui seront déduites de ses règlements, dès que le maximum de points de pénalités est atteint lors d'un contrôle.

Pénalités journalières (maximum 10 % du montant journalier hors taxes).

Elles sont calculées comme suit sur le montant journalier hors taxes des prestations :

- 3 % si le résultat du premier secteur n'est pas satisfaisant (dépassement du maximum de points de pénalités admissible).
- + 3 % si le résultat du contrôle du deuxième secteur n'est pas lui non plus satisfaisant.
- + 4 % si le résultat du contrôle du troisième secteur n'est pas également satisfaisant.

Pénalités mensuelles

Elles s'ajoutent aux pénalités journalières et sont calculées comme suit sur le montant mensuel hors taxes des prestations :

- 1 % lorsque dans un mois un deuxième contrôle a dû être effectué en totalité.
- 5 % lorsque dans un mois un troisième contrôle a dû être effectué en totalité.

Trois pénalités maximum sur trois mois consécutifs entraîneront à la demande du *CLIENT* la résiliation du contrat.

NOM DU CLIENT	FICHE DE CONTRÔLE DE QUALITÉ	SECTEUR	ENTREPRISE
Points requis	DATE	ZONE	CONTRÔLEUR
Points réalisés	HEURE		

		Code défaut 1	Code défaut 2	Code défaut 3	Code défaut 4
SOLS	Moquette				
	Dalles thermoplastiques				
	Carrelages				
BUREAU	Plans de travail dégagés				
	Cendriers				
	Corbeille à papier				
	Surfaces accessibles				
LABO	Portes				
	Plinthes				
	Pare-close				
	Fenêtres				
VESTIAIRE SANITAIRE	Cuvettes				
	Arrière de cuvette				
	Sièges				
	Carrelages verticaux				
	Approvisionnement en papier				
	Savon				
	Serviettes				
	Propreté générale				
	Dessus des armoires				
TOTAUX PARTIELS					
TOTAL GÉNÉRAL					

LA PÉNALITÉ S'APPLIQUE À PARTIR DE « 4 » POINTS

CODE DÉFAUT

1	Pousssières
2	Toiles d'araignées / Manque brillant
3	Traces doigts
4	Tâches diverses – Traînées / Débris – Déchets non vidés / Manque approvisionnement

PÉNALISATION

Code	Peu import.	Limite	Import.	Très import.
1	2	4	6	9
2	1	2	4	6
3	2	3	5	6
4	2	3	6	8

Exemple 2

Cas de l'évaluation périodique des prestataires (Cas d'intervention sur le site Client)

Modèle de grille d'évaluation

Première partie – Identification du prestataire et de l'évaluation

Il faut notamment faire apparaître :

Pour le prestataire :

- Raison sociale,
- Adresse de l'agence,
- Numéro SIRET ou SIREN,
- Chiffre d'affaires prévu sur le site,
  (avec indication du chiffre d'affaires de l'agence ou de l'entreprise)
- Nombre d'heures estimées,
- Qualification ou agrément.

      ❏ oui   ❏ non   ❏ en cours

Pour le client :

- Nom du rédacteur,
- Date de(s) (la) vérification(s).

CONCLUSION

Le prestataire a-t-il eu connaissance de la fiche ? :   ❏ oui   ❏ non

Deuxième partie – Pour chaque thème (dont la liste est proposée ci-après), on a deux rubriques :

Une notation globale :

A : très bon
B : bon
C : moyen
D : mauvais

Les points positifs et les axes d'amélioration.

Les thèmes sont :

• **Qualité technique de l'intervention :**

        – Respect des délais.
        – Respect des spécifications et processus techniques liés à l'intervention.

HISTORIQUE – Identification des écarts, non-conformités, anomalies ; Qualité de la rédaction des fiches d'anomalies correspondantes ; Délais d'information.
HISTORIQUE – Participation active au retour d'expérience et prise en compte des résultats du retour d'expérience.
      – Tenue dans le temps des fournitures amortissables.
      – Autres engagements contractualisés.

- **Compétences – Professionnalisme :**
  - Conformité des niveaux d'habilitation et de qualification des intervenants aux exigences du contrat.
  - Pertinence des habilitations délivrées par le prestataire.
  - Motivation et adhésion des intervenants sur les prestations qui leur sont confiées.
  - Capacité à informer et à communiquer avec pertinence et dans les délais.
  - Sens de l'innovation (propositions, prise en compte du retour d'expérience).
  - Compétence de l'encadrement (management des équipes, connaissances du chef de chantier).
  - Transparence sur l'application des règles sur la sous-traitance (notamment acceptation formelle préalablement à toute intervention).

HISTORIQUE – Volume et qualité des investissements dans la formation permanente (taux de formation, distribution du taux par qualification, adéquation des formations aux besoins ciblés, méthodes d'évaluation à chaud et différées de la formation).
HISTORIQUE – Pertinence de l'utilisation du personnel extérieur (CDD – ETT – Contrats à durée de chantier).
HISTORIQUE – Mesure du Turn Over des intervenants sur chantiers (en cours de chantier, d'un chantier à l'autre, sur l'année).
      – Autres engagements contractualisés.

- **Organisation :**
  - Respect de l'organisation retenue (organigramme de chantier, planning petites mailles, liste des intervenants, application des règles sur la sous-traitance).
  - Réactivité de l'organisation (incidents, variation de charge, demandes du client).
  - Respect des formalités d'accès et de sortie sur le site pour :
    - le personnel,
    - les matériels de servitude,
    - les fournitures.

- **Qualité – Sécurité :**
  - Prise en compte et respect du plan de qualité.
  - Respect des délais de remise des documents contractuels.

- Résultats des audits (contrôles internes) du prestataire.
- Connaissance des risques.
- Prise en compte et respect du plan de prévention.
- État et port des protections collectives.
- Respect de la réglementation du travail.
- Résultats sécurité (taux de fréquence, de gravité, nombre de soins à l'infirmerie).

- **Logistique – Environnement:**
  - Qualité des colisages, protections, manutention, identification des fournitures.
  - Pertinence du choix et conformité des fournitures utilisées.
  - Respect des moyens mis à disposition par le client (échafaudages, manutention collective, locaux).
  - Qualité des matériels utilisés par le prestataire (état, visites périodiques, étalonnage...)
  - Ordre et propreté des chantiers y compris les repliements de fin de chantier.
  - Maîtrise et traçabilité des déchets industriels.

- **Coûts:**
  - Existence et pertinence des suggestions pour réduire les coûts.
  - Aptitude à améliorer l'efficacité des chantiers en dépenses contrôlées (évolution vers le « Cost + Fee »).
  - Minimisation des aléas générateurs de coûts supplémentaires.
  - Adéquation dans le cas des contrats au forfait des moyens mis en œuvre par rapport aux exigences.
  - HISTORIQUE – Qualité des réponses aux consultations (délai de réponse, valeur technique, cohérence prix/moyens).
  - HISTORIQUE – Qualité des relations commerciales.
  - Transparence financière avec les sous-traitants (paiement direct, caution de garantie de paiement, marge sur les sous-traitants).
  - HISTORIQUE – Exactitude et conformité formelle des factures émises.
  - HISTORIQUE – Justification de la dérive des coûts (en taux unitaire et en volume).
  - HISTORIQUE – Prise en compte:
    - des gains de productivité,
    - du progrès technologique (pertinence et propositions).

- **Remarque:**

Les sous-thèmes ayant le repère « historique » sont des sous-thèmes qu'il faut apprécier sur la durée de la relation contractuelle (au minimum de manière annuelle).

Les autres sous-thèmes sont appréciés chantier par chantier, sachant qu'il appartient de déterminer les couples prestataires – chantier sur lesquels l'évaluation doit être faite.

Troisième partie – Synthèse

On reprend ci-dessous l'ensemble des thèmes avec leur notation globale respective.

THÈMES	NOTE				POINTS POSITIFS AXES D'AMÉLIORATION
	A	B	C	D	
Qualité technique de l'intervention					
Compétences professionnalisme					
Organisation					
Qualité – Sécurité					
Logistique – Environnement					
Coûts					

Observations du prestataire :	Échéances des axes d'amélioration :

Intégralité de la livraison

Critères	Description du contrôle	Méthode du contrôle	Qui	Quand	Valeur de référence	Unité
Pagination ordonnée	Nombre de documents dont la pagination est erronée (sur réclamation écrite)	Validation des plaintes par le comité de suivi Rapport du nombre de documents erronés au nombre de documents représentés par les bons travaux	Comité de suivi	Mensuel	″ 1 % = A ″ 3 % = B ″ 5 % = C > 5 % = D	Document
Pagination complète	Nombre de documents dont des pages manquent (sur réclamation écrite)	Validation des plaintes justifiées par le comité de suivi Rapport du nombre de documents erronés au nombre de documents représentés par les bons travaux	Comité de suivi	Mensuel	″ 1 % = A ″ 3 % = B ″ 5 % = C > 5 % = D	Document

Confidentialité

Critères	Description du contrôle	Méthode du contrôle	Qui	Quand	Valeur de référence	Unité
Confiden-tialité	Vérification du respect des normes de sécurité	À définir				

4
La chaîne de valeurs achats

Que ce soit une sous-traitance simple ou un partenariat, la relation client – fournisseur est d'une manière générale de longue durée.

Il convient donc de bien choisir le fournisseur avec lequel la relation sera pérenne.

Les éléments étudiés précédemment permettent bien entendu de minimiser les risques de mauvais choix.

Muni de ces éléments, l'acheteur de sous-traitance doit :

- consulter les fournisseurs potentiellement compétents pour assurer la prestation et dépouiller les offres reçues (dans le cas d'un marché concurrentiel),
- négocier les formes de l'accord,
- suivre les prestations dans le temps,

et ceci dans un contexte interculturel.

Chacune de ces étapes s'inscrit dans ce que nous appelons la « chaîne de valeurs achats ».

LA CONSULTATION ET LE DÉPOUILLEMENT DES OFFRES

Dans ce qui suit, nous utiliserons indifféremment la terminologie « **CONSUL-TATION** » ou « **APPEL D'OFFRES** ». En effet, la distinction n'existe que dans le cadre des marchés publics. Ainsi, la plupart des acheteurs utilisent les deux termes pour désigner le même acte.

L'appel d'offres

Que ce soit pour construire un nouveau marché (segmentation) ou pour élargir un marché fournisseurs existant, l'acheteur doit faire connaître aux fournisseurs potentiels l'essentiel des caractéristiques d'approvisionnement de l'entreprise[1].

Il lui faut alors vendre les besoins de son entreprise.

Et pour présenter son offre d'achat au marché fournisseurs, il doit réaliser :

- une « plaquette d'achat »,
- une « spécification d'achat ».

La plaquette d'achat

Cette plaquette d'achats comporte trois rubriques.

1. Présentation rapide de la société

Elle comprend :

- les renseignements administratifs généraux : adresse, téléphone, fax, capital, etc.,
- l'identité des principaux managers,
- l'évolution du chiffre d'affaires sur les trois dernières années,
- l'effectif,
- les locaux en termes de surfaces,
- une description sommaire des activités comprenant l'aspect historique.

2. Identification des lignes de produits achetés

Idéalement, la plaquette d'achats contient la liste des lignes de produits achetés avec indication du chiffre d'affaires prévisionnel de l'année suivante (ou une unité de mesure plus neutre telle que le tonnage ou les quantités).

3. Organigramme de la fonction achats

Le nom, la fonction et les responsabilités de chaque acheteur sont des données très valorisantes et prouvent un grand professionnalisme des acteurs.

---

1. Roger Perrotin, *Le Marketing achats*, Éditions d'Organisation, Paris, 4ᵉ édition, 2001.

La spécification d'achat

Mais « ouvrir le marché » à l'aide d'un appel d'offres présuppose l'élaboration d'un cahier des charges technico-commercial. Nous appellerons un tel outil : LA SPÉCIFICATION D'ACHAT.

La spécification d'achat doit nécessairement comporter dans tous les cas :

- un cahier d'expression des besoins,
- les conditions générales d'achat,
- la règle du jeu en termes de contrôle des résultats et de la performance du futur partenaire.

1. Le cahier d'expression des besoins

Ce cahier doit être rédigé en termes de « fait pour », c'est-à-dire sous forme fonctionnelle.

D'une manière très simplifiée, il doit exprimer :

- les fonctions à remplir,
- les critères d'achat,
- les contraintes et exigences de performance.

Voici, à titre d'exemple, un cahier d'expression de besoins rédigé en ces termes. Il convient naturellement d'y ajouter toutes les annexes techniques nécessaires à la compréhension de la demande de l'acheteur.

Cet exemple concerne la maintenance d'un parc d'ascenseurs.

Exemple de cahier d'expression des besoins

a) OBJECTIFS ET FONCTIONNALITÉS RECHERCHÉS

Notons tout d'abord les objectifs recherchés :

- l'entretien complet du parc d'appareils élévateurs,
- une diminution du nombre de mainteneurs,
- un coût optimal (prix/quantité/délai/service),
- un engagement sur le résultat,
- autres objectifs à définir.

Les fonctionnalités à remplir sont listées ci-contre.

FI	Le dépannage et la désincarcération.
F2	L'entretien préventif.
F3	La rapidité d'intervention.
F4	La fourniture de pièces détachées.
F5	La mise à disposition d'informations techniques sur les appareils.
F6	Le conseil technique (sur les modifications lourdes par exemple).

b) LES CONTRAINTES

Les contraintes indiquées ci-dessous sont incontournables. Le non-respect d'une d'entre elles est éliminatoire.

C1	Le respect de la législation en vigueur.
C2	Un maximum de deux pannes par mois, par appareil.
C3	Délai d'arrivée sur les lieux pour une intervention standard : 1 heure.
C4	Délai d'arrivée sur les lieux pour une désincarcération : 30 minutes.
C5	Un niveau de qualification du personnel correspondant aux interventions à effectuer (normes de la profession).

c) LES CRITÈRES DE CHOIX

Les critères indiqués ci-dessous sont classés par ordre d'importance. Ils sont destinés à vous faire prendre en considération notre conception de l'entretien du parc d'appareils d'élévateurs.

C1	Temps d'entretien.
C2	Disponibilité maximale des ascenseurs.
C3	Équipes dédiées.
C4	L'organisation proposée.
C5	Qualité et disponibilité des informations techniques par appareil.
C6	Originalité des solutions.

Dans de nombreux cas, il est intéressant d'acquérir la flexibilité des contraintes sous la forme d'un niveau de défaut.

Exemple de rédaction d'une spécification d'achat (en partie) pour des produits d'emballage

Cet exemple est tiré d'une sous-traitance de produits d'emballages : « Caisse + intercalaire en double face ».

Définitions des défauts.

1. **Défaut mineur** : ne réduit pas la possibilité d'utilisation de la fourniture.

2. **Défaut majeur** : réduit de façon importante l'utilisation de la fourniture avec un surcoût de production ou entraîne une mauvaise présentation du produit fini.

3. **Défaut critique** : rend impossible l'utilisation d'une ou plusieurs unités du lot, voire de la totalité, ou conduit à un produit fini non commercialisable.

CARACTÉRISTIQUES TECHNIQUES	CLASSIFICATION DU DÉFAUT CORRESPONDANT
Qualité matière	
• Respect de la cannelure	Critique
• Grammage	Critique
• Épaisseur	Critique
Jonction (pattes d'assemblage)	
• Position	Majeur
• Dimensions	Majeur
• Collage (résistance – équerrage) ou agrafage (conteneurs)	Critique
Dimension (respect des tolérances)	Critique
Impression	
• Qualité (bavures – position)	Majeur
• Respect des teintes imposées	Majeur
Découpe	
• Respect de forme et dimensions	Critique
• Sens (formats)	Critique
Poignée (boîtes pliantes)	
• Position	Critique
• Collage	Critique

CARACTÉRISTIQUES TECHNIQUES	CLASSIFICATION DU DÉFAUT CORRESPONDANT
Rainage	
• Profondeur	Majeur
• Position	Majeur
• Respect du sens de la cannelure (format)	Critique
Pliage à plat	
• Respect du sens de pliage	Critique
• Planéité de la caisse pliée	Majeur
• Équerrage	Majeur
• Profil du pli des caisses	Majeur
Croisillons	
• Repérage sur face externe (sur caisses à casiers collés montés)	Majeur
• Équerrage de la caisse	Critique
• Positionnement des cloisons et clabotage du système	Critique
Identification	
– des articles	
• Marque de fabrication	Majeur
• N° semaine de fabrication	
• N° de cde de livraison sur cette commande	} Mineur
• Code article	
– des plaquettes	
• Articles insérés sous la housse	
• Quantité sur la palette	
• Nom du fournisseur	} Mineur
• Visa du responsable (contrôleur)	
• Code article	
Conditionnement	
• Groupage par paquets (position du lien, serrage, largeur)	Majeur
• Qualité de la palette (dimension de la palette égale à la dimension du carton à plat et en un seul tenant)	Majeur si gerbage et manipulation possibles sinon, critique
• Cerclage	

2. Les conditions générales d'achat

Ce document, d'ordre juridique, comprend les clauses d'arbitrage nécessaires à la constitution de l'offre. Le chapitre suivant traite de manière
exhaustive les différents points à regarder lors de l'élaboration d'un tel cahier.

3. Les règles de contrôle

Il s'agit de décrire au futur sous-traitant, en particulier les moyens employés
par l'acheteur pour :

- contrôler sa performance,
- déterminer le progrès envisagé (voir chapitre précédent).

L'innovation commerciale

La recherche de l'innovation technique est largement répandue ; en
revanche, l'expression « INNOVATION COMMERCIALE » est bien souvent
méconnue.

Rechercher l'innovation commerciale de vos fournisseurs consiste à rechercher des offres de natures différentes.

En effet, la spécification décrite ci-dessus constitue ce que nous appelons le
C.A.O. (cadre administratif obligatoire).

Les clauses listées dans le C.A.O. sont, en quelque sorte, les POINTS NON
NÉGOCIABLES. Comparer les offres de plusieurs fournisseurs à partir de
ces seuls éléments ne permet pas de faire un choix judicieux car ce ne sont
que des éléments imaginés par l'acheteur et ne correspondant qu'à un minimum obligatoire.

La bonne question à se poser est la suivante :

*Quels sont les avantages concurrentiels des différents fournisseurs consul-
tés ?*

À partir de cette réflexion, vous devez formuler votre consultation, qui s'appelle alors *« consultation innovante »,* de la manière suivante : « le *fournisseur
retenu sera celui qui, en dehors des critères ci-avant, proposera des « plus »
commerciaux par rapport à ses concurrents ».*

À partir de là, chacun des consultés essaiera d'obtenir « l'affaire » en propo-
sant :

- une solution technique qui lui est propre,
- un stock de sécurité gratuit s'il en dispose et qu'il sait que ses concurrents
  sont faibles sur ce point,

- une maintenance gratuite pendant un an si sa politique de vente est construite sur cet élément (ex. : le SAV-DARTY),
- etc.

Ces éléments, comme nous le verrons plus loin, sont fondamentaux lors de la négociation car ils peuvent constituer des concessions faciles à faire ; ils ne sont ni prévus, ni obligatoires dans le cadre du projet de l'acheteur.

Le préciblage

À partir d'une évaluation faite selon les critères énumérés dans le chapitre précédent, vous devez choisir les fournisseurs auxquels seront adressées les consultations.

Pour cela, il est souhaitable de récapituler les critères d'appréciation dans un tableau et de compléter celui-ci au retour des questionnaires renseignés. On pourra par exemple attribuer :

+ +   pour une condition fortement remplie

+   pour une condition remplie

−   pour une condition mal remplie

−−   pour une condition non remplie

et faire la somme algébrique. Seront retenus par exemple les trois premiers fournisseurs. On pourra aussi pondérer les critères si cela se révèle nécessaire.

Fournisseurs

CRITÈRES DE CHOIX	F1	F2	F3	F4	F5	F6
Effectif[1]	++	+	−	++	− −	+
Appartenance à un groupe[2]	+	++	+	+	+	+
Éloignement	+	+	+	− −	+	−
Entreprise déjà connue par nous	+	−	−	++	+	−
Entreprise faisant plus de 30 % de son CA avec le produit concerné	++	+	−	− −	++	++
Références client	++	++	+	−	+	++
Technicité de l'entreprise	++	+	−	+	−	+
Assurance qualité	+	−	+	+	−	+
Santé financière	−	+	+	−	− −	+
TOTAL (ALGÉBRIQUE)	+ 11	+ 7	+ 1	+ 1	0	+ 7

1. Vous devez par exemple travailler avec des entreprises dont l'effectif est > 300 P.
2. Vous devez par exemple travailler avec des entreprises appartenant à un groupe (intégration amont).

Tableau 4-1 • Préciblage

Le dépouillement des offres

Le dépouillement des offres est une opération qui consiste à se fixer des objectifs de négociation.

Avant même de dépouiller les réponses, vous établirez la liste des paramètres les plus importants concernant l'achat à négocier. Pour ce faire, vous devez énumérer les paramètres objectivement importants, puis attribuer à chacun d'eux un coefficient de pondération afin de prendre en compte le degré d'importance relatif que vous lui accordez.

Pour déterminer ce coefficient de pondération, vous consulterez des représentants des autres services de votre entreprise qui sont intéressés par cet achat : la Qualité, le service Après-vente, le Commercial, les Méthodes, les Bureaux d'études, etc., ou bien vous travaillerez en commission avec ceux-ci. Grâce à ce travail en commun, vous éviterez que cette liste ne comporte un aspect partiel, dû à votre propre connaissance des fournisseurs consultés.

Enfin, pour coter les fournisseurs, vous devez examiner successivement les paramètres ainsi pondérés, et attribuer au meilleur fournisseur pour le paramètre considéré la note maximum égale au coefficient de pondération lui-même.

Exemple de dépouillement des offres de trois fournisseurs

Prenons le cas d'un acheteur chargé de négocier l'achat d'un lot d'outils à main destiné à l'entretien de machines de production. Il commence par consulter trois fournisseurs : Roussel SA, Bouet SA et MBH (que nous appellerons respectivement fournisseur 1, fournisseur 2, fournisseur 3) pour ce lot.

Le dépouillement de leurs réponses est consigné dans le tableau 4-2. L'acheteur doit alors coter leurs offres (tableau 4-3).

Considérons, par exemple, le paramètre « prix ». Le premier fournisseur a chiffré ce lot à 15 000 €, le deuxième à 16 000 €, le troisième à 15 800 €. Le fournisseur 1 propose le prix le plus bas. L'acheteur lui attribue donc la note maximum, soit 20. À l'inverse, il pénalise les fournisseurs 2 et 3 d'un point par pour cent supplémentaire par rapport au prix le plus avantageux.

Ainsi, le fournisseur 2 (dont le prix est de 6 % plus élevé) est affecté de la note 14, le fournisseur 3 (dont le prix est de 4 % supérieur) de la note 16 (voir le tableau 4-3).

Pour chaque paramètre, l'acheteur répète ce type d'opérations, puis il additionne les notes obtenues par les trois fournisseurs pour chaque paramètre et attribue à chacun une note de synthèse.

Pour comparer les fournisseurs ainsi cotés, plusieurs possibilités s'offrent à l'acheteur :

- il peut retenir le fournisseur affecté de **la meilleure note de synthèse** (le fournisseur 1),
- il peut aussi sélectionner le fournisseur qui, **pour le paramètre le plus important, présente la meilleure note.** Dans le tableau 4-3, la qualité a été affectée du coefficient le plus élevé. Ainsi, l'acheteur gardera le fournisseur 2.

Après avoir sélectionné ces deux fournisseurs potentiels (dans ce contexte, le fournisseur 3 est éliminé), il déterminera quelles **clauses** négocier avec eux.

Les clauses qu'il faut négocier avec un fournisseur sont justement celles pour lesquelles l'offre de celui-ci est moins avantageuse que celles de ses concurrents ; ce sont, en quelque sorte, les « points faibles » de sa proposition.

Offre des fournisseurs / Clauses	Fournisseur 1	Fournisseur 2	Fournisseur 3
Prix	15 000 €	16 000 €	15 800 €
Délai	3 semaines	Disponible	10 semaines
Qualité	Quelques améliorations à apporter pour tenir le cahier des charges	Capacité à tenir le cahier des charges	De gros efforts à faire pour tenir le cahier des charges
Emballage/transport	Franco	5 % du prix	3,5 % du prix
Garantie	1 an	6 mois	8 mois
Conditions de paiement	90 jours	30 jours	90 jours
Pénalités de retard	–	–	–
Stock de sécurité	80 % du lot	Ensemble du lot	40 % du lot

Tableau 4-2 • Dépouillement des offres de trois fournisseurs consultés pour l'achat d'un lot d'outils à main

Clauses	Coefficient de pondération	Fournisseur 1	Fournisseur 2	Fournisseur 3
Prix	20	20	14	16
Délai	15	12	15	5
Qualité	30	24	30	18
Emballage/transport	8	8	0	0
Garantie	10	10	4	6
Conditions de paiement	5	5	0	5
Pénalités de retard	5	0	0	0
Stock de sécurité	7	6	7	4
Note de synthèse	100	90	72	54

Tableau 4-3 • Cotation des offres de trois fournisseurs consultés pour l'achat d'un lot d'outils à main

Aussi, les clauses à négocier avec les fournisseurs 1 et 2 ne sont-elles pas identiques.

Pour chaque clause, l'acheteur doit se fixer un **objectif de négociation réaliste** : celui-ci est déterminé par l'offre du fournisseur qui a obtenu la note maximale. Au cours de la négociation, l'acheteur demandera donc à son interlocuteur de modifier sa proposition pour tendre vers la note maximale (tableaux 4-4 et 4-5).

Clauses	Offre du fournisseur 1	Objectifs
Quantité	Quelques améliorations à apporter pour respecter le cahier des charges	Revoir le cahier des charges avec le fournisseur pour l'aider à tendre vers la note maximum
Stock de sécurité	80 % du lot	À aligner sur le fournisseur 2 : « ensemble du lot » voir tableau 4.2

Tableau 4-4 • Liste des clauses à négocier avec le fournisseur 1, et des objectifs à atteindre

Clauses	Offre du fournisseur 2	Objectifs
Prix	16 000 €	15 000 €
Emballage/transport	5 % de 16 000 €	Franco
Garantie	6 mois	1 an
Conditions de paiement	30 jours	90 jours

Tableau 4-5 • Liste des clauses à négocier avec le fournisseur 2, et des objectifs correspondants à atteindre

La négociation des termes de l'accord

Nombreux sont ceux qui emploient le terme « NÉGOCIATION » pour illustrer une relation quelconque entre individus ou pas.

En fait, la NÉGOCIATION est un jeu à somme non nulle par opposition au MARCHANDAGE qui se comporte comme un jeu à somme nulle (figure 4-6).

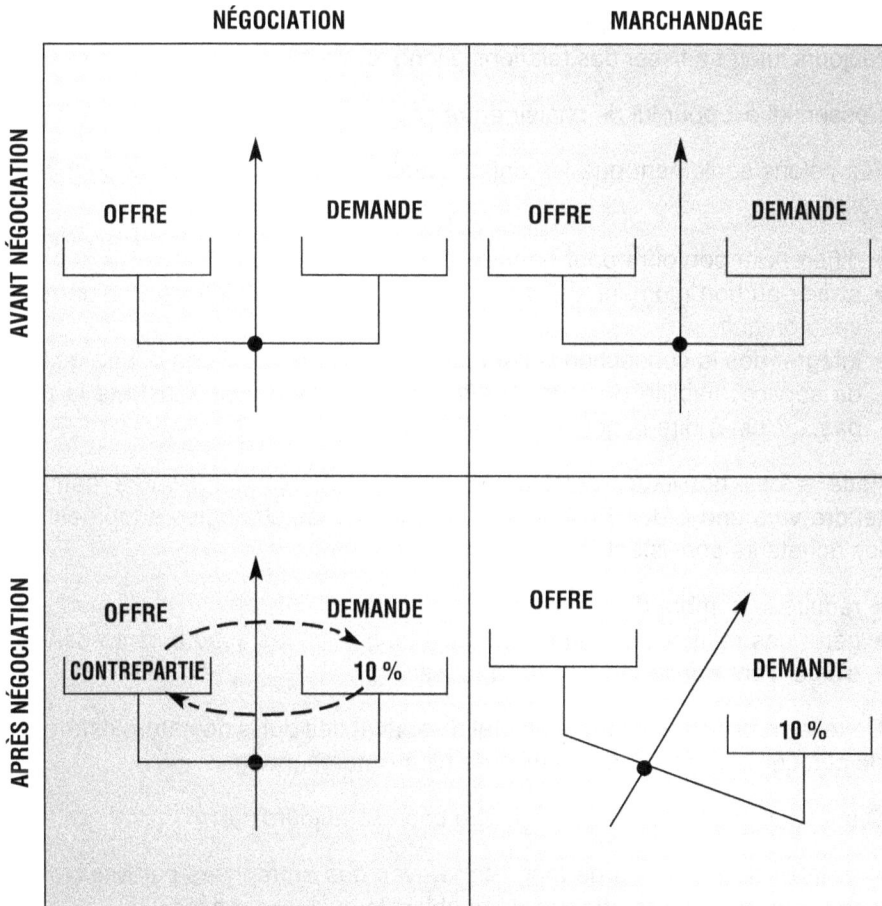

Figure 4-6 • Différence fondamentale entre NÉGOCIATION et MARCHANDAGE

Dans le cas du marchandage, ce que l'un a gagné, c'est exactement ce que l'autre a perdu. Il est bien évident que ce type de relation est exclusivement à court terme. En effet, lors du prochain entretien, nous entrerons dans ce que nous appelons le « mythe de la poire coupée en deux » : les deux protagonistes sont d'accord avant de commencer l'entretien.

La négociation, qui peut revêtir une forme distributive semblable en certains points à un marchandage ou à une forme coopérative, doit préserver la relation à **moyen ou long terme.**

Toute discussion commerciale est orientée en fonction des enjeux, des objectifs et des motivations des protagonistes. Si l'objectif porte exclusivement sur la clause du prix, on se retrouve dans un cas typique de marchandage. Mais il ne faut pas attribuer à celui-ci une connotation péjorative : l'acheteur doit pouvoir profiter d'une opportunité qui s'offre à lui et il n'a pas toujours intérêt à tisser des relations à long terme avec certains fournisseurs.

L'essentiel est pour lui de choisir entre négocier et marchander.

Rappelons seulement que les enjeux stratégiques de l'entreprise sont souvent :

- différencier son offre pour gagner,
- arriver au bon moment sur le marché lorsque s'ouvre le besoin d'un nouveau produit,
- intégrer dès la conception l'ensemble des paramètres d'une bonne qualité de service : fiabilité du produit, efficacité logistique, coût d'achats le plus bas..., c'est-à-dire la notion de PARTENARIAT.

Face à ces nouveaux enjeux, les relations clients-fournisseurs peuvent tendre vers une COOPÉRATION dans laquelle les stratégies adoptées par les acheteurs consistent à :

- réduire le nombre de fournisseurs,
- gérer des relations à long terme dans lesquelles les acheteurs se doivent d'aider l'entreprise fournisseur à réussir.

De telles relations impliquent un état d'esprit et des outils de nature différente de ceux utilisés dans une relation de type « marchandage ».

Dans ce contexte, l'acheteur doit être capable aujourd'hui :

- d'établir des relations de long terme avec des entreprises partenaires ou coopérantes tout en atteignant les objectifs qui lui sont fixés,
- de tenir compte :

  - des valeurs culturelles de la partie adverse,
  - des événements socio-politiques du pays d'origine de l'entreprise vendeuse,

- de bâtir des stratégies de négociation compatibles avec les éléments ci-dessus,

- ... et d'une manière générale, de tenir compte des deux dimensions de la négociation (figure 4-7).

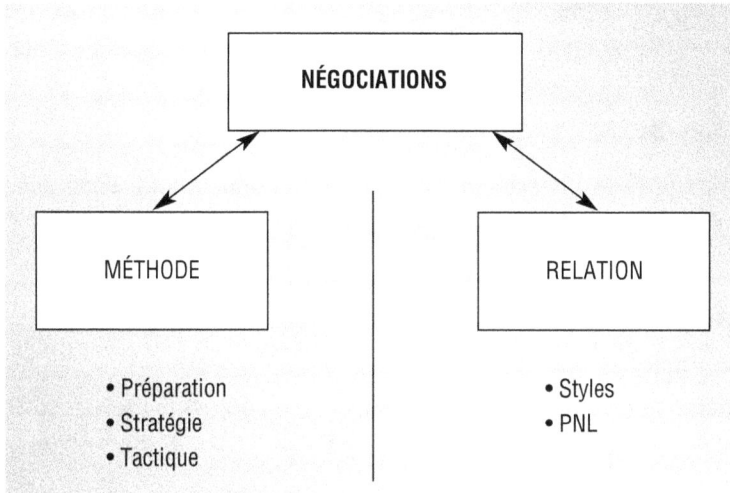

Figure 4.7 • Les deux dimensions de la négociation

Le choix d'une stratégie (distributive ou coopérative) et la mise en place de tactiques pour suivre la ligne d'action définie par la stratégie ne suffisent pas pour mener à bien une négociation dans des conditions optimales.

En effet, toute négociation repose sur des rapports humains et sa réussite dépend pour beaucoup de l'échange qui s'instaure entre les interlocuteurs en présence.

La préparation à la négociation

La préparation est une des étapes importantes de la négociation. Bien sûr, il convient de laisser une place à l'improvisation et c'est d'ailleurs à cet aspect que l'on reconnaît un bon négociateur.

Mais que pourrait-on penser d'un négociateur qui irait « au feu » sans ou avec peu de connaissances des données et des faits ?

Par ailleurs, la préparation à la négociation revêt un double aspect :

- technique,
- mental.

Il est en effet indispensable de ne pas nous limiter à la préparation technique.

La mise en condition mentale pour la réussite se révèle d'autant plus néces-saire quand les enjeux et la zone d'incertitude à maîtriser sont importants.

Les outils correspondants à la préparation, aussi bien technique que men-tale, sont abondamment décrits dans les ouvrages de Roger Perrotin.

Stratégies et tactiques

Bien préparé, aussi bien techniquement que mentalement, vous devez défi-nir une stratégie et des tactiques associées. Cette stratégie doit tenir compte d'un ensemble de paramètres pour s'adapter au mieux à une situation don-née :

- la situation économique qui influe profondément sur la pérennité des sources et des produits,
- le coût de transfert, c'est-à-dire l'addition des coûts que l'acheteur doit sup-porter pour acquérir le produit dont il a besoin, ou son équivalent, chez un autre fournisseur,
- le délai de transfert, c'est-à-dire le temps de qualification d'une nouvelle source,
- la politique gouvernementale qui peut limiter, voire interdire, l'entrée de cer-tains produits ou fournisseurs par le biais d'obligation de licence par exemple,
- l'imposition du fournisseur pour des choix techniques,
- le fournisseur en monosource,
- ... et toute autre contrainte étudiée dans les chapitres précédents qui met-tent l'acheteur en position de force ou de faiblesse.

L'ensemble de ces données détermine ainsi le pouvoir de négociation de l'acheteur.

Associé au paramètre temps, le pouvoir de négociation peut être visualisé à l'aide de la « matrice de négociation ».

La matrice de négociation

À partir de l'analyse des contraintes (voir le chapitre 2 sur la stratégie d'achat) et la durée de la relation souhaitée (voir le chapitre sur le choix de relation avec le fournisseur), il est possible de définir deux paramètres pour choisir la négociation la plus pertinente :

- le pouvoir de l'acheteur,
- la durée de la relation souhaitée.

Rappelons que, globalement, un acheteur a du pouvoir quand :

- sa représentation financière est caractéristique,
- il est leader sur le marché,
- les produits qu'il achète sont normalisés,
- les coûts de transfert sont faibles,
- la menace d'intégration vers l'amont est grande,
- il possède une information très complète aussi bien sur le marché de l'offre que sur celui de la demande,
- ... autres.

Nous pouvons ainsi déterminer la *MATRICE DE LA NÉGOCIATION* (figure 4-8).

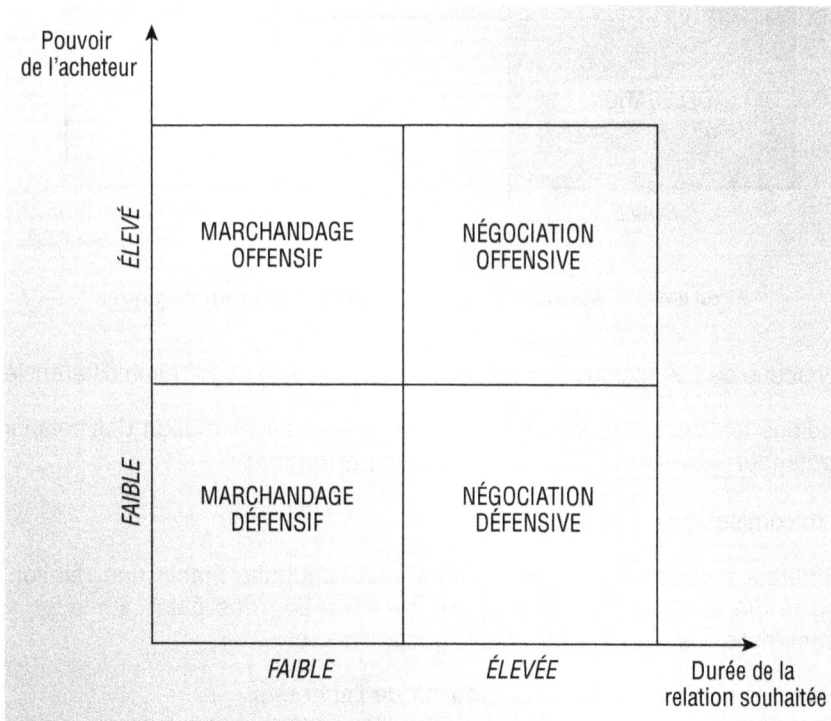

Figure 4-8 • **Matrice de négociation**

Cette matrice de négociation peut être complétée par les leviers de gains étudiés précédemment (figure 4-9).

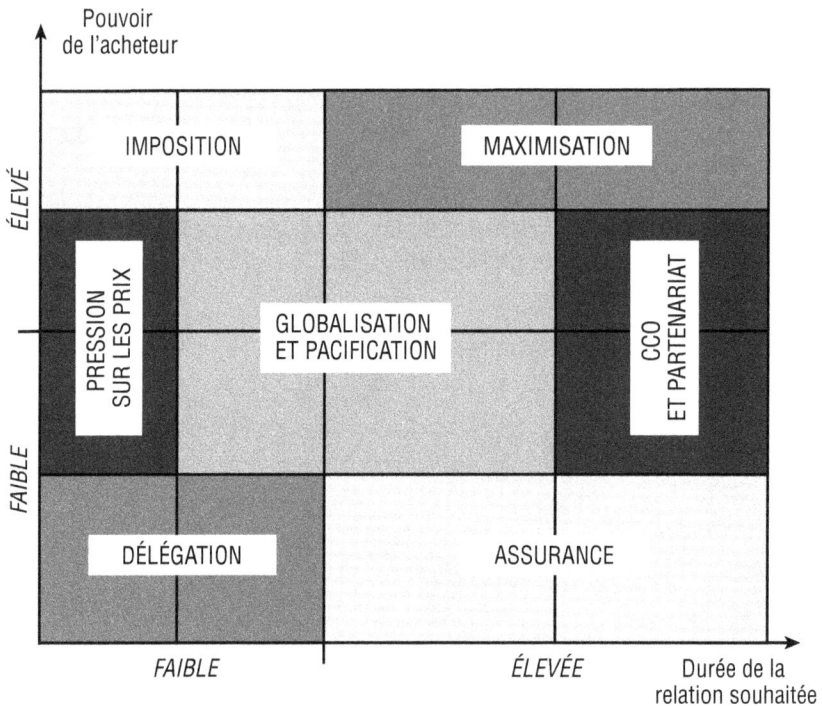

Figure 4-9 • Matrice de négociation et leviers stratégiques

À chacune de ces régions correspond une stratégie de négociation différenciée.

Étudions les deux cas les plus caractéristiques de l'évolution des relations clients-fournisseurs : la maximisation et le partenariat.

La maximisation

L'acheteur dispose d'un pouvoir élevé, mais souhaite établir une relation à long terme avec le fournisseur pour maximisation des gains. En effet, les caractéristiques de ce « lieu » de négociation sont :

- Risques minimums du fait du pouvoir de l'acheteur.
- Probablement grand profit à attendre d'une relation clients/fournisseurs à long terme.

Ajoutons que la propension de l'acheteur à utiliser son pouvoir est forte. Cette notion est très bien développée dans l'ouvrage de Philippe Korda *Vendre et défendre ses marges*[1].

---

1. Philippe Korda, *Vendre et défendre ses marges*, Éditions Dunod, Paris, 1994.

Citons ses propos : « Le client a une forte propension à exercer son pouvoir dans les cas suivants :

1. le produit acheté représente une part importante des coûts du client,

2. le choix du produit ne revêt pas une importance stratégique pour le client.

En combinant ces deux facteurs, on peut avoir une idée claire de la stratégie prévisible. »

Dans la région de maximalisation, la part du produit dans les coûts d'achat totaux est probablement forte, ce qui conduit à développer une relation clients/fournisseurs à long terme.

L'acheteur aura donc tendance à :

- exercer une pression forte sur les prix,
- rechercher une sécurité à long terme, à partir de services.

Exemple de stratégie de maximisation pour la fourniture d'un module vestiaire sanitaire

A) Le contexte

L'entreprise donneuse d'ordres est filiale d'un grand groupe industriel. Elle réalise des travaux sur chantiers.

Dans le cadre de ses activités, l'entreprise souhaite faire l'acquisition d'un module vestiaire sanitaire.

Il s'agit d'un projet à court terme. Toutefois, les prévisions de commandes sont importantes et dans un deuxième temps, le donneur d'ordres a une forte probabilité d'achat de 15 modules identiques sous deux à trois ans.

B) La consultation et le dépouillement des offres

Le marché est très concurrentiel et, en première approche, quatre fournisseurs ont été retenus.

Le texte de la consultation et les résultats sont les suivants :

1. Texte de la consultation

Module d'environ 35 m^2 (largeur à respecter 5 m hors tout) équipé de 3 baies vitrées de 2,20 x 1,20 en alu, coulissantes, double vitrage.
  2 portes vitrées en partie supérieure largeur 0,90. Aluminium.
  1 douche de 800 x 800.
  1 W.-C. à l'anglaise.

1 urinoir mural.
1 lavabo.
1 cumulus électrique de 150 litres.
12 cases vestiaires métalliques (type salissante 400 x 500 x 1 800).
Équipement électrique, chauffage compris.
Conduite eau chaude, eau froide.
Évacuation des eaux usées.
Tôle anti-rongeurs.
Transport aller, déchargement, raccordement intérieur, étanchéité, calage.

« Nous vous remercions de nous proposer vos meilleures conditions de prix, délais et durée de garantie pour un module neuf conçu suivant le plan joint. Financièrement, l'offre sera rédigée suivant trois aspects :

1. Achat de l'ensemble précité avec détail obligatoire pour : cases vestiaires – Transport – déchargement, raccordement, étanchéité calage.

2. Location vente sur trois ans – Valeur résiduelle 0 euro.

3. Location vente sur quatre ans – Valeur résiduelle 0 euro.

Le fournisseur retenu sera celui offrant un avantage concurrentiel certain (consultation innovante). »

Plan fonctionnel

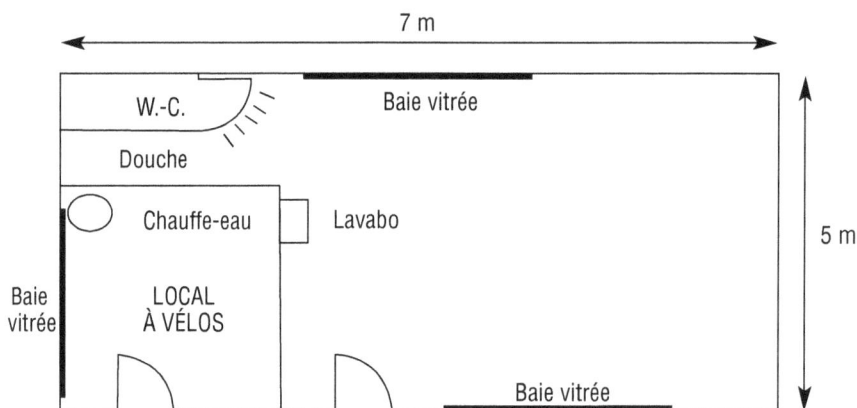

2. Bilan financier

	F 1	F 2	F 3	F 4
Achat	100 035	106 340	106 500	111 150
Loyers mensuels				
3 ans	3 502	3 558	3 744	3 780
4 ans	2 847	2 844	3 030	3 028
Valeur résiduelle	2 000	1 064	—	—

Coût global en cas de location et pourcentage supplémentaire par rapport à la valeur d'achat

3 ans %	128 072 28 %	129 152 21,4 %	134 784 26,6 %	136 080 22,4 %
4 ans %	138 656 38,6 %	137 576 29,4 %	145 440 36,6 %	145 344 30,8 %

Taux d'actualisation

La formule de l'actualisation est la suivante :

$$V_0 = a \frac{1 - (1 + i)^{-n}}{i}$$

V_0 =   valeur actuelle   connue

a =   versement périodique   connu

n =   nombre de versements   connu

i =   taux   inconnu

À titre de simplification, on va supposer que la location est perçue à la fin de chaque année :

F1	F2

3 ans $\dfrac{V_0}{a} = \dfrac{100\,035}{3\,502 \times 12} = 2,38$

Taux compris entre 12 et 13 %

$\dfrac{V_0}{a} = \dfrac{106\,340}{3\,558 \times 12} = 2,49$

Taux compris entre 9,5 et 10 %

4 ans $\dfrac{V_0}{a} = \dfrac{100\,035}{2\,847 \times 12} = 2,93$

Taux compris entre 13 et 14 %

Nota: Sur une base de 13 %, la valeur actuelle de la valeur résiduelle est:
  1 380 (3 ans)
  1 227 (4 ans)

$\dfrac{V_0}{a} = \dfrac{106\,340}{2\,844 \times 12} = 3,11$

Taux compris entre 10,5 et 11 %

Nota: Sur une base de 10 % la valeur actuelle de la valeur résiduelle est:
  798 (3 ans)
  727 (4 ans)

F3	F4

3 ans $\dfrac{V_0}{a} = \dfrac{106\,500}{3\,744 \times 12} = 2,37$

Taux compris entre 12 et 13 %

$\dfrac{V_0}{a} = \dfrac{111\,150}{3\,780 \times 12} = 2,45$

Taux compris entre 10,5 et 11 %

4 ans $\dfrac{V_0}{a} = \dfrac{106\,500}{3\,030 \times 12} = 2,93$

Taux compris entre 13 et 14 %

$\dfrac{V_0}{a} = \dfrac{111\,150}{3\,028 \times 12} = 3,06$

Taux aux environs de 11,5 %

Conclusion

- On note par conséquent des disparités au niveau des taux retenus.
- Le fait de verser les loyers mensuellement donne dans la pratique un taux réel légèrement supérieur à celui qui a été calculé.
- Finalement, le donneur d'ordres décide de faire **l'acquisition du produit et de négocier sur un potentiel d'achat à long terme**.

c) Préparation à la négociation

Compte tenu du contexte ci-avant, la technique **de maximisation** est la plus favorable à savoir:

NÉGOCIATION d'abord sur le PRIX et obtention de SERVICES dans les conditions optimales.

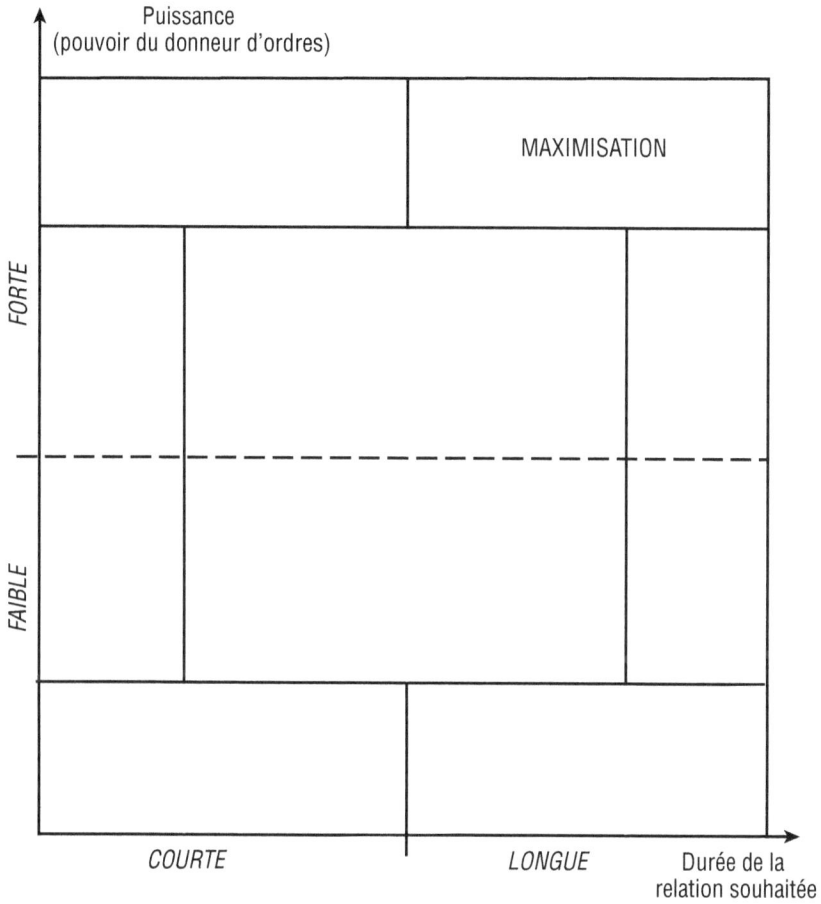

La bonne connaissance du fournisseur avec lequel le donneur d'ordres va négocier permet l'élaboration de la stratégie de négociation ci-après.

Clauses à négocier	Offre	Objectifs	Acheteur	Vendeur	Code
Prix	106 340	• 10 300 pour le 1er • Remise de 15 % pour le suivant	2	2	a
Délai de mise à disposition	Non connu	6 semaines	1	3	b
Surface proposée	35,51 m^2	> 35 m^2	2	2	c
Transport	Compris				d
Mise en place	Non compris	GRATUIT	2	1	e
Descriptif détaillé des prestations	Succinct	À détailler	1	2	f
Réalisation génie civil	Non compris	À formaliser	1	1	g
Contrôle des fondations	Non compris	GRATUIT	2	3	h
Contraintes d'accès au terrain	Accessibilité demandée	À discuter	2	2	i
Remise en état des lieux	Non compris	INCLUS	1	3	j
Branchements divers	Non compris	INCLUS	2	2	k
Options proposées (volets, ...)	Pas d'innovation	À obtenir après détail des prestations	1	2	l
Obtention d'autorisations administratives	Non prévu	INCLUS	2	2	m
Modalités de règlement	Non prévues	60 jours à fin de travaux	2	3	n
Garanties	Non prévues	• Annuelles • Décennales • Autres à discuter	1	2	o

Déterminons le chemin pertinent de la négociation à l'aide de la stratégie de l'échiquier.

La cotation de chacune des clauses à négocier est effectuée selon le barème suivant :

1	Je ne céderai pas
2	À discuter
3	À céder

Le schéma de l'entretien peut alors être le suivant :

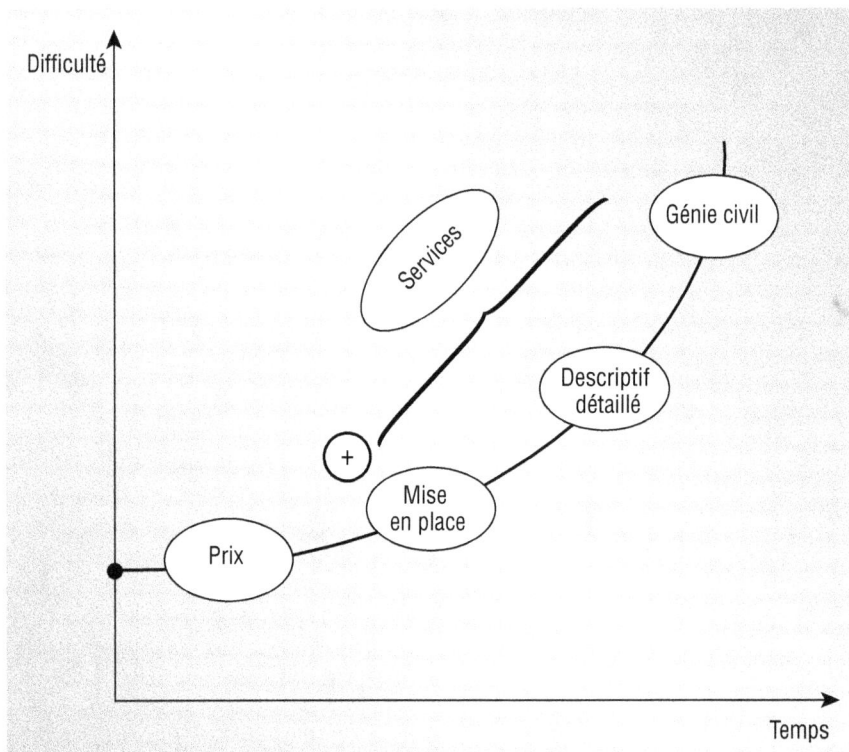

Du point de vue de la tactique à employer, un processus de « saucisson-nage » ou de « grignotage » qui consiste à obtenir dans un premier temps un prix bas et une fois acquis, à obtenir des bons résultats sur les autres points à négocier, c'est-à-dire le service paraît être bien adapté.

Le partenariat

Nous avons longuement parlé du partenariat dans le chapitre 2.

En termes de négociation, le partenariat s'inscrit tout naturellement dans une démarche à très long terme.

Par ailleurs, le pouvoir de l'acheteur est plutôt moyen ; ceci du fait de l'existence de certains risques généralement d'ordre industriel (voir la matrice risques/profit).

Dans la région de partenariat, l'acheteur aura tendance à :

• négocier un coût objectif,

• rechercher une sécurité à long terme sous la forme de plans de progrès pour amener la performance du fournisseur à un niveau satisfaisant, c'est-à-dire sans surcoût dû à une éventuelle « non-qualité ».

Les contrats de « Facilities Management » (également appelés infogérance) constituent un exemple intéressant et est en plein développement de stratégies de partenariat.

1.

• Extrait du journal *Les ÉCHOS* (décembre 1994)
« Pour économiser 35 % de son budget, Le Printemps confie son informatique à GSI.
France Printemps a annoncé la signature d'un contrat d'infogérance (reprise des activités informatiques) de « Plusieurs dizaines de Millions de Francs » avec GSI.
La SSII assurera l'exploitation et la maintenance du système d'information ainsi que la gestion des réseaux et reprendra 50 personnes du service informatique de la société.
France Printemps conservera toutefois le pilotage et la maîtrise de son système, de la veille technologique à la gestion de nouvelles applications, lesquelles seront assurées par une quinzaine d'informaticiens.
Par ce recours à l'externalisation, dans le cadre d'un contrat de huit ans qualifié de l'un des plus importants d'Europe, la chaîne des grands magasins prévoit d'économiser de l'ordre de 35 % sur un budget informatique d'un peu moins de 15 millions d'euros.

• Plus récemment, une enquête de la CEGOS s'est intéressée, en particulier, à la sous-traitance de la paie.
Ce type de prestation existe depuis plusieurs années mais le « Facilities Management » lui a donné une seconde jeunesse (GSI, déjà cité ci-dessus, a même lancé une formule de gestion de la paie par téléphone, essentiellement à destination des petites entreprises).
En fait, pour l'acheteur dans ce domaine bien précis, la profusion des logiciels de paie, l'amène à se poser la question « Faut-il ou non sous-traiter la paie ? ».
L'enquête ci-dessus indique qu'aujourd'hui 11 % des entreprises sous-traitent la paie entièrement mais le mouvement général de la fonction RH vers du pilotage va avoir pour tendance une généralisation de la sous-traitance pour les fonctions les plus répétitives comme la paie.
Dans le cas de la paie, le partenariat sera fonction du prix, du service mais aussi de la taille de l'entreprise qui souhaite externaliser cette fonction.
Ainsi, EDF-GDF traite de façon centralisée la paie de 145 000 personnes avec 10 personnes et le coût mensuel d'un bulletin de paie est très inférieur à 5 €.
Chez la plupart des prestataires (alternative à l'intégration), le prix de 5 € est

un prix plancher ; il intègre la prise en compte de toutes les applications régle-
mentaires, les traitements trimestriels et les déclarations aux caisses de
retraite mais le prix tient aussi compte de l'organisation de l'entreprise, du type
de traitement désiré, de la complexité des différentes conventions collectives.
L'enquête de la CEGOS montre qu'une entreprise qui sous-traite sa paie
emploie, en moyenne, 6 personnes pour gérer la paie et l'administration de
1 000 personnes contre 7 personnes pour l'entreprise gérant sa paie en
interne.
C'est pourquoi et on retrouve bien la notion de partenariat, les prestataires
tentent d'élargir leur offre à d'autres prestations. Ainsi, GSI propose une
offre de <u>Secrétariat social</u> pour gérer et prendre en charge certaines fonctions : déclaration vis-à-vis d'organismes tiers, organisation des élections
au sein de l'entreprise.

- Il est enfin intéressant de remarquer que des acheteurs appartenant à des
  grandes institutions, industriels, hôpitaux, universités, administrations, col-
  lectivités territoriales, recherchent des responsables des services généraux ou du « Facilities Management » pour « gérer des espaces et mettre à
  disposition du personnel tout ce qui est nécessaire au fonctionnement ».
  Pour l'externalisation, le marché fournisseurs est réparti de la façon suivante :

  - des filiales de grands groupes (Lyonnaise des Eaux, Générale des
    Eaux) prenant tout en charge sachant qu'elles sont amenées à leur tour
    à sous-traiter des points très spécifiques, tels que climatisation, détec-
    tion incendie ;
  - des petites sociétés spécialisées dans le conseil et qui font en quelque
    sorte fonction de superviseurs.

  Pour l'acheteur, il devra analyser dans une optique de partenariat :

  - les solutions de type 1 (filiales des grands groupes) permettant d'obte-
    nir des obligations de résultats mais qui rendent la remise en concur-
    rence difficile (car les prestataires conservent tout l'historique des inci-
    dents) ;
  - les solutions de type 2 qui ne sont que des obligations de moyens mais
    qui permettent de conserver la maîtrise :
  - des informations sur les incidents,
  - du choix des prestataires uniquement chargés d'exécuter.

2.

Les caractéristiques du « Facilities Management » sont :

- Transfert à l'extérieur de l'exploitation et de la maintenance d'une fonction de l'entreprise avec reprise du personnel de l'entreprise cliente qui
  exécutait auparavant cette fonction.

- Maintien en interne de la définition de la politique associée à la fonction externalisée (avec, par exemple, en informatique, la gestion des nouvelles applications).
- Obtention d'une économie globale sur le budget de la fonction tel que mesuré à la concrétisation de la relation.

3.

Tous les contrats de « Facilities Management » conduisent l'acheteur à se poser la question suivante :

L'article L. 122.-12 du Code de travail est-il applicable ou pas ?

Nous allons tenter de fournir des éléments de réponse.

L'article L. 122-12 du Code du travail dit dans son alinéa 2 :
« S'il survient une modification dans la situation juridique de l'employeur, notamment par succession, vente, fusion, transformation du fonds, mise en société, tous les contrats de travail en cours au jour de la modification subsistent entre le nouvel employeur et le personnel de l'entreprise. »

Le principe du maintien des contrats de travail :
« En cas de transferts d'entreprises, d'établissements ou de parties d'établissements à un autre chef d'entreprise résultant d'une cession conventionnelle ou d'une fusion. »
(Figure dans une directive CEE du 14 février 1977).

Cette directive a donné lieu à une décision rendue par la cour de justice des communautés européennes le 10 février 1988 : « Lorsque le cessionnaire ayant la qualité de chef d'entreprise, au terme d'un contrat de concession, perd cette qualité et qu'un tiers l'acquiert en vertu d'un nouveau contrat de concession conclu avec le propriétaire, l'opération qui en résulte est susceptible de rentrer dans le champ d'application de la directive... Pour autant que l'entité économique garde son identité, ce qui est notamment le cas lorsque l'exploitation de l'entreprise est poursuivie sans interruption par le nouveau concessionnaire. »

Cette décision a conduit à un revirement de la jurisprudence de la Cour de cassation (16 mars 1990). Cette dernière précise que :
« Les articles premier et trois de la directive du 14 février 1977 du conseil des Communautés Européennes et l'article L. 122-12, alinéa 2 du Code du travail s'appliquent même en l'absence d'un lien de droit entre les employeurs successifs à tout transfert d'une entité économique conservant son identité et dont l'activité est poursuivie ou reprise. »
« L'article L. 122-12 du Code du Travail n'est pas applicable dans le cas de la seule perte d'un marché » (Arrêt du 16 mars 1990).

L'application de l'article paraît essentiellement subordonnée au transfert d'une <u>entité économique.</u>

Cette notion n'est définie ni par la loi, ni par la jurisprudence ; elle doit être distinguée de la simple activité économique.

L'entité suppose, outre la simple activité, des moyens propres corporels et incorporels permettant de poursuivre cette activité.

Une branche d'une entreprise peut constituer une entité économique autonome. En revanche, s'agissant d'un marché public (mais le raisonnement reste valable pour un contrat privé), l'exécution d'un marché de prestations de services par un nouveau titulaire ne réalise pas le transfert d'une entité économique ayant conservé son identité et dont l'activité est poursuivie ou reprise.

Application au « FACILITIES MANAGEMENT »

En résumé, l'applicabilité de l'article L. 122-12 repose sur deux points :

- Même s'il y a absence d'un lien de droit entre les employeurs successifs (auparavant, la Cour de cassation exigeait qu'il y ait un lien de droit entre les employeurs successifs pour qu'il y ait application de l'article), l'article est applicable.
- Le transfert concerne une entité économique conservant son identité.

En revanche, l'article L. 122-12 n'est pas applicable dans le cas de la <u>seule perte d'un marché.</u>

En conclusion

Dans le cas de l'externalisation d'une fonction (informatique, reprographie, paie, ...) <u>si l'article L. 122-12 est applicable</u>, les dispositions sont simples :

- Les contrats de travail subsistent, le changement d'employeur induit cette poursuite.
- En revanche, si les salariés refusent, il y a démission pure et simple et leur départ ne s'inscrit pas dans une opération de licenciement.

Le nouvel employeur ne peut pas faire le tri entre les salariés qu'il souhaite conserver et les autres. Si tel est le cas, le nouvel employeur doit prendre à sa charge les indemnités de licenciement.

Mais on doit considérer que <u>l'article L. 122-12 ne s'applique pas</u> car les fonctions externalisées sont de simples activités qui n'ont pas le caractère d'une entité économique (il s'agit bien d'une activité mais elle est accessoire à l'activité essentielle et vitale de l'entreprise qui externalise).

Si le donneur d'ordres décide, au bout d'un certain temps, de réintégrer la fonction externalisée, l'article L. 122-12 n'est pas non plus applicable, car il s'agit, pour le prestataire, de la seule perte d'un marché et les salariés, qui assuraient la fonction chez le prestataire, restent liés par leur contrat de travail au prestataire.

De même, si le donneur d'ordres décide après consultation de changer de prestataire, il ne s'agit que de la seule perte d'un marché rendant, par conséquent, l'article L. 122-12 inapplicable.

NOTA : Le seul cas douteux est celui où le prestataire a un client unique car on peut, dans ce cas, considérer qu'il s'agit d'une entité économique conservant son identité (qu'il s'agisse d'un donneur d'ordre qui reprend la fonction ou qui la transfère d'un prestataire à un autre).

D'où l'ardente obligation pour l'acheteur de ne pas avoir des prestataires ayant un client unique (en l'occurrence, l'entreprise de l'acheteur) de façon à se situer toujours dans le cas de la seule perte d'un marché.

Exemple de stratégie de PARTENARIAT

Étudions un cas de FACILITIES MANAGEMENT.

Dans un pareil cas, le fournisseur se substitue à une fonction de l'entreprise.

A) Présentation

La société XX fabriquant des composants pour l'industrie pharmaceutique a souhaité confier à un prestataire l'exploitation et la maintenance des applications informatiques décrites dans le Cahier des Charges de l'appel d'offres.

Cette activité rentre typiquement dans une action de « Facilities Management ». En effet :

- à niveau d'activité constant, il est de plus en plus difficile de suivre l'évolution technologique (matériel et technologie),
- dans l'hypothèse ci-dessus, l'évolution du personnel (hors métier par rapport à l'activité principale) peut devenir un problème.

Dans la structure des coûts, les charges se répartissent approximativement ainsi :

- Personnel :   60 %
- Consommables :   15 %
- Locaux :   5 %
- Matériel et entretien : 20 %

Remarques :

a) Le marketing Achats a fait apparaître que deux métiers étaient concernés :

- les fabricants de matériel informatique,
- les prestataires de service (SSII).

Le premier métier a été exclu et la négociation a été conduite avec le prestataire de service informatique.

b) Le coût de l'étude de faisabilité a été estimé par le fournisseur présenté à 18 000 €. Il a été convenu qu'en cas d'issue favorable, l'étude ne serait pas facturée.

Dans les faits, le temps passé par le prestataire a été deux ou trois fois supérieur à celui qu'il avait prévu dans les prix de l'étude. Malgré cela, le temps passé en interne par le client peut être considéré comme négligeable (sorties comptables – quelques intérieurs – Comité de pilotage de l'étude).

B) Préparation à la négociation

Compte tenu du contexte de l'acheteur :

- puissance de négociation plutôt moyenne,
- durée de la relation obligatoirement longue.

Un partenariat est hautement envisageable.

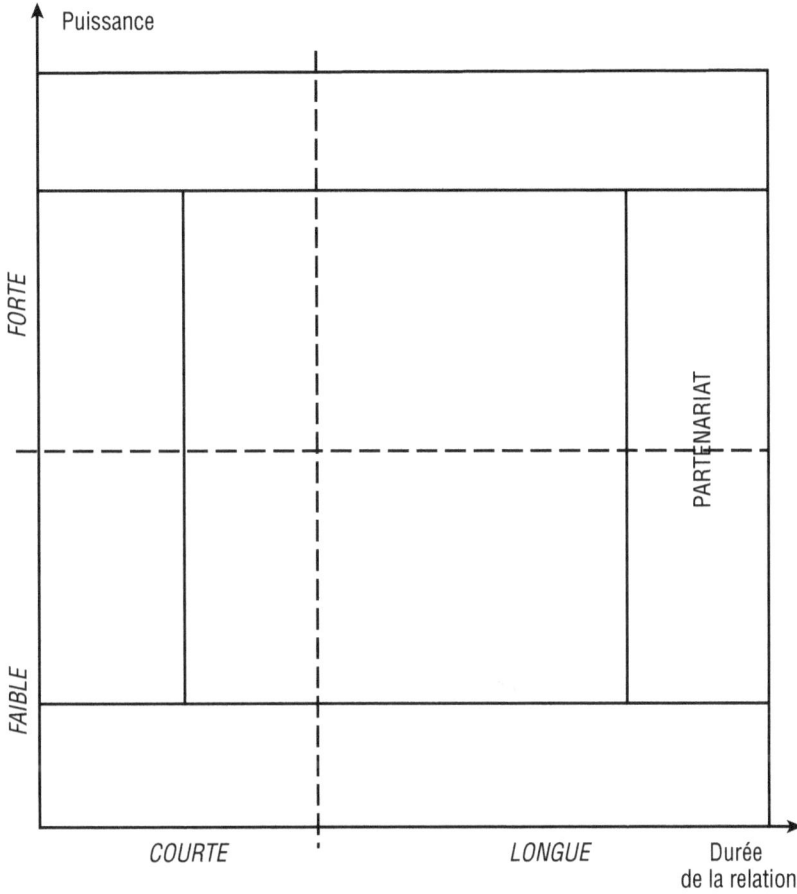

Rappelons que, dans un contrat de partenariat, les variables technico-commerciales de l'affaire doivent avoir, dans le temps, l'allure suivante :

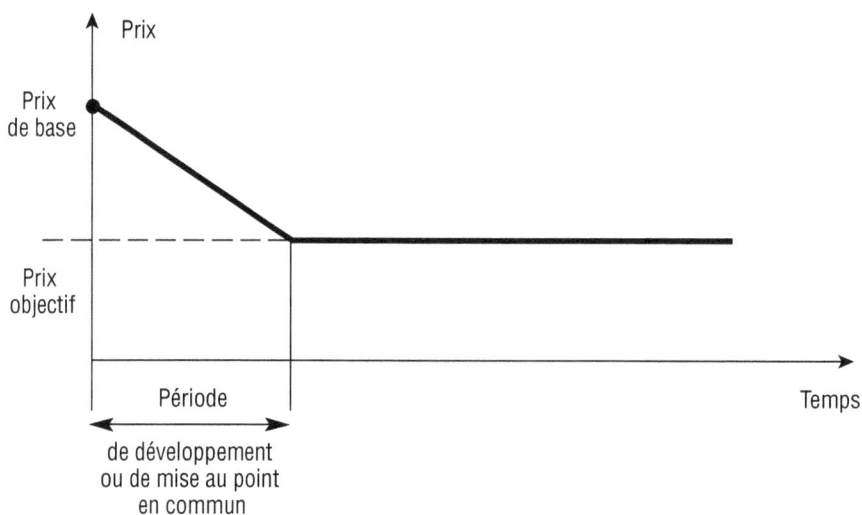

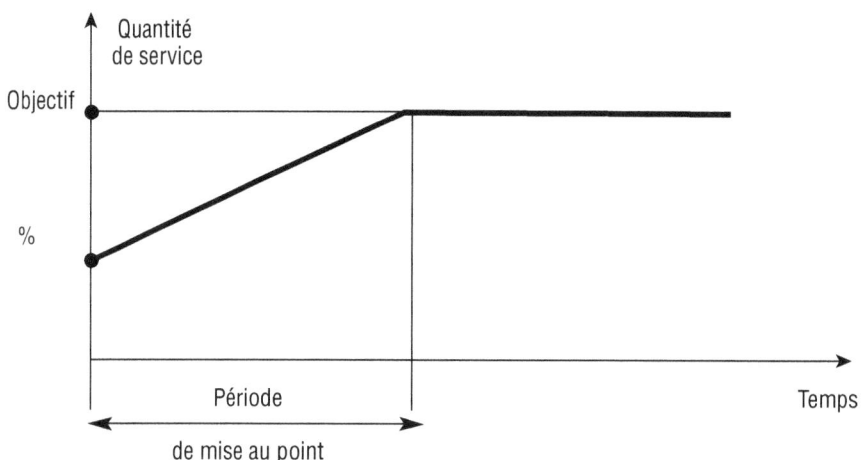

La stratégie est quelque peu différente de celle de maximisation, dont un exemple est donné ci-avant.

En effet, le pouvoir de l'acheteur est plutôt moyen et il a l'obligation technique de travailler avec le fournisseur sur une échelle de temps de LONG TERME.

La stratégie à adopter repose alors sur les axes de réflexions suivants :

• NÉGOCIER EN DIFFICULTÉ CROISSANTE,
• FAIRE DES CONCESSIONS MUTUELLES.

Avec la même quantification des concessions que dans l'exemple précédent, le tableau de préparation à la négociation est le suivant :

Clauses à négocier	Offre	Objectifs	Acheteur	Vendeur	Code
Transfert des applications actuelles	À définir	À définir	2	2	a
Consommation et sauvegarde des informations	Non prévu	Non indispensable	3	1	b
Reporting mensuel des états économiques	À discuter	Impératif	1	2	c
Prix des prestations	X^F	$X^F - 15\%$	2	2	d
Gains de productivité	Non prévu	2 % / an	2	2	e
Variation de prix	Non prévu de façon formelle	Formule contractuelle	2	1	f
Délai de remise des données	Engagement	Selon un MALUS pour non-respect	3	1	g
Obligation de conseil sur l'optimisation des moyens nécessaires	À discuter	Impératif	1	3	h
Sous-traitance de second niveau	Demandé	Sans importance	3	1	i
Maintenance des exploitations	À discuter	Processus client impératif	1	2	j
Réversibilité du processus	Ouverte	Énoncé juridique clair	1	3	k
Fournitures de copies des systèmes d'exploitation	Non prévu	Important	2	2	l
Évolutions technologiques	À discuter	À discuter	2	2	m
Mise en place d'un comité de suivi de l'exécution des prestations	Modalités à définir	Processus client impératif	1	1	n

Un des schémas possibles de conduite de l'entretien est alors le suivant :

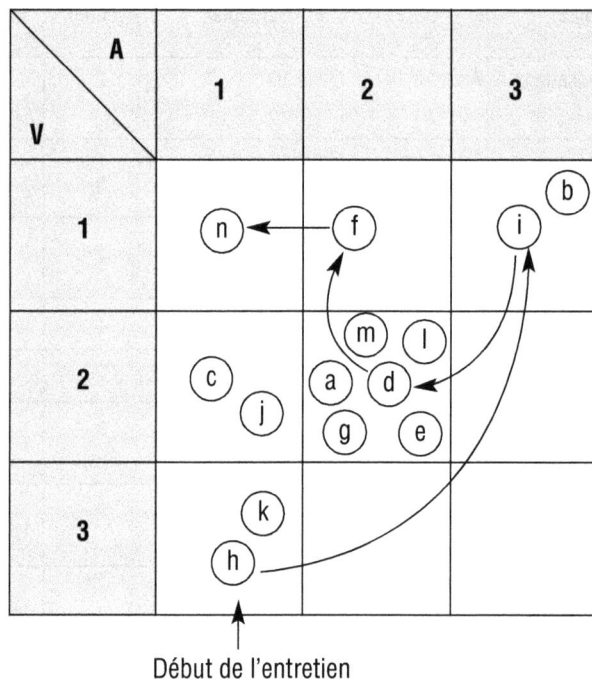

Début de l'entretien

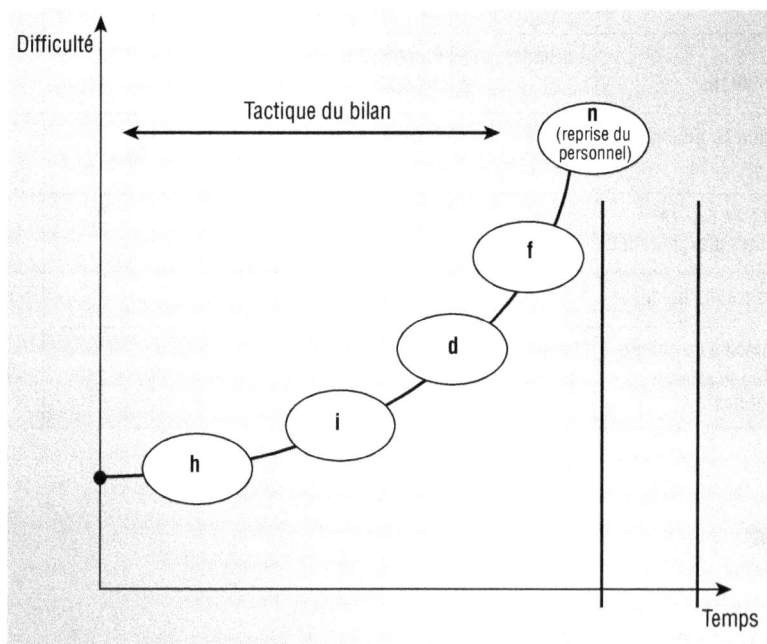

Il est impératif de créer un climat favorable à la négociation car la durée de la relation client/fournisseur est très longue. Par ailleurs, il existe un point dur : c'est la reprise du personnel du donneur d'ordres (licenciement + embauche).

Ce point de négociation conduira nécessairement à la rupture momentanée pour réflexion.

Du fait du pouvoir tout relatif de l'acheteur (c'est toute la différence avec la maximisation), il est judicieux d'utiliser la **tactique du bilan** qui consiste à avoir concédé mutuellement avant la négociation du point dur. Cela permet d'éviter d'entrer dans l'histoire du « beurre et de l'argent du beurre ».

Le contrat correspondant, rédigé après négociation, est donné en annexe. Car, bien évidemment, la négociation de tels actes conduit à la rédaction d'un contrat, sous la forme juridique la mieux adaptée.

L'acheteur de sous-traitance doit donc avoir des notions juridiques suffisantes. Cet aspect est décrit dans le chapitre suivant.

Enfin, on ne peut pas aujourd'hui parler de « stéréotype de l'acheteur de sous-traitance », car il faudrait presque parler de l'acheteur en général. En effet, le terme de « sous-traitance » est, comme nous l'avons vu, très élargi et va :

– de la sous-traitance simple de produits au partenariat le plus complexe,
– de la sous-traitance de pièces de fabrication au facilities management.

Ainsi, les différents acteurs, qu'ils soient acheteurs ou vendeurs, doivent avoir des approches culturelles favorables à cette prise de responsabilité.

La négociation d'achat interculturelle

Avant d'entrer dans le vif du sujet de ce chapitre traitant de la négociation d'achat interculturelle, rappelons les enjeux d'une telle démarche.

Une enquête CEGOS sur les effectifs et les coûts de la fonction achat fait ressortir les éléments suivants :

• les dépenses de l'entreprise représentent 70 % du chiffre d'affaires (dont 40 à 45 % représentent les achats de production),
• 50 % des achats de production sont constitués de produits étrangers.

Cette quasi obligation d'acheter à l'étranger, que ce soit pour des raisons :

• de réduction des coûts :
  → achat directement dans le pays
  → délocalisation des fabrications

• de compensation au titre des ventes des produits finis de l'entreprise,
• de sources étrangères sans distribution française,
• etc.

entraîne dans bien des cas une perte de pouvoir de l'acheteur.

Cette perte de pouvoir est essentiellement due aux contraintes liées à l'achat international, telles que :

– l'inadéquation entre les quantités de produits à commander et les minima de fabrication des industriels locaux,
– les risques de tous ordres :
  → politiques,
  → logistiques,
  → financiers,
  → etc.
– la nécessaire ADAPTABILITE des comportements. Ce terme – ADAPTA-BILITE – résume à lui tout seul la compétence indispensable à la relation de face à face dans le domaine interculturel.

Cette perte de pouvoir se traduit par le fait que l'acheteur se porte vendeur de ses besoins sur une échelle de temps de moyen ou long terme.

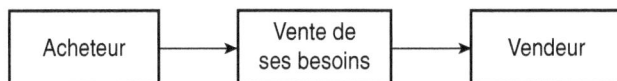

```
┌──────────┐       ┌──────────┐       ┌──────────┐
│ Acheteur │ ────▶ │ Vente de │ ────▶ │ Vendeur  │
│          │       │ses besoins│      │          │
└──────────┘       └──────────┘       └──────────┘
```

Il s'agit donc de comprendre les objectifs de la partie adverse, ce qui est rendu plus difficile dès lors que la négociation est placée dans un domaine interculturel.

Nous essaierons dans ce chapitre de décrire un ensemble de modèles pratiques pour :

  → communiquer avec efficacité,
  → influencer avec intégrité,
  → utiliser ses ressources et celles d'autrui,
  → adopter un comportement favorable à la relation.

Comme nous l'avons vu précédemment, la négociation comporte deux dimensions :

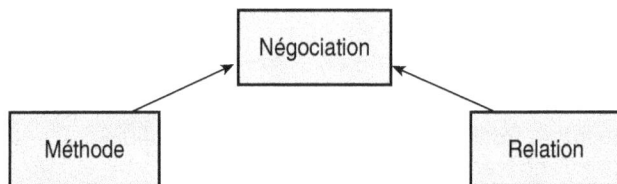

```
                    ┌─────────────┐
                    │ Négociation │
                    └─────────────┘
                      ▲         ▲
                     ╱           ╲
        ┌──────────┐               ┌──────────┐
        │ Méthode  │               │ Relation │
        └──────────┘               └──────────┘
```

La dimension RELATION peut, dans le domaine interculturel, être remplacée avantageusement par ADAPTATION pour tenir compte du fait que les techniques de communication basées sur :

→ l'écoute active,
→ la reformulation,

ont des limites d'efficacité dans le domaine interculturel.

Dans le chapitre traitant des différentes stratégies à la disposition de l'acheteur, nous avons repéré la zone propice à la délocalisation à partir des dimensions de RISQUE et de PROFIT.

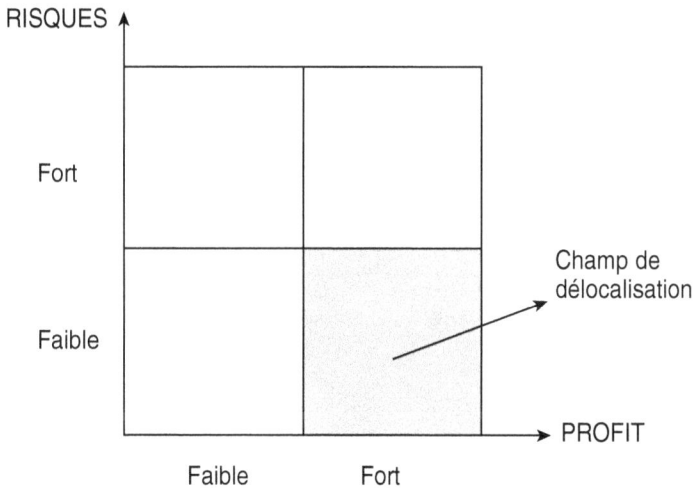

RISQUES

Fort

Faible

Champ de
délocalisation

PROFIT

Faible   Fort

En effet, quand le choix est possible, il est préférable d'éviter les champs comportant, à priori, des vulnérabilités d'approvisionnement ; un achat à l'étranger amenant invariablement un certain nombre de risques, ou plus exactement d'aléas difficiles à maîtriser.

Mais dans bien des cas, l'achat à l'étranger est un passage obligatoire et il convient de créer un climat favorable à de tels échanges.

Dans la plupart des cas, un achat à l'étranger présuppose une relation client/fournisseur à long terme. L'identification des contraintes liées au pays exportateur, la mise au point du fournisseur selon les usages de l'acheteur : niveau de qualité des produits, règles de paiement, gestion de production, logistique, adaptation interculturelle..., prend beaucoup de temps (voir un ou deux ans pour le marché chinois par exemple) et cet investissement n'est rentable que dans la mesure où les enjeux sont importants.

Il n'est donc pas question de se livrer à un « marchandage », mais adopter une démarche négociatrice qui doit revêtir une forme **offensive** ou **défensive** selon les enjeux.

Sur le marché international, peu d'entreprises françaises possèdent un « pouvoir de négociation » suffisant pour imposer leur point de vue.

Ainsi, il convient de créer un ensemble de conditions favorables à l'entretien à partir d'une réflexion visualisable comme ci-après.

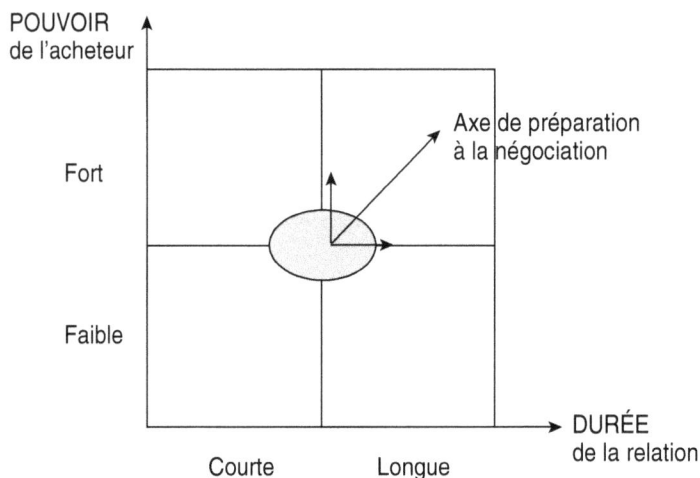

Rappelons que l'acheteur a un bon pouvoir de négociation quand :

• les quantités à commander sont importantes,
• le marché des fournisseurs est concurrentiel,
• le produit à acheter est standard,
• etc.

Ce qui se résume par le fait que :

LE COUT CHANGEMENT DE FOURNISSEUR TEND VERS ZERO

L'acheteur doit donc trouver les éléments nécessaires pour adopter une démarche offensive en :

• augmentant la durée de la relation (contrat pluriannuel par exemple),
• améliorant son pouvoir de négociation en regroupant les quantités de produits.

Exemple : *certaines entreprises font fabriquer 5 à 10 fois les quantités de produit dont elles ont besoin sur le marché français et revendent l'excédent sur le marché local.*

La préparation de l'entretien

Un « dossier d'achat » comporte deux dimensions :

- la préparation TECHNIQUE
- la préparation MENTALE

Les deux tableaux ci-après résument quelques recommandations et constituent une base de réflexion pour préparer efficacement la négociation.

CHECK-LIST DE PREPARATION TECHNIQUE A LA NEGOCIATION

1. Connaître les besoins de son entreprise
- A quel utilisateur le produit est-il destiné ?
- A-t-il déjà été commandé ? Quand ? Comment ? Où ? En quelles quantités ? A-t-il donné toutes satisfactions ?
- Quelle est ma liberté de manoeuvre par rapport à la demande exprimée ?
- Puis-je modifier les délais de réalisation, les quantités à commander ?
- Cet achat comporte-t-il des contraintes ?
- Le fournisseur à consulter doit-il posséder une certification de type ISO 9001, ISO 9002... ?
- Notre client final impose-t-il un pays ou émet-il des réserves sur certains pays ?
- Existe-t-il des contraintes après vente ? (par exemple : fourniture de pièces détachées pendant 10 ou 15 ans)
- Le produit est-il soumis à des contraintes de délais ou des phénomènes de mode ? (par exemple : les fournitures scolaires doivent être acheminées dans les centres de distribution au mois d'août)

2. Connaître le pays d'accueil
Se reporter au chapitre traitant de la stratégie d'information et des banques de données internationales.

3. Organiser la discussion avec le vendeur
- Les objectifs que je me suis fixés sont-ils peu ambitieux, réalistes ou excessivement ambitieux ? La meilleure approche consiste à comparer mes objectifs au prix de marché, c'est-à-dire les prix payés par les autres acheteurs dans la même zone géographique.
- Sur quelles clauses dois-je rester ferme et sur quels points puis-je faire des concessions au vendeur ?

4. Conduire l'entretien
- Ai-je des arguments pour appuyer chacune de mes demandes et des contre-arguments pour répondre aux objections du vendeur ?
- Sais-je adapter mes arguments à la personnalité de mon interlocuteur ?
- Suis-je prêt à recentrer à tout moment les propos du vendeur sur ce qui fait l'objet du dialogue ?

CHECK-LIST DE PREPARATION MENTALE A LA NEGOCIATION

1. Connaître le vendeur et choisir le type de comportement à adopter
– Quel est son style de négociation ?
– Quelles sont ses motivations et quel sera son comportement probable ?
– Quelle est sa position organisationnelle et son pouvoir de décision ?
– Comment présenter ma société et ses activités au vendeur pour lui signifier mon degré de responsabilité ?
– Par quel point d'accord avec le vendeur dois-je commencer l'entretien ? Quels sont les points positifs de son offre ?

2. Connaître les US et COUTUMES du pays d'accueil
Ai-je suffisamment préparé :
– mon voyage,
– le premier contact,
– les cadeaux et repas d'affaires,
– mon habillement,
– les présentations ?

3. Construire un scénario de réussite
– Qu'est-ce que je veux obtenir concrètement ?
– A quoi reconnaîtrai-je que j'ai atteint mon objectif ? (critères sensoriels)
– Qu'est-ce qui pourrait m'empêcher de réussir ? (obstacles divers, objections)
– Point avec le futur : construire le scénario jusqu'au résultat atteint et le jouer mentalement.

Plus encore que la négociation classique, la négociation interculturelle repose sur une **stratégie de rupture**. En effet, la relation de long terme oblige les deux parties à discuter un certain nombre de points importants et dans ce contexte, aucune des deux parties a une liberté totale de décision.

Chaque protagoniste a obligation pour certains points d'en référer à sa société pour obtenir des autorisations complémentaires.

Autrement dit, un acheteur qui atteindrait tous ses objectifs en une seule séance de négociation se serait très certainement fixé des objectifs trop peu ambitieux.

Il doit nécessairement y avoir un ou plusieurs points de rupture qui permettent à chaque partie de réfléchir avant de concéder.

Selon les cultures, ces points de rupture peuvent être formulés de manière plus ou moins agressive. Un américain qui ne s'implique pas personnellement dans la négociation mais considère que c'est son entreprise qui négocie montrera plus d'agressivité qu'un japonais qui ne distingue pas le **fond de la forme** et ne doit en aucun cas perdre la face.

Il convient donc de gérer l'entretien de face à face et de créer un climat favorable.

On sait à quel point les premières minutes d'un entretien sont cruciales. Les premiers contacts, la première poignée de main influent sur l'ambiance dans laquelle la négociation proprement dite se développera. Ce fait est considérablement amplifié dans le domaine interculturel.

Plutôt que de parler de pays il serait plus juste de parler de cultures. Tous les spécialistes s'accordent à penser que les stratégies de négociation utilisées ne sont pas particulières à des zones géographiques, mais plutôt à des cultures, des systèmes de communication, des comportements.

La culture, à travers les valeurs, les croyances, les idéologies, les comportements, les usages sociaux, détermine un style partagé par l'ensemble des individus d'un groupe.

Il est donc important pour le négociateur international, de connaître les comportements directeurs du groupe avec lequel il va traiter.

Mais que ce soit ou non un premier contact, le langage non verbal prend une dimension certaine dans la mesure où il constitue le fondement du climat de la négociation. Ainsi, en préparant l'accueil de manière rigoureuse, vous mettez à l'aise votre fournisseur, ce qui ne manquera pas de créer un climat de confiance au cours de l'entretien. Ce mot de « confiance » n'est pas vain dès lors qu'il s'agit de relations interculturelles. Ce cadre de travail fait naître « l'appréhension réciproque ».

Par exemple, la langue anglaise, utilisée dans bien des cas, oblige les négociateurs à des efforts de compréhension qui, doublés des différences culturelles, engendre ce phénomène.

Trois axes permettent d'approcher ces dimensions :

- l'image,
- la distance,
- le discours.

L'image

Etablir le contact avec votre interlocuteur passe par l'aspect « image » au sens le plus large. Cela va de l'aspect vestimentaire au mode de vie extra-professionnel.

Par exemple, aux Etats-Unis, votre habillement joue un rôle clé. En général, il faut s'habiller de manière conservatrice et éviter d'imiter les américains locaux.

Au Japon, il convient de se présenter à la négociation avec bon nombre de documents. En effet, venir avec une serviette vide serait perçu comme un complexe de supériorité engendrant une manoeuvre qui tendrait à faire perdre la face à votre interlocuteur. Il est possible d'exprimer ces éléments à partir de quelques règles simples :

NEGOCIATEUR	REGLES D'OR
AMERICAIN	– Respecter l'étiquette américaine. – Habillez-vous de façon conservatrice. – Soyez ponctuel. – Sortez du cadre strictement professionnel lors de vos contacts. – Soyez prêt à discuter en dehors des séances de négociation de : vos revenus, vos activités privées (culturelles, sportives...). – Préparez minutieusement vos négociations ; les américains le font de manière très efficace. – Utilisez des clauses juridiques standards. – Les rôles et responsabilités de chacun doivent être clairs et précis. – Et surtout, sachez « encaisser ». Le mode de communication verbal du négociateur américain est bien souvent provocateur.

JAPONAIS	– Entraînez-vous au premier contact ; il prend souvent la forme d'une véritable cérémonie, dîner compris.
	– Soyez courtois.
	– Vous devez impérativement respecter votre interlocuteur et tout faire pour éviter de le dévaloriser ou le déstabiliser.
	– Soyez patient, les prises de décision peuvent être longues.
	– Soyez ponctuel.
	– Préparez très minutieusement vos négociations, y compris l'avant et l'après entretien.
	– Le cadeau est une institution, l'emballage a une très grande importance.
	– Respectez les valeurs professionnelles qui sont dans un ordre décroissant :
	    1. l'honneur,
	    2. la conscience professionnelle,
	    3. le respect et la confiance mutuelle,
	    4. l'intégrité,
	    5. la curiosité.

ALLEMAND	– Abordez les problèmes de front et maîtrisez un temps monochronique. – Utilisez le titre de votre interlocuteur et considérez le comme responsable. – Respectez l'ordre du jour. – Obtenez l'accord de toutes les personnes impliquées car les décisions sont souvent collégiales. – Respectez le protocole et tout particulièrement :

	• les manifestations prévues avant et après l'entretien de négociation (visites, repas...), • l'emplacement qui vous est attribué autour de la table de négociation. – Négociez chaque mot du contrat car il sera respecté à la lettre, surtout en cas de litige.

BRITANNIQUE	– Soyez simple, ouvert et évitez d'être trop formaliste.
	– Acceptez avec bonne humeur une plaisanterie à votre sujet et souvenez-vous que les britanniques aiment rire.
	– Faites confiance à votre interlocuteur et sachez obtenir la sienne.
	– Attachez beaucoup d'importance à l'ambiance de l'entretien, au-delà des forme contractuelles.
	– Faites participer votre conjoint chaque fois que l'occasion se présente.
	– Souvenez-vous que le négociateur britannique :
	    • est fier de son pays,
	    • a pouvoir de négocier,
	    • aime brouiller les cartes.

ITALIEN	– Ne marquez pas d'empressement dans la relation et apportez des éléments sécurisants pour mettre votre interlocuteur en confiance.
	– Globalisez l'affaire plutôt que d'entrer dans des détails qui seront traités ultérieurement.
	– Prévoyez plusieurs plans possibles lors de votre préparation.
	– Ne soyez pas agacés par la forme de la négociation reposant sur la SUR-ARGUMENTATION.
	– N'oubliez pas les valeurs morales des italiens :
	    • le respect de l'autre,
	    • la politesse,
	    • la valorisation de l'interlocuteur par la qualité du langage,
	    • le respect de la famille.

La distance

D'une manière générale, la négociation interculturelle se pratique en groupe ; chaque partie en présence est composée de plusieurs acteurs dont les rôles sont définis.

Dans certaines cultures, la position des individus autour de la table de négociation revêt une importance fondamentale.

D'après T. Hall[1], L'homme observe des distances uniformes dans les rapports qu'il entretien avec ses semblables.

Rappelons-en quelques axes de réflexion à partir de la figure ci-dessous :

La dimension cachée par T. Hall Editions du seuil Paris 1971.

© Éditions d'Organisation

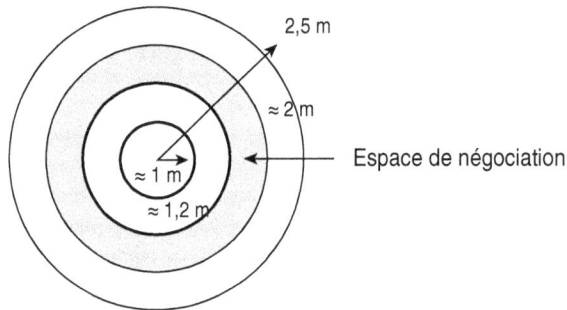

Figure 4.10 • L'espace de négociation

L'espace situé entre environ 1,2 mètre et 2 mètres correspond à la distance type de deux groupes de négociateurs en situation d'affaires. En deçà de 1,2 mètre, nous entrons dans l'espace d'intrusion réservé aux relations personnelles ou aux relations professionnelles entre individus de même groupe.

Le message caché est le suivant : « Approchez-vous afin que l'on puisse parler tranquillement. ».

Cette distance, près de notre interlocuteur, n'est pas favorable à un bon entretien de négociation.

NOTA : il existe un contre-exemple, c'est celui de la relation d'affaires avec un ressortissant arabe.

Au-delà de 2,5 mètres, voire 3 mètres, l'espace ne permet pas d'établir le contact car le message caché est : « Nous n'avons rien à vous dire ».

Il existe dans ce domaine des stéréotypes culturels. Ainsi, contrairement aux Japonais qui privilégient le centre d'une pièce (bureau, salon, etc.), les Allemands privilégient l'ordre. Si, aux Etats-Unis, on n'attache pas d'importance à la façon dont les gens déplacent leurs sièges pour s'adapter à une situation donnée, en Allemagne, il est contraire aux usages de déplacer un siège.

Le phénomène d'intrusion qui peut aller jusqu'à une gêne physique, doublé d'un problème de confidentialité (les documents que vous transportez ou lisez sont personnels !) repoussent la distance de négociation au-delà de la distance de 1,2mètre.

Les stéréotypes extrêmes sont les suivants :

– Le face à face des négociateurs arabes se situe à une distance inférieure à 1,2 mètre et les protagonistes se regardent fixement de manière intense.
– Les Américains se tiennent à une distance inférieure à 2 mètres et dans cet espace, plusieurs discussions peuvent avoir lieu par groupe de deux.

Le discours

Communiquer efficacement dans le domaine interculturel passe par la notion d'adaptabilité qui sous entend la notion de « synchronisation » sur le style de l'interlocuteur.

Ce style peut être résumé par la nature du discours.

Pays	Nature du discours
Etats-Unis	Très analytique. Direct et peu cérémonial.
Japon	Subtil et indirect. On cultive l'art du détour.
Allemagne	Très analytique. Cérémonial.
Grande-Bretagne	Varié et modulé en amplitude.
Italie	Vivant, très détaillé et imagé.

Tableau 4.11 • Stéréotypes simplifiés du discours adopté par les négociateurs de certains pays

L'argumentation

Dans le domaine interculturel, l'argumentation doit se faire dans le « style » de notre interlocuteur.

Pour un négociateur d'achat international, l'argumentation est une démarche sélective qui l'amène à concevoir et exprimer des arguments personnalisés à son ou ses interlocuteurs et non à leur présenter des arguments standards. Ainsi, un argument constitue-t-il un avantage spécifique et personnalisé pour la partie adverse.

Un argument comporte donc deux dimensions :

– sa force,
– son style.

La force d'un argument n'est autre que le niveau d'avantage offert à la partie adverse. Cette notion est évidemment relative. Toutefois, elle est définissable par la difficulté à trouver une objection à cet argument.

Le style d'un argument repose sur sa forme c'est-à-dire la perception positive de notre interlocuteur dans sa sensibilité (que nous appelons sa « carte
du monde »).

En fait, le terme « style d'un argument » est impropre. Il convient de parler
plutôt d'arguments ayant une réception positive chez notre interlocuteur,
c'est-à-dire recevable dans sa culture, sa mentalité, ses us et coutumes.

Ceci nous amène à rappeler la notion de style personnel.

On appelle style personnel l'attitude qu'adopte le négociateur au cours de
l'entretien. Celle-ci doit tendre à allier la volonté que met le négociateur à
atteindre ses objectifs (son ENGAGEMENT) et l'importance qu'il accorde à
la réalisation avec son interlocuteur (sa COOPERATION).

Le style d'un négociateur est le dosage de ces deux dimensions.

On considère généralement quatre attitudes de base ; l'une d'entre elles, la
dominante correspond alors au style recherché.

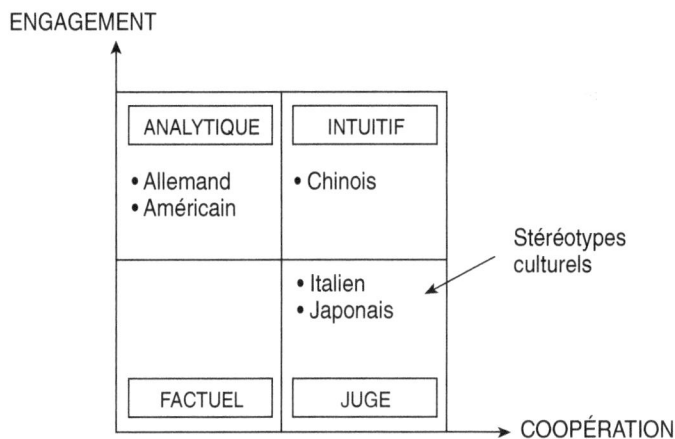

ENGAGEMENT

ANALYTIQUE	INTUITIF
• Allemand • Américain	• Chinois
	• Italien • Japonais
FACTUEL	JUGE

Stéréotypes
culturels

COOPÉRATION

Figure 4.12 • Les stéréotypes culturels

On peut ainsi aller jusqu'à positionner des stéréotypes culturels, à partir des
critères d'identification ci-après :

STYLE	COMPORTEMENT
ANALYTIQUE	– Raisonne. – Tire des conclusions. – Argumente en faveur de ses positions ou de celles des autres. – Met les choses dans un ordre logique. – Fait souvent des bilans de la situation. – Est pragmatique.
FACTUEL	– Met en évidence les faits tout en restant neutre. – Garde trace de ce qui est dit. – Rappelle aux uns et autres ce qu'ils ont dit. – Raccroche les faits à l'expérience (homme du passé). – Ne décide pas seul.
JUGE	– Approuve et désapprouve. – En appelle aux sentiments et aux émotions. – Manie le détour. – Fait état de son pouvoir. – Globalise les affaires.
INTUITIF	– Fait des commentaires enthousiastes et chaleureux. – Met en évidence l'essentiel. – Se projette dans le futur. – Est imaginatif et créatif.

Compte tenu de ces éléments, un argument sera dit de style ANALYTIQUE si son contenu permet de convaincre vos interlocuteurs dans leur sensibilité ou leur fournit suffisamment d'éléments pour convaincre leurs pairs ou supérieurs dans leur entreprise.

Donnons quelques exemples :

Proposer comme argument « l'effet d'expérience », c'est-à-dire d'entrer dans une logique de réduction des coûts en tenant compte des réalisations précédentes a un bon impact auprès d'un négociateur allemand, mais n'est certainement pas à énoncer en premier lieu à un négociateur italien.

Proposer comme argument le fait que la politique de votre société est tournée vers la fidélisation des fournisseurs est trop subjectif pour avoir un impact positif auprès d'un négociateur américain.

> L'ADAPTABILITÉ POUR UN NÉGOCIATEUR EST UNE COMPÉTENCE
> QUI CONSISTE À PRÉSENTER DES ARGUMENTS FORTS
> DANS LE STYLE DU OU DES NÉGOCIATEURS DE LA PARTIE ADVERSE.

© Éditions d'Organisation

Enfin, une bonne argumentation, c'est celle qui s'effectue sans agressivité, ni manipulation. Un test de comportement vous est donné en fin de chapitre.

La conclusion

La négociation d'achat interculturelle est un exercice difficile et complexe en termes de relation de face à face.

Ce qui manque bien souvent aux acheteurs, c'est cette compétence « d'adaptabilité » qui, comme nous l'avons vu, est indispensable dans le domaine interculturel.

Il convient donc de faire voeu d'humilité et d'essayer, selon notre jargon professionnel, d'entrer dans la « bulle » de l'autre pour comprendre ses motivations.

Annexes au chapitre

Autodiagnostic

Répondez spontanément en mettant une croix correspondant à votre réponse dans la colonne :

- Plutôt vrai : si vous pensez ou agissez de cette façon la plupart du temps,
- Plutôt faux : si vous ne faites ou ne pensez que rarement ce qui est décrit.

NB : Ne trichez pas avec vous-même. Cet exercice engage la suite de l'entraînement.

	Plutôt VRAI	Plutôt FAUX
1 Je dis souvent oui, alors que je voudrais dire non		
2 Défends mes droits, sans empiéter sur ceux des autres...		
3 Je préfère dissimuler ce que je pense ou ressens, si je ne connais pas bien la personne		
4 Je suis plutôt autoritaire et décidé...		
5 Il est en général plus facile et plus habile d'agir par personne interposée que directement		
6 Je ne crains pas de critiquer et de dire aux gens ce que je pense...		
7 Je n'ose pas refuser certaines tâches qui manifestement ne relèvent pas de mes attributions		
8 Je ne crains pas de donner mon opinion, même en face d'interlocuteurs hostiles		
9 Quand il y a un débat, je préfère me tenir en retrait pour voir comment cela va tourner		
10 On me reproche parfois d'avoir l'esprit de contradiction		
11 J'ai du mal à écouter les autres		
12 Je m'arrange pour être dans le secret des dieux ; cela m'a bien rendu service		
13 On me considère en général comme assez malin et assez habile dans mes relations		

		Plutôt VRAI	Plutôt FAUX
14	J'entretiens avec les autres des rapports fondés sur la confiance plutôt que la domination ou le calcul		
15	Je préfère ne pas demander de l'aide à un collègue ; il risquerait de penser que je ne suis pas compétent		
16	Je suis timide et je me sens bloqué dès que je dois rencontrer des personnes que je ne connais pas		
17	On me dit « soupe au lait » ; je m'énerve et cela fait rire les autres		
18	Je suis à l'aise dans les contacts « face à face »		
19	Je joue assez souvent la comédie : comment faire autrement pour arriver à ses fins ?		
20	Je suis bavard et je coupe la parole aux autres sans m'en rendre compte à temps		
21	J'ai de l'ambition et je suis prêt à faire ce qu'il faut pour y arriver		
22	Je sais en général qui il faut voir et quand il faut le voir : c'est important pour réussir		
23	En cas de désaccord, je recherche les compromis réalistes sur la base des intérêts mutuels		
24	Je préfère « jouer cartes sur table »		
25	J'ai tendance à remettre à plus tard ce que je dois faire		
26	Je laisse souvent un travail en train sans le terminer		
27	En général, je me présente tel que je suis, sans dissimuler mes sentiments		
28	Il en faut beaucoup pour m'intimider		
29	Faire peur aux autres est souvent un bon moyen de prendre du pouvoir		
30	Quand je me suis fait avoir une fois, je sais prendre ma revanche à l'occasion		
31	Pour critiquer quelqu'un, il est efficace de lui reprocher de ne pas suivre ses propres principes. Il est forcément d'accord		
32	Je sais tirer parti du système : je suis débrouillard		
33	Je suis capable d'être moi-même, tout en continuant d'être accepté socialement		
34	Quand je ne suis pas d'accord, j'ose le dire sans passion et je me fais entendre		
35	J'ai le soucis de ne pas importuner les autres		
36	J'ai du mal à prendre parti et à choisir		

	Plutôt VRAI	Plutôt FAUX
37 Je n'aime pas être la seule personne de mon avis dans un groupe : dans ce cas, je préfère me taire		
38 Je n'ai pas peur de parler en public		
39 La vie n'est que rapports de forces et de lutte		
40 Je n'ai pas peur de relever des défis dangereux et risqués		
41 Créer des conflits peut être plus efficace que réduire les tensions		
42 Jouer la franchise est un bon moyen de mettre en confiance		
43 Je sais écouter et je ne coupe pas la parole		
44 Je mène jusqu'au bout ce que j'ai décidé de faire		
45 Je n'ai pas peur d'exprimer mes sentiments tels que je les ressens		
46 Je sais bien faire adhérer les gens et les amener à mes idées		
47 Flatter tout un chacun reste encore un bon moyen d'obtenir ce que l'on veut		
48 J'ai du mal à maîtriser mon temps de parole		
49 Je sais manier l'ironie mordante		
50 Je suis serviable et facile à vivre ; parfois même je me fais un peu exploiter		
51 J'aime mieux observer que participer		
52 Je préfère être dans la coulisse qu'au premier rang		
53 Je ne pense pas que la manipulation soit une solution efficace		
	Plutôt VRAI	**Plutôt FAUX**
54 Il ne faut pas annoncer trop vite ses intentions, c'est maladroit		
55 Je choque souvent les gens par mes propos		
56 Je préfère être loup qu'agneau		
57 Manipuler les autres est souvent le seul moyen pour obtenir ce que l'on veut		
58 Je sais en général protester avec efficacité, sans agressivité excessive		
59 Je trouve que les problèmes ne peuvent être vraiment résolus sans en chercher les causes profondes		
60 Je n'aime pas me faire mal voir		

Résultats

1. Reportez le numéro des questions pour lesquelles vous avez répondu PLUTOT VRAI et totalisez

2. Reportez ensuite vos résultats sur l'histogramme des attitudes

   - Une colonne > 10 constitue une attitude négative pour les trois dimensions :
     - PASSIF,
     - AGRESSIF,
     - MANIPULATEUR.

   - En revanche la colonne ASSERTIF doit être supérieure à la note 10 pour disposer d'une capacité à transformer toute agressivité ou manifestation en un dialogue.

FUITE PASSIVE		ATTAQUE AGRESSIVE		MANIPULATION		AFFIRMATION DE SOI	
1		4		3		2	
7		6		5		8	
15		10		9		14	
16		11		12		18	
17		20		13		23	
25		21		19		24	
35		29		31		33	
36		30		32		34	
37		39		41		38	
50		40		42		43	
51		48		46		44	
52		49		47		45	
59		55		54		53	
60		56		57		58	
TOTAL : /15		TOTAL : /15		TOTAL : /15		TOTAL : /15	

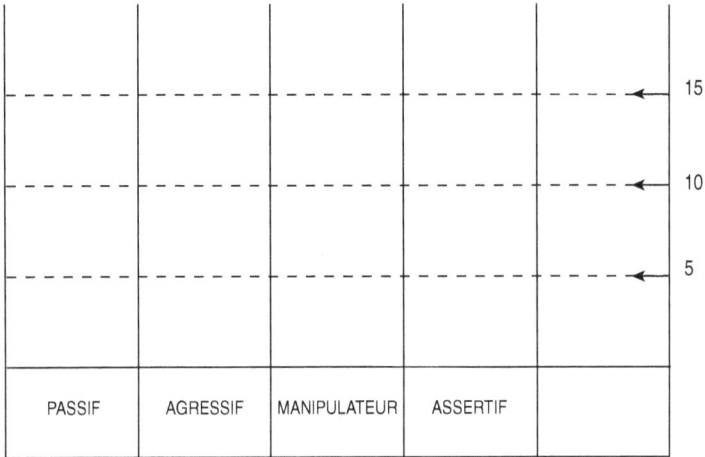

Histrogramme des attitudes

Le style des arguments

A – L'argumentaire général (pour une première affaire)

Nature	Style
– Conditions de règlement :	
• Sûreté du paiement	FACTUEL
• Rapidité du paiement	FACTUEL
• Régularité du paiement	FACTUEL
– Crédibilité de l'entreprise (acheteuse)	JUGE
– Régularité des flux (organisation efficace)	ANALYTIQUE
– Etude précise des programmes (transfert de savoir-faire)	JUGE
– Vitrine de produits	JUGE
– Diversité des produits achetés	JUGE
– Test des produits (l'entreprise acheteuse teste les produits pour l'entreprise vendeuse)	JUGE
– Positionnement du produit (prise de parts de marchés)	ANALYTIQUE
– Référence prestigieuse	JUGE
– Ouverture vers d'autres unités ou divisions du même groupe	JUGE
– Fidélisation des fournisseurs	JUGE
– Rigueur administrative	FACTUEL
– Ouverture vers d'autres produits	JUGE
– Ouverture vers le milieu des mêmes clients (segment identique)	JUGE

B – Argumentaire particulier (pour une affaire quelconque)

Nature	Style
– Marché en progression (quantités ou chiffre d'affaires), voir détails plus loin	ANALYTIQUE
– Marché futur quantifié	ANALYTIQUE
– Augmentation de la durée contractuelle	FACTUEL
– Effet d'expérience (négociation de la pente de diminution des coûts totaux en fonction de la quantité cumulée)	ANALYTIQUE
– Effet d'accoutumance (diminution des temps de fabrication ou durée de la prestation)	ANALYTIQUE
– Gains de productivité et facteurs d'échelle	FACTUEL
– * Gains sur achats (du fournisseur)	ANALYTIQUE
– L'analogie (comparaison à d'autres systèmes)	ANALYTIQUE
– Echéancier de paiements	FACTUEL
– Nouvelle répartition des marchés (augmentation de la part du marché)	ANALYTIQUE
– Impact publicitaire du nouveau produit	JUGE
– Cycle de vie (phase favorable au vendeur)	ANALYTIQUE
– MOTIVATION du fournisseur (analyse stratégique et politique du fournisseur)	ANALYTIQUE
– Position d'exclusivité accordée au fournisseur • sur une pièce • sur une famille de pièces • sur un type d'appareil	FACTUEL
– Evolution des quantités commandées : • par regroupement de pièces similaires • par regroupement des besoins de plusieurs sites • par recherche d'une quantité économique	ANALYTIQUE
– Aide à l'étude du produit • Matière • Forme, dimensions, tolérances • Gammes de fabrication (temps-coût) • Mode d'emballage et de transport	FACTUEL
* Argument très fort dans le cas d'achats de systèmes (obtenir la liste des achats du fournisseur en lui proposant un acompte sur approvisionnement).	

ANNEXE

EXEMPLE DE CONTRAT DE FACILITIES MANAGEMENT

1. Cocontractants
2. Préambule
3. Objet
4. Documents contractuels
5. Prix
6. Durée
7. Transfert et exploitation des applications
8. Conditions d'exécution des prestations
9. Moyens mis en œuvre
10. Personnel
11. Fournisseurs et sous-traitants
12. Comité de suivi
13. Reporting mensuel
14. Évolution
15. Réversibilité
16. Assurances
17. Force majeure
18. Résiliation
19. Loi applicable
20. Règlement des litiges

ANNEXES :
- Liste et processus des applications actuelles
- Maintenance des applications informatiques
- Conditions financières
- Critères qualité, et délai pour l'application du malus
- Description des moyens dédiés

EXEMPLE DE CONTRAT DE FACILITIES MANAGEMENT

1. Cocontractants

Entre la société XX dont le siège social est à ...., représentée par Madame DUPONT, Président du conseil d'Administration ayant tous pouvoirs et ci-après désigné le Client

d'une part.

Et la société YY dont le siège social est à .... représentée par Monsieur SIMON, Directeur Général et ci-après désigné le prestataire

d'autre part.

Il a été convenu ce qui suit.

2. Préambule

La Société XX fabriquant des composants pour l'industrie pharmaceutique a souhaité confier à un prestataire l'exploitation et la maintenance des applications informatiques décrites dans le cahier des charges de l'appel d'offres lancé le ....

À l'issue de cet appel d'offres, elle a retenu la société YY.

Ce dernier, spécialiste des applications informatiques, a convaincu par son professionnalisme et la qualité de sa proposition.

Les deux parties, après avoir convenu d'agir dans la plus parfaite loyauté et dans la perspective de la pérennité de leurs relations, ont arrêté ce qui suit.

3. Objet

Le présent contrat a pour objet de définir les conditions dans lesquelles le prestataire s'engage sous sa responsabilité à réaliser les prestations ci-après :

- Transfert des applications actuelles (et dont la liste est rappelée en annexe) du site du client sur le site du prestataire.
- Exploitation des applications informatiques selon le processus et le calendrier visés en annexe.
- Maintenance des applications informatiques selon processus décrit en annexe.

De plus, le prestataire s'engage à prendre en compte toute nouvelle application informatique après négociation et accord formalisé par un avenant.

4. Documents contractuels

Les prestations, objet du contrat, sont définies par les documents suivants :

- Le présent contrat,
- Les annexes,
- Les conditions générales d'achats.

En cas de contradiction entre les stipulations figurant dans différents documents, l'ordre d'énumération ci-dessus donne l'ordre de primauté des stipulations.

5. Prix

a) Les prix sont définis en annexe. Ils comprennent :

- des prix forfaitaires (exigibles mensuellement),
- des prix d'unités d'œuvre (CPU, Risques, Éditions).

Les factures seront établies mensuellement sur la base des consommations réelles (les justificatifs de celles-ci seront annexés aux factures).

b) Les prix, figurant en annexe, feront l'objet d'une mise à jour annuelle sur la base de la formule ci-après :

$$P1 = P0 \left[0,10 + 0,90 \left(0,70 \frac{Syntec}{Syntec_0} + 0,30 \frac{PSD\ C_0}{PSD\ C_0}\right)\right]$$

Dans cette formule,

P0 = Prix figurant en annexe et tel qu'établi à l'origine.

P1 = Prix mis à jour et applicable en année 2.

$Syntec_0$: Indice salaires des bureaux d'études du mois de signature du contrat.

Syntec : Indice salaires des bureaux d'Études du douzième mois suivant le mois de signature du contrat.

PsdC et $PsdC_0$: indices des produits et services divers C lus aux mêmes périodes que les indices salaires.

Les valeurs retenues sont celles publiées au BOCCRF.

c) Le prestataire s'engage à réaliser chaque année (indépendamment des évolutions technologiques évoquées à l'article Évolution) des gains de productivité de 2 % au minimum par an.

d) La facturation mensuelle est faite en deux exemplaires. Les paiements ont lieu par virement à 30 jours fin de mois d'acceptation de facture (le montant des prestations est arrêté au 30 de chaque mois et la facture est présentée au plus tard le 5 du mois suivant).

e) MALUS

Un malus sera fixé en fonction des critères qualité et délai tels que définis en annexe.

Les valeurs retenues seront entérinées trimestriellement par le comité de suivi.

Le malus sera appliqué sur la facture mensuelle qui sera présentée après diffusion du compte-rendu de réunion du comité de suivi.

Les montants cumulés des malus sont limités à .... % de la valeur annuelle des prestations exécutées.

6. Durée

a) Le contrat conclu par la signature des deux parties prend effet le ….. Il est conclu pour une durée de cinq (5) ans.

Six mois avant le terme du contrat, les parties conviennent de se rencontrer afin d'envisager une poursuite éventuelle de leur collaboration.

b) Le prestataire autorise le client, uniquement à partir de la fin de la troisième année, à arrêter le présent contrat aux conditions cumulatives suivantes :

• Versement d'une indemnité d'arrêt de XXXX.
• Demande d'arrêt avec un préavis de trois (3) mois formulé par lettre recommandée avec accusé de réception.

L'indemnité d'arrêt devra être versée comptant à la date d'arrêt anticipé du contrat.

7. Transfert et exploitation des applications

7.1. Le prestataire procède à l'implantation des applications informatiques du client sur son site d'exploitation. Il exécute le traitement complet d'un jeu d'essai fourni par le client.

Après audit des résultats obtenus, le client, via le comité de suivi, prononce la réception des conditions d'exploitation ainsi externalisées.

7.2. Le prestataire assure, de manière continue, l'exploitation des applications informatiques du client en tenant compte des remarques faites lors de la réception.

8. Conditions d'exécution des prestations

a) Les résultats des traitements exécutés par le prestataire sont contrôlés par le client.

Le comité de suivi fixera à sa première réunion :

* les délais de contrôle en fonction de la périodicité des traitements,
* les délais de reprise des traitements à la charge du prestataire.

b) Le client s'engage à :

* respecter les délais de remise des données,
* vérifier que les données remises sont conformes à leur description figurant en annexe,
* collaborer avec le prestataire afin de mener à bien les prestations qui lui sont confiées.

c) Le prestataire s'engage à :

* respecter les niveaux de performance sur lesquels il est contractuellement engagé,
* informer sans délai le client de tout événement de nature à nuire à la bonne exécution de la prestation,
* maintenir en permanence une possibilité totale de réversibilité,
* proposer au client toute amélioration qui se traduirait soit par une diminution du coût, soit par une amélioration de la qualité,
* assurer la conservation, la sauvegarde et la sécurité des informations contenues dans les documents et fichiers que lui a confiés le client,
* garantir l'exploitation des applications sur un site de secours proposé et accepté par le client.

9. Moyens mis en œuvre

Le prestataire s'engage à consacrer au minimum les moyens décrits en annexe et qu'il a dimensionné selon les besoins exprimés par le client (matériel – logiciels – logistique – personnel).

Les moyens du prestataire pourront évoluer selon les besoins du client, toutefois, le prestataire s'engage à informer préalablement le client en cas de changement notoire dans les moyens mis en œuvre (sans évolution des besoins du client). Ce point peut notamment survenir en cas d'insuffisance temporaire des moyens mis en œuvre par le prestataire.

10. Personnel

a) La loi n° 91-1383 du 31 décembre 1993 met à la charge du client des obligations de contrôle envers ses prestataires. Il appartient à ses derniers préalablement au commencement de l'exécution de ses prestations de fournir :

- l'extrait de l'inscription au registre du commerce et des sociétés (Extrait Kbis),
- l'attestation de fournitures de déclarations sociales émanant de l'organisme de prestations sociales chargé du recouvrement des cotisations incombant au cocontractant et datant de moins d'un an,
- l'attestation sur l'honneur signée par le mandataire social du prestataire certifiant que le travail sera réalisé avec des salariés régulièrement employés au regard du Code du travail.

b) Les parties s'engagent réciproquement, sauf accord préalable écrit de l'autre partie, à ne pas débaucher, embaucher ou faire travailler toute personne ayant travaillé directement sur le présent contrat et ce pendant toute la durée de validité du contrat et deux (2) ans après l'expiration de celui-ci.

11. Fournisseurs et sous-traitants

Pour les fournitures achetées sur catalogues, le prestataire pourra faire appel à tout fournisseur qu'il jugera utile.

Au cas où le prestataire envisagerait de sous-traiter une partie des prestations qui lui sont confiées par le présent contrat, il devra, au préalable, obtenir un accord écrit du client.

Dans tous les cas, le prestataire est pleinement responsable vis-à-vis du client de toute défaillance (ou faute) des fournisseurs et sous-traitants concernés.

12. Comité de suivi

Pour garantir une étroite collaboration, il est constitué un comité de suivi comprenant :

- pour le client : le responsable du projet et un représentant du client ;
- pour le prestataire : le chef du projet et le responsable d'exploitation.

Ce comité se réunit au moins une fois par trimestre (dans le mois qui suit le trimestre civil).

Ce comité a pour finalité :

- de contrôler le bilan de la période écoulée,
- de mesurer la qualité des prestations exécutées,
- de préconiser les évolutions techniques et d'exploitation (matériel, logiciels),
- d'entériner les avenants résultant de l'évolution des prestations.

Le prestataire, au maximum quinze jours après la réunion, établit un compte-rendu qui sera soumis au client pour approbation.

13. Reporting Mensuel

Le prestataire s'engage à remettre mensuellement au client des états économiques décrivant le suivi de l'activité.

Ces états devront notamment permettre au client d'effectuer les imputations budgétaires correspondant aux prestations effectuées.

De plus, le prestataire fournira, dans le cadre de la réversibilité, chaque trimestre une copie des systèmes et sous-systèmes d'exploitation, des procédures d'exploitation, des programmes en code source, des fichiers et des bases de données relatives aux applications informatiques du client.

14. Évolution

Le contrat étant un contrat à obligation de résultat, le prestataire a une obligation de conseil auprès du fournisseur notamment pour l'optimisation des moyens nécessités par l'évolution des besoins du client.

En outre, le prestataire s'engage à faire bénéficier le client de toute évolution technologique majeure dans le domaine de l'objet du contrat.

Ces évolutions sont exclusives des gains de productivité (vus à l'article prix) : elles ont été forfaitées, d'un commun accord, à 10 % par période triennale.

15. Réversibilité

Le prestataire s'engage à assurer une réversibilité globale et totale du processus afin de permettre au client de reprendre l'exploitation des applications soit par ses propres moyens, soit par une autre sous-traitance.

Le prestataire ne pourra modifier le système ou les procédures d'exploitation sans accord préalable écrit du client.

16. Assurances

Le prestataire s'engage, par la signature du présent contrat, à souscrire et à maintenir, pendant la durée du contrat, une assurance « responsabilité civile professionnelle ».

17. Force Majeure

Outre les cas de phénomènes imprévisibles, irrésistibles et extérieurs tels que définis par la jurisprudence, les cas de force majeure seront reconnus si :

- il y a blocage des télécommunications,
- il y a non-fonctionnement des applications du client (si ce dernier en assure la maintenance).

Dès la survenance de l'événement, le prestataire en informe le client par lettre recommandée avec accusé de réception.

Il lui indique les mesures conservatrices qu'il a adoptées, la durée estimée de l'empêchement et le caractère provisoire ou définitif de ce dernier.

Le prestataire autorise le client à faire appel à un tiers pour assurer l'exécution des prestations ; à ce titre, le prestataire s'engage à collaborer de manière loyale et à remettre au tiers désigné tous les fichiers et programmes.

Si l'interruption est supérieure à XXX jours, le présent contrat pourra être résilié par le client sans que le prestataire puisse prétendre à des dommages et intérêts.

18. Résiliation

En cas de manquement du prestataire à l'une des quelconques obligations essentielles du présent contrat, le client, par lettre recommandée avec accusé de réception signifiera au prestataire la résiliation du contrat sous réserve de tous dommages et intérêts qu'il pourrait obtenir pour le préjudice subi du fait de cette résiliation.

19. Loi applicable

Le présent contrat est soumis à toutes les dispositions du droit français (sauf application de la convention internationale sur les ventes de marchandises dite convention de Vienne).

La langue du contrat et de ses annexes est la langue française. Les documents originellement établis dans la langue étrangère devront être communiqués au client dans leur version d'origine et dans une version française.

Si l'une des dispositions du présent contrat devenait nulle au regard du droit français, elle serait réputée non écrite mais ne saurait entraîner la nullité du contrat.

Le fait que l'une des parties n'ait pas exigé l'application d'une clause du contrat, que ce soit de manière temporaire ou permanente ne pourra en aucun cas être considéré comme une renonciation à ladite clause.

Les dispositions du présent contrat ne peuvent être modifiées que par voie d'avenants signés par les deux parties.

Le présent contrat annule tous documents antérieurs propres à l'une ou l'autre des parties et notamment les conditions générales d'achats et de ventes.

20. Règlement des litiges

Les parties conviennent de régler à l'amiable tout différend qui pourrait survenir quant à l'existence, la validité, l'exécution et la résiliation du présent contrat. À défaut, le litige serait soumis au tribunal de commerce de Nanterre.

5
Les aspects juridiques de la sous-traitance

LE CADRE LÉGAL DE LA SOUS-TRAITANCE

La sous-traitance est un terme du langage économique usuel ; pourtant, à y regarder de plus près, la terminologie est variable selon les utilisateurs du concept. Nous préciserons donc ci-après les approches comptable, fiscale, sémantique et légale.

a) Approche comptable

Un des aspects qui touche à l'acte d'achats est la comptabilisation de la facture des fournisseurs.

Précisons tout d'abord que les dettes sont toutes inscrites dans un compte de tiers portant le numéro 401 « fournisseurs ».

Tout au plus le plan comptable distingue-t-il :

4011. Fournisseurs – Achats de biens ou de prestations de services.
et
4041. Fournisseurs – Achats d'immobilisations.

Nous allons donc nous tourner vers le compte de charges pour voir apparaître le terme sous-traitance (rappelons aux acheteurs que le principe comptable de la partie double consiste à enregistrer un fait économique : une facture fournisseurs à la fois dans un compte de tiers (c'est la dette que l'on a à l'égard du fournisseur et qui figure au passif du bilan) et dans un compte de charges (qui est l'une des composantes du compte de résultat).

Les définitions sont les suivantes :

compte 604 : Achats d'études et prestations de services
Compte 605 : Achats de matériel, équipements et travaux.

Le commentaire du plan comptable indique : sont imputés dans ces deux comptes « les achats lorsqu'ils sont incorporés directement aux ouvrages, travaux et produits fabriqués ».

Des pièces fabriquées, selon spécifications et plans définis par l'acheteur, rentrent dans cette catégorie (les commentateurs indiquent qu'il s'agit de la sous-traitance industrielle qui entre dans le coût direct de production), mais un logiciel spécifique qui sera incorporé au produit fini par l'entreprise de l'acheteur constitue aussi un achat de sous-traitance.

Par contre, les achats de sous-traitance autres que ceux inscrits aux comptes 604 et 605 constituent la **sous-traitance générale** (compte 611) ; c'est le cas d'études ou de prestations destinées aux besoins internes de l'entreprise.

De plus, le plan comptable utilise d'autres comptes recouvrant le concept économique de sous-traitance.

Le compte 615 « Entretien et réparations » se décompose en :

6152. Entretien et réparations sur biens immobiliers.
6155. Entretien et réparations sur biens mobiliers.
6156. Maintenance.

Le compte 628 : Autres services extérieurs – Divers

comprend par exemple, le gardiennage.

b) Approche fiscale

Nous avons utilisé à plusieurs reprises le mot prestations, or le terme est défini dans le Code général des impôts : les prestations de services recouvrent les opérations autres que les livraisons de biens meubles corporels (ceux-ci sont ainsi définis : toute opération emportant le transfert du pouvoir de disposer d'un bien meuble corporel comme un propriétaire ; il faut noter que, depuis 1993, les opérations de façon ne sont plus considérées comme des prestations de services, mais comme des biens meubles corporels. Pour l'administration fiscale, le travail à façon est défini comme la remise à son client par l'entrepreneur de l'ouvrage d'un bien meuble qu'il a fabriqué ou assemblé au moyen de matières ou d'objets que le client lui a confiés à cette fin).

Les prestations (au sens fiscal) comprennent notamment :

• Locations de biens meubles corporels ou d'immeubles.
• Transports de marchandises.
• Travaux immobiliers.

- Réparations.
- Travaux d'études, de recherche, d'expertise.
- Cessions ou concessions de biens meubles incorporels (droits, brevets, marques, savoir-faire...).
- Fournitures de logiciels lorsque ceux-ci constituent seulement le support matériel des travaux d'études particuliers nécessités par leur conception ou leur adaptation aux besoins spécifiques de l'entreprise (en revanche, la vente en série de logiciels procède de la livraison de biens meubles corporels).

c) Approche sémantique

La notion de sous-traitance (hormis la loi du 31 décembre 1975) n'est pas définie ; par contre, il est fréquent d'utiliser en lieu et place « prestations de services » et « contrat d'entreprises ».

Le mot « prestations » a déjà été évoqué dans l'approche fiscale ; il signifie « action de fournir ». Il est souvent associé à « service » dans « prestations de services ». Dans la pratique on peut fournir des services (main-d'œuvre, savoir-faire, industrie) mais aussi des produits, donc la précision de vocabulaire n'est pas inutile, elle permet surtout d'opposer l'obligation de livrer (contrat de ventes) à l'obligation de faire (contrat de louage) explicitée ci-dessous.

Ces prestations de services sont regroupées dans le Code civil au chapitre « louage d'ouvrage et d'industrie » dans lequel on retrouve notamment (article 1779 du Code civil) :

- le louage des gens de travail qui s'engagent au service de quelqu'un (c'est aujourd'hui le contrat de travail),
- le louage de transports,
- le louage par suite d'études, devis ou marchés.

Dans ce dernier cas, l'article 1787 du Code civil précise d'ailleurs : « lorsqu'on charge quelqu'un de faire un ouvrage, on peut convenir qu'il fournira seulement son travail ou son industrie ou bien qu'il fournira aussi la matière ».

On retrouve donc bien dans la rédaction du Code civil cette notion de fournir son travail ou son industrie (d'après le dictionnaire *Petit Robert,* l'industrie c'est l'habileté à exécuter quelque chose, les synonymes étant : ingéniosité, invention, savoir-faire).

Il y a donc bien coïncidence entre la pratique utilisant le mot « prestations » de manière très générale et le droit à travers les contrats de « louage d'ouvrage et d'industrie ».

Quant au contrat d'entreprise, c'est la jurisprudence de l'application de l'article 1787 qui le définit:

- Le contrat d'entreprise est la convention par laquelle une personne charge un entrepreneur d'exécuter en toute indépendance un ouvrage.
- Le contrat d'entreprise est un contrat consensuel qui n'est soumis à aucune forme déterminée; l'établissement d'un devis descriptif n'est donc pas nécessaire à son existence.
- L'accord préalable sur le coût des travaux n'est pas un élément essentiel d'un contrat de louage d'ouvrage.

En conclusion, la sous-traitance, dans son acception la plus générale peut se définir par l'article 1710 du Code civil: « le louage d'ouvrage est un contrat par lequel l'une des parties s'engage à faire quelque chose pour l'autre, moyennant un prix convenu entre elles ».

d) Approche législative

C'est une loi de circonstance (31 décembre 1975) votée après une impressionnante série de dépôts de bilan consécutifs à la défaillance d'un entrepreneur général, lui-même fournisseur de l'État qui a permis au législateur de donner une définition légale de la sous-traitance.

La loi du 31 décembre 1975

Dispositions générales

Dans le Code civil, cette loi est insérée à la suite de l'article 1799; elle présente trois caractéristiques:

1. Elle donne une définition générale de la sous-traitance orientée sur le personnage principal de la loi: l'entrepreneur principal (le fournisseur, dans le langage courant de l'acheteur).

Le schéma 5.1 présente les acteurs conformément à l'article 1 de la loi.

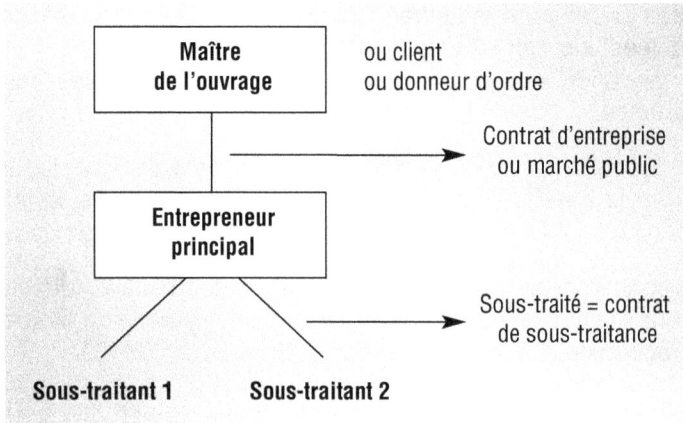

Figure 5-1 • L'article 1799 sur la sous-traitance

Cet article premier appelle plusieurs remarques :

- La loi, dans cette définition, ne fait pas de distinction selon le niveau de sous-traitance (sous-traitance en « cascade »).
- Si le contrat principal est obligatoirement un contrat d'entreprise (louage), le contrat de sous-traitance doit lui aussi être un contrat d'entreprise (et donc pas un contrat de ventes au sens du Code civil).
- La définition est applicable que le maître d'ouvrage soit public ou privé (attention, par conséquent, aux acheteurs situés chez l'entrepreneur principal et pour lesquels les sous-traitants pourraient demander l'application de la loi, notamment au titre du paiement direct).

Il faut d'ailleurs préciser que la loi (article premier) parle de contrat d'entreprise ou marché public (ce dernier concept est beaucoup plus large que le contrat d'entreprise du droit privé puisqu'il recouvre travaux, fournitures et services). Le code des marchés publics a cependant repris la sous-traitance dans son article 2 en évoquant uniquement les marchés ayant le caractère de contrat d'entreprise.

2. L'article 3 définit les obligations de l'entrepreneur principal vis-à-vis du maître de l'ouvrage (c'est d'ailleurs l'un des points faibles de la loi qui met à la charge de l'entrepreneur principal des obligations qui constituent pour lui des contraintes et même des entraves à la libre gestion de ses moyens de production).

Ces obligations sont au nombre de trois :

- acceptation du sous-traitant,
- agrément des conditions de paiement

(modalités et dates de règlement, indication sur l'évolution des conditions économiques, instrument de paiement),
• sur demande du maître de l'ouvrage, communication des contrats de sous-traitance.

3. Le but essentiel de la loi, assurer et garantir le paiement des sous-traitants pour le travail fait, est poursuivi à travers deux titres, le titre II et le titre III.

Le titre II concerne les marchés publics et conduit à payer directement le sous-traitant, l'entrepreneur principal conservant, vis-à-vis du maître de l'ouvrage, la responsabilité globale de l'ouvrage.

Nous ne développerons pas les conditions d'application de ce titre II, car nous nous intéressons ici, plus particulièrement aux contrats privés. Cependant, il faut savoir que c'est ce titre qui, aujourd'hui, fonctionne le mieux (ou le moins mal).

Le titre III « de l'action directe » s'applique à tous les contrats privés (et aux achats publics dont le montant est inférieur à 600 €).

Ce titre comprend, deux volets : l'un préventif, l'autre curatif.

Aspect préventif

L'entrepreneur principal doit garantir les paiements des sous-traitants en leur remettant une caution bancaire ; cette caution n'a pas lieu d'être si l'entrepreneur principal délègue le maître de l'ouvrage pour le paiement des sous-traitants.

Dans le cas de la caution, le maître d'ouvrage n'a pas connaissance de celle-ci (il n'est pas parti à la transaction) sauf pour les contrats de travaux de bâtiment et de travaux publics (voir ci-après) ; par contre, s'il y a délégation de paiement (très rare en pratique aujourd'hui), le maître d'ouvrage sera informé de l'existence de sous-traitants et pourra mettre l'entrepreneur principal en demeure de faire face à ses obligations (point 2, ci-dessus).

Aspect curatif

C'est lorsque le sous-traitant n'a pas été payé par l'entrepreneur principal qu'il peut entreprendre une action directe contre le maître d'ouvrage (la loi précise : « ... si l'entrepreneur principal ne paie pas, un mois après en avoir été mis en demeure, le sous-traitant a une action directe contre le maître de l'ouvrage... »).

Pendant dix ans, les maîtres d'ouvrage privés ont pu ignorer l'existence officielle des sous-traitants puisque les obligations concernaient essentiellement l'entrepreneur principal.

Le complément apporté par l'article 14-1, bien qu'il vise **les contrats de travaux de bâtiment et de travaux publics**, met en cause en ces termes le maître de l'ouvrage : « s'il a connaissance de la présence d'un sous-traitant n'ayant pas fait l'objet des obligations définies par la loi » (point 2 ci-dessus), ce complément lui impose de mettre en demeure l'entrepreneur principal soit de déléguer le paiement, soit de présenter la caution garantissant le paiement.

Il est clair, à ceci près qu'il faut interpréter la notion de travaux de bâtiment et de travaux publics, que le législateur a voulu renforcer le contrôle du recours à la sous-traitance en forçant le maître de l'ouvrage à se préoccuper du traitement de cette sous-traitance, étant entendu que la responsabilité économique et technique reste entièrement à la charge de l'entrepreneur principal.

On va voir, en évoquant deux autres textes (sécurité et travail clandestin) que la philosophie des pouvoirs publics est convergente dans le domaine du traitement législatif de la sous-traitance.

Les textes sur l'hygiène et la sécurité

Nous voulons simplement attirer l'attention des acheteurs[1] sur le décret n° 92-158 du 20 février 1992 fixant les prescriptions particulières d'hygiène et de sécurité applicables aux travaux effectués dans un établissement par une entreprise extérieure (complété par l'arrêté du 19 mars 1993 : liste des travaux dangereux). Dans ce texte (article R 237-4 du Code du travail), il est précisé : « Les chefs d'entreprises extérieures doivent faire connaître par écrit à l'entreprise utilisatrice (le client, l'acheteur, le donneur d'ordre), le nom et la qualification de la personne chargée de diriger l'intervention. Ils sont également tenus de lui faire connaître les noms et références de leurs sous-traitants le plus tôt possible et en tout état de cause avant le début des travaux dévolus à ceux-ci... ».

Dans la pratique, il appartiendra à l'acheteur de faire référence à ce décret dans le contrat. Les fonctions « maintenance – travaux neufs » ou « qualité – sécurité – environnement » ou « services généraux » étant chargées de sa mise en œuvre.

---

1. Ce texte est analysé dans *Maintenance et travaux neufs – Les règles de la sous-traitance*, Yves Lavina et Jean-Michel Loubère, Les Éditions d'Organisation, Paris, 2ᵉ tirage, 1995.

Il faut noter que :

- le décret ne fait pas de distinction sur :
  - le niveau des sous-traitants (il y a donc application même quand il y a sous-traitance en cascade),
  - la nature des travaux : toute entreprise intervenant pour quelque motif que ce soit est tenue à l'application du texte (nettoyage, maintenance, prestations informatiques, travaux immobiliers et industriels, ...),

- le décret applique la même philosophie que celle de la loi de 1975 « entreprise principale dans la loi, les entreprises extérieures dans le décret doivent faire connaître leurs sous-traitants » ;
- le décret est inséré dans le Code du travail et les sanctions applicables sont celles prévues par la loi 76-1106 du 6 décembre 1976 relative au développement de la prévention des accidents du travail.

Dans certains cas, l'acheteur devra tenir compte des dispositions récentes applicables aux opérations de bâtiment et génie civil. Ces dispositions sont issues de la loi n° 93-1418 du 31 décembre 1993 (dispositions du Code du travail applicables aux opérations de bâtiment et de génie civil en vue d'assurer la sécurité et de protéger la santé des travailleurs et transposant une directive du conseil des communautés européennes n° 92-57 du 24 juin 1992), relative aux prescriptions minimales de sécurité et de santé à mettre en œuvre sur les chantiers temporaires ou mobiles.

Cette loi a été complétée dans le domaine réglementaire par un décret n° 94-1159 du 26 décembre 1994 concernant l'organisation de la coordination.

Les textes peuvent notamment conduire l'acheteur à conclure des contrats de prestations ayant trait à la coordination en matière de sécurité et de protection de la santé des travailleurs sur les chantiers.

Le travail clandestin

La lutte contre le travail clandestin a été renforcée par les dispositions de la loi n° 911383 du 31 décembre 1991 et du décret n° 92-508 du 11 juin 1992. Ces textes sont eux aussi incorporés au Code du travail.

Pour l'acheteur, c'est l'article L. 324-14 qu'il importe de connaître :

« Toute personne qui ne s'est pas assurée, lors de la conclusion d'un contrat dont l'objet porte sur une obligation d'un montant au moins égal à 3 000 € en vue de l'exécution d'un travail, de la fourniture d'une prestation de services ou de l'accomplissement d'un acte de commerce, que son contractant s'acquitte de ses obligations au regard de l'article L. 324-10 (...) sera tenue solidairement avec le travailleur clandestin (...) au paiement des impôts, taxes et cotisations obligatoires dus par celui-ci au Trésor ou aux organismes de protection sociale ... ».

Le décret d'application (article R 324-4) indique que le cocontractant s'acquitte de ses obligations s'il se fait remettre par le fournisseur :

• dans tous les cas, l'un des documents suivants :

 – attestation de fourniture de déclarations sociales, émanant de l'organisme de protection sociale chargé du recouvrement des cotisations sociales incombant au cocontractant et datant de moins d'un an ;
 – avis d'imposition afférent à la taxe professionnelle pour l'exercice précédent ;

• lorsque l'immatriculation du cocontractant au registre du commerce ou au répertoire des métiers est obligatoire, l'un des documents suivants :

 – un extrait de l'inscription au registre du commerce et des sociétés (K ou K bis) ;
 – une carte d'identification justifiant de l'inscription au répertoire des métiers.

Un risque de dérive dans la sous-traitance : LE MARCHANDAGE.

Nous évoquons dans les points-clés d'un contrat de sous-traitance, parmi les formes de rémunération : les DÉPENSES CONTRÔLÉES.

Cette forme se rencontre aussi bien dans la maintenance que dans les prestations intellectuelles (Bureau d'études, informatique ou dans la sous-traitance de certaines phases du processus de fabrication) (par exemple : emballage, conditionnement et même manutention).

Historiquement, les dépenses contrôlées étaient utilisées pour des travaux aléatoires dans lesquels il apparaissait illusoire de vouloir une quelconque forfaitisation. La pratique de ces dépenses contrôlées était donc exceptionnelle.

En outre, il était clair que pour un acheteur, le système était économiquement peu intéressant puisque l'on réglait des unités d'œuvre soit :

 – Taux horaire (ou à la journée) pour la main-d'œuvre et le matériel.
 – Coefficient de peines et soins (coût d'approvisionnement) sur les prix d'achat des fournitures et composants mis en œuvre.

Et qu'il n'y avait aucune prise en compte de la productivité (c'est-à-dire aucun rapport entre les unités d'ouvrage produites et les consommations de moyens de production).

Ce mécanisme connaît, cependant, un succès qui ne se dément pas et ceci pour au moins deux raisons :

- – Il évite une quelconque préparation du travail ; il suffit d'utiliser les moyens nécessaires et d'en demander l'allocation aux fournisseurs (en qualité et en volume).
- – Il constitue un substitut à l'utilisation de personnel de l'entreprise utilisatrice notamment si cette dernière entend conduire une politique forte de flexibilité des moyens de production.

C'est à partir de ce contrat que le délit de marchandage peut apparaître et ce sur la base de deux articles du Code du travail :

Article L. 125-1 : Toute opération à but lucratif de fourniture de main-d'œuvre qui a pour effet de causer un préjudice au salarié qu'elle concerne ou d'éluder l'application des dispositions de la loi de règlement ou de convention ou accord collectif de travail ou « Marchandage » est interdite.

Article L. 125-3 : Toute opération à but lucratif ayant pour objet exclusif le prêt de main-d'œuvre est interdite, dès lors qu'elle n'est pas effectuée dans le cadre des dispositions du Code du travail relatives au travail temporaire.

Remarque : Les infractions sont punies d'un emprisonnement de deux ans et d'une amende de 30 000 € (ou de l'une de ces deux peines seulement).

Avant d'évoquer les circonstances d'apparition de ce délit, il faut préciser que le prêt de main-d'œuvre à but **NON** lucratif est licite : « Le prêt de main-d'œuvre n'est pas lucratif du moment que la rémunération versée à l'entreprise fournisseuse correspond aux salaires, aux charges sociales ainsi qu'éventuellement aux frais de gestion » (Cour de cassation – Chambre sociale – 1990).

1. Conditions d'apparition

Elles sont multiples mais on peut citer les plus fréquentes :

- • Accident de travail grave,
- • Rupture du contrat entre le fournisseur et son client (voir contrats de « Facilities Management »),
- • Action spontanée de l'inspection du travail, notamment lors des plans sociaux,
- • Prise de conscience d'un écart de statut entre les salariés du fournisseur et ceux du client.

2. Qualification du contrat

Le contrat de prestations de services à but lucratif est licite alors même que son exécution suppose la présence de salariés de l'entreprise prestataire de services dans l'entreprise bénéficiaire de la prestation.

La difficulté consiste à distinguer, dans la pratique, la véritable prestation de services de celle qui masque une fourniture prohibée de main-d'œuvre à but lucratif. La qualification donnée par les cocontractants ne lie pas le juge qui recherche, à partir, des constatations de fait quelle est la véritable nature du contrat litigieux.

Il faut donc que :

- La prestation soit <u>spécifique</u> (ex. : maintenance d'un équipement de production).
- La prestation soit <u>homogène</u> (maintenance électrique par une entreprise extérieure, et maintenance mécanique par exemple, par l'entreprise cliente).
- La prestation soit <u>complète,</u> elle porte sur le matériel et le personnel qui le fait fonctionner (dans des cas particuliers : manutention lourde, utilisation de matériel spécifique au métier du client, on peut admettre que le matériel utilisé pour réaliser la prestation soit celui du client).

De ceci, il ressort que :

- le prestataire est tenu par un résultat à atteindre, peu importe les moyens qu'il devra mettre en œuvre.

3. Formalisme à respecter

- Tout d'abord, il n'y a contrat d'entreprise que si la prestation est exécutée en toute <u>indépendance.</u> Pendant longtemps, les tribunaux ne se sont attachés qu'à <u>l'indépendance technique</u> (d'où la remarque vue ci-dessus sur le matériel).
- Mais aujourd'hui, ils étendent cette notion à <u>l'indépendance économique,</u> c'est-à-dire que le contrat liant un fournisseur à un client pourrait être requalifié.
- L'acte de commande doit toujours précéder le début de l'exécution de la prestation, il doit être systématiquement écrit.
- Ceci est particulièrement important lorsque l'acheteur a conclu une convention (ou un accord cadre) avec un fournisseur, les ordres d'exécution étant transmis par l'utilisateur au fournisseur (par exemple sous forme de bons d'intervention).
- Si une indexation est prévue, elle doit exclure la référence exclusive à la main-d'œuvre et revêtir une forme telle que :

$$0,75 \frac{IME}{IME_0} + 0,25 \frac{PSD\ B_0}{PSD\ B_0} \qquad ou \qquad 0,70 \frac{Syntec}{Syntec_0} + 0,30 \frac{PSD\ C_0}{PSD\ C_0}$$

- Dans la rédaction du contrat, des termes tels que :

« prestataires divers » ou « Mise à disposition de ..... (telle ou telle qualification) » sont à prohiber.

Enfin, l'acheteur, lors de l'évaluation (ou agrément) du fournisseur devra s'assurer que l'objet social du fournisseur contient bien la description des prestations qu'il envisage de lui confier.

4. Exécution et facturation du contrat

- Comme nous l'avons indiqué ci-avant, le fournisseur doit avoir son matériel propre et toute intervention doit avoir fait l'objet d'un bon de commande écrit.

Remarque : S'il est envisagé de fournir des locaux aux fournisseurs, il faut établir un contrat de location à titre onéreux, ce qui permet de mettre à la charge du fournisseur les risques afférents au matériel et aux locaux (le fournisseur devient gardien de la chose).

- Il est nécessaire que le personnel d'exécution du fournisseur soit placé sous le commandement propre de ce dernier (il faut donc que l'encadrement soit assuré par une personne ayant une qualification adéquate).

- Enfin, la facturation ne doit jamais faire apparaître des noms, des horaires, toutes qualifications entraînant une présomption de marchandage.

En conclusion, il faut insister sur le fait que c'est le <u>recours continu et durable</u> au prêt de main-d'œuvre qui amène le délit ; il faut, à cet effet, rapprocher cette notion de ce qui est prévu pour le recours au travail temporaire (à savoir, une durée totale y compris le renouvellement ne pouvant excéder 18 mois).

Conseils à l'acheteur

Il faut pouvoir insérer dans les contrats, les deux clauses suivantes :

Clause n° 1

« Le prestataire ne pourra sous-traiter l'exécution de certaines parties de son contrat qui lui est confié qu'à la condition d'avoir obtenu de l'acheteur (le donneur d'ordres) une acceptation écrite et expresse de chaque sous-traitant et ce préalablement à tout début d'intervention.

Il pourra être tenu de communiquer à l'acheteur les contrats de sous-traitance et notamment les modalités de règlement, instrument de paiement et date de règlement.

Il s'engage dans ce cas à faire respecter à ses sous-traitants les prescriptions du décret du 20 février 1992. »

Clause n° 2

« Pour les prestations d'un montant égal ou supérieur à 3 000 euros, le prestataire s'engage à fournir à l'acheteur (au donneur d'ordre), préalablement à la signature du contrat, les documents prévus par la loi du 31 décembre 1991 et le décret du 11 juin 1992 relatifs à la lutte contre le travail clandestin.

La non-fourniture de ces documents pourra entraîner la résolution du contrat ou la suspension du paiement d'une éventuelle avance à la commande. »

L'acheteur devra clairement identifier la situation de son fournisseur selon l'une des quatre dispositions schématisées dans la figure 5.2 ; cette clarification lui facilitera la rédaction du contrat.

Cas des travaux immobiliers

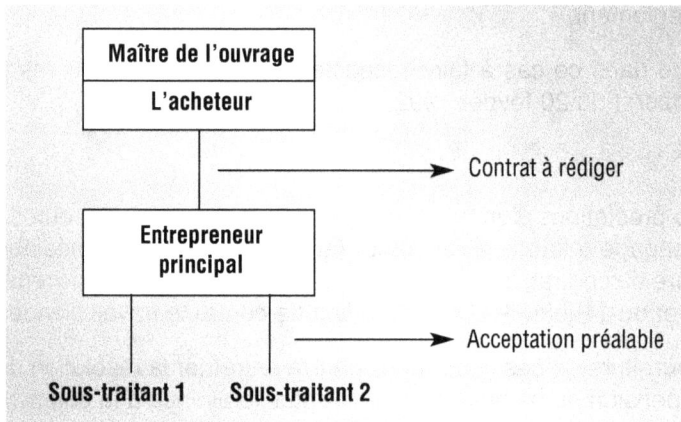

Maître de l'ouvrage
L'acheteur

→ Contrat à rédiger

| Entrepreneur principal |

→ Acceptation préalable

Sous-traitant 1   **Sous-traitant 2**

Cas des prestations effectuées sur le site de l'acheteur

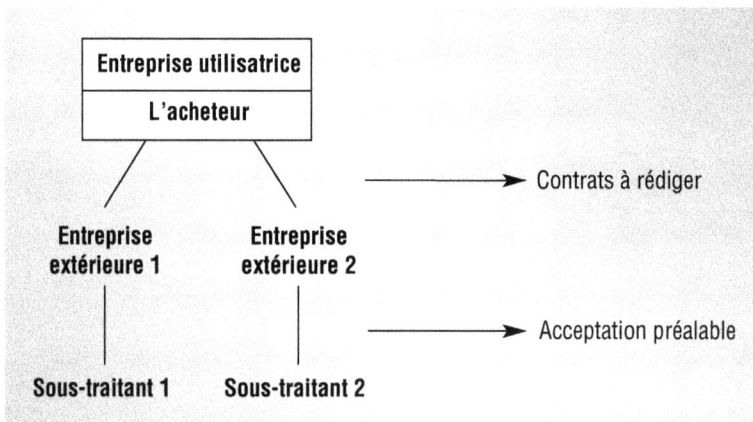

Entreprise utilisatrice
L'acheteur

→ Contrats à rédiger

Entreprise extérieure 1   **Entreprise extérieure 2**

→ Acceptation préalable

Sous-traitant 1   **Sous-traitant 2**

.../...

.../...

**Cas des prestations effectuées (pièces fabriquées)
sur le site du fournisseur**

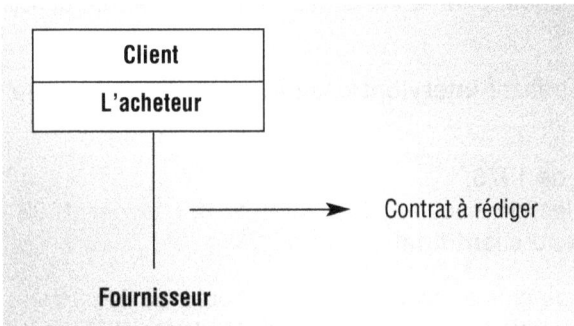

```
┌─────────────────┐
│     Client      │
├─────────────────┤
│   L'acheteur    │
└─────────────────┘
         │
         │         ──────────▶  Contrat à rédiger
         │
   Fournisseur
```

Dans ce cas, la situation est très voisine des contrats de ventes (produits catalogues), on peut néanmoins, par le biais de l'assurance de la qualité, avoir certaines exigences à l'égard du fournisseur.

En effet, la norme ISO 9001 indique au chapitre 4 Achats :

   46.2 Évaluation des sous-traitants.

«Le fournisseur doit sélectionner ses sous-traitants sur la base de leur aptitude à satisfaire aux exigences de la sous-commande, lesquelles incluent des exigences relatives à la qualité.

Le fournisseur doit établir et tenir en permanence des enregistrements concernant les sous-traitants acceptables... ».

Cas des prestations effectuées sur le site du client final

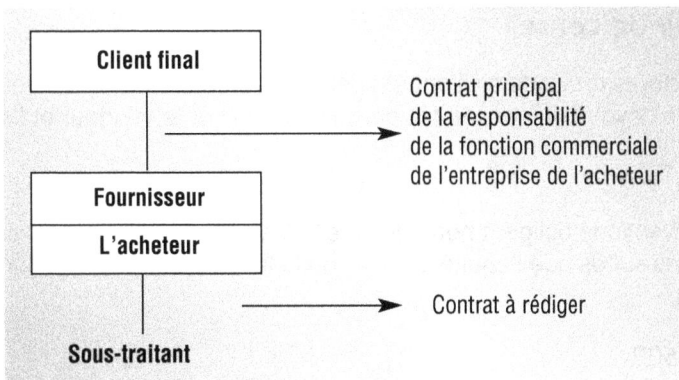

```
┌─────────────────┐
│   Client final  │
└─────────────────┘
         │
         │         ──────────▶  Contrat principal
         │                      de la responsabilité
┌─────────────────┐             de la fonction commerciale
│   Fournisseur   │             de l'entreprise de l'acheteur
├─────────────────┤
│   L'acheteur    │
└─────────────────┘
         │
         │         ──────────▶  Contrat à rédiger
         │
   Sous-traitant
```

Figure 5-2 • Différentes situations juridiques

➠ Si le sous-traitant **n'intervient pas chez le client final**, seules les prescriptions en matière de qualité peuvent être imposées (l'acceptation préalable du sous-traitant peut également l'être mais son application sera, dans la pratique, pour le client final, particulièrement difficile à mettre en œuvre).

➠ Si le sous-traitant **intervient chez le client final**, il pourra y avoir application :

- de la loi de 1975,
- des règles de sécurité du décret du 20 février 1992 **et de celles propres au client final**.

Nota : le cas, de plus en plus fréquent, est celui où l'on achète la fabrication d'un sous-ensemble (selon spécifications et plans) et la pose (essais, tests) de celui-ci chez le client final.

Dans ce cas, l'acheteur devra avoir connaissance des obligations contenues dans le contrat client afin de pouvoir les répercuter dans le contrat de sous-traitance qu'il lui appartient de rédiger (exemple classique : les pénalités diverses).

LE DEVOIR DE CONSEIL – LES OBLIGATIONS DE MOYENS ET DE RÉSULTATS

L'obligation de conseil doit clairement ressortir de la rédaction du contrat de sous-traitance et nous allons justifier ce point. Quant aux obligations du sous-traitant (moyens ou résultat), il faut non seulement que la qualification apparaisse mais surtout que tout soit mis en œuvre pour que le résultat à atteindre soit mesurable de manière indiscutable.

Le devoir de conseil

Les rédacteurs du Code civil ont été dans ce domaine des précurseurs éclairés sur les devoirs de conseil réciproque pesant sur le vendeur et l'acheteur.

Article 1135

« Les conventions obligent non seulement à ce qui est exprimé, mais encore à toutes les suites que l'équité, l'usage ou la loi donnent à l'obligation d'après sa nature. »

Article 1602

« Le vendeur est tenu d'expliquer clairement ce à quoi il s'oblige. Tout pacte obscur ou ambigu s'interprète contre le vendeur. »

L'obligation de conseil est bornée par deux limites :

- Si l'acheteur ne suit pas les conseils et recommandations qui lui ont été donnés par le vendeur, la responsabilité de ce dernier ne pourra être recherchée.
- Si l'acheteur ne fournit aucun des renseignements qui lui ont été demandés par son cocontractant, aux fins de permettre à ce dernier de donner tout conseil utile, la responsabilité du vendeur ne pourra être mise en jeu.

La jurisprudence, sur cette obligation de conseil, se trouve dans les commentaires de l'article 1147 concernant l'obligation de résultat (que nous verrons plus loin). On peut par exemple citer :

« Le fabricant d'un produit doit fournir tous les renseignements indispensables à son usage et notamment avertir l'utilisateur des précautions à prendre lorsque le produit est dangereux » (Cour de Cassation – 1982).

« L'obligation de renseigner le client sur les précautions à prendre dans la manipulation d'un appareil incombe au vendeur, et non pas, sauf circonstances particulières, au réparateur » (Cour de Cassation – 1986).

« Il appartient au vendeur professionnel de matériaux, acquis par un acheteur profane de le conseiller et de le renseigner, et notamment d'attirer son attention sur les inconvénients inhérents à la qualité du matériau choisi par le client, ainsi que sur les précautions à prendre pour sa mise en œuvre compte tenu de l'usage auquel ce matériau est destiné » (Cour de Cassation – 1985).

On peut résumer ainsi ce devoir de conseil :

Chose non dangereuse, le vendeur doit :

- avec un acheteur non professionnel :
  transmettre les informations ;

- avec un acheteur professionnel :
  il appartient à ce dernier de se renseigner soi-même.

Chose dangereuse, le vendeur doit :

- avec un acheteur non professionnel :
  transmettre la mise en garde ;

- avec un acheteur professionnel :
  transmettre les informations.

Chose complexe, le vendeur doit :

> - avec un acheteur non professionnel :
>   transmettre les conseils ;
>
> - avec un acheteur professionnel :
>   dialoguer pour bien cerner les véritables besoins.

Conseil à l'acheteur : il est indispensable de commencer la rédaction d'un contrat par un préambule concrétisant les devoirs de conseil et de renseignement des cocontractants (ceci a déjà été précisé au premier chapitre). On peut, par exemple, adopter les rédactions suivantes :

Cas d'une maintenance de matériels industriels

Entre la société .... ci-après dénommée, le client et la société .... ci-après dénommée, le prestataire,

considérant que le client est propriétaire de matériels industriels,

considérant que le prestataire est un **professionnel** de la maintenance du matériel,

considérant que le client et le prestataire ont procédé à un examen contradictoire des matériels industriels attesté par un inventaire initial annexé au présent contrat,

il a été reconnu ce qui suit : ....

Cas de la fabrication d'outillages selon spécifications et plans

Entre ....

considérant que le client commercialise des produits définis en annexe dont il maîtrise la conception, l'assemblage, la commercialisation et le soutien après la vente,

considérant que le fournisseur dispose d'une grande expérience dans les techniques mises en jeu dans la fabrication des produits définis en annexe,

considérant que les contractants ont convenu que le fournisseur fabriquera certains sous-ensembles des produits selon les orientations techniques du client et ceci exclusivement au profit de ce dernier.

Il a été convenu le présent accord...

En conclusion, on insistera sur le fait que le préambule doit mettre en évidence :

- le professionnalisme du fournisseur (obligation de conseil),
- la transparence sur le but poursuivi par le client (obligation de renseignement).

Les obligations de moyens et de résultats

Un produit catalogue n'est pas conçu pour un acheteur particulier car ses caractéristiques sont prédéterminées ; par contre, pour la sous-traitance, le produit (le service) ne préexiste pas et il faut donc définir l'aboutissement qui peut résulter soit de la mise en œuvre de moyens spécifiés soit d'un résultat à atteindre. C'est ce distinguo que nous allons maintenant approfondir.

a) Principes

C'est à partir de l'article 1147 du Code civil qu'a été développée la classification entre obligations de moyens et de résultats. Cet article est ainsi rédigé :

« Le débiteur est condamné, s'il y a lieu, au paiement des dommages et intérêts, soit à raison de l'inexécution de l'obligation, soit à raison du retard dans l'exécution, toutes les fois qu'il ne justifie pas que l'inexécution provient d'une cause étrangère qui ne peut lui être imputée, encore qu'il n'y ait aucune mauvaise foi de sa part. »

Il y a **obligation de résultat** quand le cocontractant s'engage à parvenir à un certain résultat, soit en raison de l'objet du contrat, soit en vertu de clauses contractuelles. L'obligation de résultat implique que la responsabilité contractuelle est engagée dès lors qu'un certain résultat n'est pas atteint.

Il y a **obligation de moyens** quand le cocontractant est seulement tenu de faire de son mieux pour parvenir à un résultat. La responsabilité suppose alors la faute.

Lorsque l'obligation est « de résultat », c'est au fournisseur de faire la preuve de l'existence d'une **cause étrangère** à sa volonté :

- la force majeure,
- le fait du client,
- le fait du prince ou d'un tiers.

Par contre, lorsque l'obligation est « de moyens », c'est à l'acheteur de faire la preuve de la faute du fournisseur. Ce dernier est considéré comme s'étant comporté comme « un bon père de famille » (article 1137 du Code civil), c'est-à-dire ayant agi avec diligence.

Dans la pratique, la distinction n'est pas aussi simple, mais la règle est de spécifier dans le contrat si celui-ci est à obligation de moyens ou de résultats.

La jurisprudence se base sur deux critères : **l'aléa et la collaboration**.

À la base, un contrat a toujours pour objet une certaine diligence ; si en recourant à une diligence adaptée, le résultat est certain, ce dernier devient l'objet du contrat ; si par contre le résultat demeure incertain, c'est la diligence qui devient l'objet de l'obligation.

Quant à la collaboration (on pourrait aussi dire immixtion ou non-immixtion), elle mesure le degré d'indépendance laissée au fournisseur. Si le client, par son attitude, ses initiatives, ses ordres caractérisés, a pu être la cause de l'inexécution des obligations du contrat, celui-ci sera forcément à obligation de moyens.

C'est la raison pour laquelle l'utilisation de termes tels que : directives techniques, approbation de plans, vérification de notes de calcul constituent des présomptions d'immixtion et rendent le contrat à obligation de moyens.

b) Exemples

On peut présenter quelques cas de contrats où le résultat à atteindre est clairement formulé et tout à fait mesurable.

EXEMPLE n° 1 *Contrat de maintenance avec résultat sur la disponibilité d'un groupe turbocompresseur*

« Le fournisseur s'engage sur **trois ans** sur un taux de disponibilité D de 92 % », ainsi calculé.

$$\frac{(TO - AF) - TMP}{TO - AF}$$

Avec :   TO : Temps d'ouverture sur la période, soit en jours :

$$365 \times 3 = 1\,095 \text{ jours}$$

AF : Temps d'arrêt de la fabrication

TMP : Temps de maintenance programmé

soit 88 jours : 14 jours la première année, 14 jours la deuxième année et 60 jours la troisième année.

En cas de sous-activité, en fabrication, le taux de disponibilité serait maintenu à 92 %, mais avec une valeur différente pour (TO − AF) et par conséquent un réajustement sur le TMP. Cette obligation de résultat est assortie d'une clause de bonus-malus ainsi calculée :

$$\text{BONUS : B} = \text{Po} \times 0{,}06 \, (\text{C} - 92)$$

$$\text{MALUS : M} = \text{Po} \times 0{,}06 \, (92 - \text{C})$$

C, étant le taux de disponibilité constaté, la clause bonus-malus, s'applique au premier 1/10 de point de disponibilité soit C = 91,9 ou 92,1.

Po, étant le prix global du contrat.

EXEMPLE n° 2 *Contrat d'achat de matériel de mise sous pli*

Le matériel permet l'insertion de cartes de crédit dans un présentoir, le tout étant inséré dans une enveloppe.

« La réception sera prononcée lorsque le matériel atteindra une cadence de 2 000 insertions à l'heure pendant huit heures sans interruption, sans défaut, les défauts répertoriés étant :

- deux présentoirs dans la même enveloppe,

- absence de carte dans le présentoir,

- défaut de collage de l'enveloppe.

Si la performance n'est pas atteinte, la réception ne sera pas prononcée et le fournisseur disposera de huit jours pour remédier aux imperfections, dans ce cas, le délai et les éventuelles pénalités de retard continueront de courir.

Si, lors de la seconde réception, la performance n'est pas atteinte, mais qu'elle se situe au-delà de 90 % du nominal, la réception sera prononcée avec réserves et donnera lieu à une réfaction du prix de règlement, laquelle ne saurait être inférieure à 10 % du montant de la commande.

Dans le cas d'une performance inférieure à 90 % du nominal, les parties conviennent d'un commun accord de négocier aux torts exclusifs du fournisseur, les modalités de poursuite ou de résiliation du contrat. »

EXEMPLE n° 3 *Prestation de chauffage basée sur la notion de degrés-jours avec clause d'intéressement*

Le fournisseur garantit la fourniture de chauffage des locaux (19 °C) pendant une saison, d'un certain nombre de degrés-jours contractuels.

Le forfait est ajusté en fonction de trois éléments :

- les degrés jours effectivement constatés,
- les variations du prix du combustible,
- une **clause d'intéressement** basée sur la consommation réelle de com-

bustible. Un exemple chiffré permet de bien comprendre cette clause d'obtention de résultat.

Définition du degré-jour:

$$19° - \frac{(T° \text{ mini} + t° \text{ maxi})}{2} = \text{nombre de degrés-jour}$$

Hypothèses: 2 000 degrés-jours avec
              300 m³ et 2 000 F le m³

Saison réelle: 2 200 degrés-jours avec
              295 m³ et 1 950 F le m³

Le calcul est le suivant:

Consommation théorique ajustée aux degrés-jours:

$$\frac{2\,200}{2\,000} \times 300 = 330 \text{ m}^3$$

Économie réalisée:

$$1 - \frac{295}{330} = 10,6\%$$

La clause d'intéressement est de la forme suivante:

• Si l'économie ou le dépassement est situé entre ± 3%
  aucun intéressement et le règlement est:

$$330 \times 1950 = 643\,500$$

• Si l'économie ou le dépassement est compris entre 3% et 15%
  l'intéressement est ainsi calculé (exemple):

$$\frac{2}{3} \times \frac{7,6^1}{100} \times 643500$$

S'il y avait eu un dépassement (entre 3 et 15%), l'acheteur ne supporte qu'un tiers du dépassement (dépassement constaté: 9%, calcul du dépassement: 1/3 x (9-3) / 100 x 643 500).

• Si l'économie ou le dépassement sont au-delà de 15%, ceux-ci sont intégralement pour le fournisseur **mais** le contrat est automatiquement renégociable.

---

1. Économie réalisée: 10,6 – [seuil = 3].

EXEMPLE N° 4 : *« Entretien des ascenseurs et monte-charge »*

Il est, en général, prévu une clause de <u>pénalités pour indisponibilité des appareils</u> ainsi libellée.

À la fin de chaque année, il sera procédé à la détermination du nombre d'heures d'indisponibilité de chaque appareil.

On distinguera dans les heures d'indisponibilité :

• Les heures correspondant à un dépannage (non dû à la malveillance ou à un usage anormal) à l'intérieur de l'horaire normal de dépannage qui seront affectés du coefficient 1.
Toutefois, en cas de retard d'intervention, les heures situées depuis la fin du délai d'intervention jusqu'au début de l'intervention seront affectées du coefficient 2.
• Les heures correspondant à l'entretien préventif qui seront affectées du coefficient 0,5.

Si au cours de l'exercice, le rapport du nombre d'heures d'indisponibilité (NHI) au nombre d'heures de fonctionnement maximal (NHM) dépasse le taux t, l'entreprise devra des pénalités déterminées selon la formule suivante :

$$PI = PA \left(\frac{1}{4t} \times \frac{NHI}{NHM} - 0{,}25 \right)$$

PI : Montant annuel de la pénalité pour indisponibilité.

PA : Montant annuel de l'entretien après révision des prix.

NHI : Nombre d'heures d'indisponibilité au cours de l'année après pondération.

NHM : Nombre d'heures de fonctionnement maximal au cours de l'année.

t : Taux d'indisponibilité au-delà duquel des pénalités pour retard sont dues. En général, le taux retenu est 5/100.

Dans ce cas, il y aura pénalité si :

$$\frac{1}{4t} \times \frac{NHI}{NHM} > 0{,}25 \qquad\qquad \text{Soit } \frac{NHI}{NHM} > 5/100$$

Application : Si l'on retient 250 jours par an à 10 heures par jour, cela conduit à un seuil de 125 heures.

Au cas où le taux d'indisponibilité atteindrait (par exemple) 20%, le contrat pourrait être résilié sans donner lieu à dommages et intérêts du fait du préjudice éventuel subi par le fournisseur.

c) Conclusion

Les exemples diversifiés démontrent que le contrat à obligation de résultat est tout à fait possible si les conditions suivantes sont réunies :

- le résultat est mesurable contradictoirement par les deux parties ;
- les clauses de bonus-malus, intéressement, pénalités sont définies par le contrat :
- le contrat incorpore une clause de sauvegarde pour l'acheteur :

  - soit possibilité de résiliation aux torts exclusifs du fournisseur,
  - soit possibilité de sortie du contrat sans demande de dommages et intérêts de la part du fournisseur (cas du dernier exemple).

LES POINTS-CLÉS D'UN CONTRAT DE SOUS-TRAITANCE

Nous allons tout d'abord énumérer les clauses d'un contrat de sous-traitance

- Cocontractants.
- Objet.
- Documents contractuels.
- Prix.
- Modalités de règlement, instrument de paiement, date de règlement.
- Caution bancaire – garantie à première demande.
- Date d'entrée en vigueur.
- Durée du contrat.
- Délais et dates de livraison, d'intervention, lieu de livraison.
- Contrôle et Assurance Qualité.
- Transfert de propriété.
- Propriétés des outillages et matières consommées.
- Transfert de risques.
- Garanties contractuelle et légale contre les vices cachés.
- Responsabilités.
- Assurances.
- Confidentialité.
- Non-sollicitation du personnel.
- Force majeure.
- Garantie contre l'éviction.
- Résiliation.
- Cessibilité.
- Droit et langue applicables.
- Règlement des litiges.

Nous allons maintenant développer certaines clauses plus particulière-ment importantes en sous-traitance.

COCONTRACTANTS

Cette clause ne présente pas de difficulté pratique ; toutefois, il est utile de préciser dans un sous-paragraphe quels sont les services et personnes phy-siques qui sont les responsables opérationnels de l'exécution du contrat aussi bien chez le client que chez le fournisseur.

Documents contractuels

Cette clause doit comprendre :

- la liste de l'ensemble des documents contractuels (commerciaux, juri-diques et techniques),
- l'ordre de primauté de ces documents les uns par rapport aux autres,
- dans l'hypothèse de documents rédigés en plusieurs langues, la version qui aura seule valeur juridique.

Prix

Nous n'insisterons pas sur les différentes formes du prix (forfaitaire, borde-reau de prix ou de points, cost + fee, dépenses contrôlées)[1], mais sur les modalités de règlement.

Nous indiquerons cependant une forme améliorée du COST + FEE utilisable en sous-traitance. Le règlement comprend trois termes :

FEE : montant forfaitaire convenu à l'avance couvrant une quote-part de frais généraux et dégageant une marge pour le sous-traitant.

COST : dépenses directement affectables à l'opération considérée (main-d'œuvre productive, matières premières, amortissement du matériel, matières consommables).

PARTICIPATION : c'est la prime (ou la pénalité) attribuée au sous-traitant, qui résulte du partage de l'écart entre le « cost » prévisionnel inscrit au contrat et le « cost » réel constaté à l'issue de l'exécution dudit contrat et contrôlé par le partenaire. Le calcul du prix du règlement est FEE + « cost » réel ± partici-pation (« cost » réel − « cost » prévisionnel).

---

1. Voir pour plus de détail *Maintenance et travaux neufs – Les règles de la sous-traitance*, par Yves Lavina et Jean-Michel Loubère, déjà cité.

Deux cas essentiels sont à envisager dans un contrat de sous-traitance :

a) Le contrat est un contrat de prestations dont l'exécution est régulière et mesurable dans le temps (par exemple le nettoyage), la modalité de règlement sera en général forfaitaire et mensuelle (ou trimestrielle).

b) Le contrat est de fabrication avec outillages spécifiques ou de prestations intellectuelles (études, informatique). Dans ce cas, le contrat est à exécution irrégulière, l'acheteur pouvant plus ou moins facilement exercer un contrôle pendant l'exécution (n'oublions pas que le contrat contient un délai global d'exécution et que la meilleure façon de s'assurer à titre préventif que ce délai sera respecté est de mettre des étapes intermédiaires matérialisées par des recettes et éventuellement accompagnées de règlements partiels).

Précisons tout d'abord que le mot « recette » doit être exclusivement utilisé avec la signification suivante :

« La recette est une opération matérielle, de contrôle d'un stade d'avancement d'un contrat ; elle laisse entière la responsabilité du fournisseur et ne saurait en rien préjuger de la décision prise lors de la réception par l'acheteur. »

Pour les **outillages spécifiques,** il faut indiquer :

« Les outillages spécifiques resteront la propriété de l'acheteur après réception de ceux-ci, celle-ci étant prononcée après réalisation d'une série de pièce(s) prototype(s). Le sous-traitant s'engage à maintenir confidentielles les informations, méthodes et spécifications transmises par l'acheteur. Cette obligation se prolongera X années (en général trois à cinq ans) après la fin du contrat. Le sous-traitant s'engage à utiliser les outillages spécifiques exclusivement pour l'exécution du contrat, aucune disposition du contrat ne pourra être interprétée comme une cession de licence au sous-traitant du savoir-faire de l'acheteur. Le sous-traitant assume la responsabilité à titre gratuit de dépositaire des outillages spécifiques. À ce titre, il devra souscrire et justifier les assurances nécessaires pour couvrir cette responsabilité. »

Pour les **prestations intellectuelles,** il faut négocier sur le droit de propriété (application de la législation relative à la propriété intellectuelle – lois du 11 mars 1957 et du 3 juillet 1985).

L'acheteur doit obtenir la propriété pleine et entière au profit du client, ce qui signifie que le fournisseur cède :

• non seulement tous les éléments nécessaires à l'obtention du résultat de la prestation (exemple : en informatique, obtention du code « source »),

- mais également la propriété industrielle qui en découle, s'il s'avérait que les résultats étaient susceptibles de donner naissance à un droit de propriété industrielle (ex. : dépôt d'un brevet).

À défaut, l'acheteur devra obtenir le droit d'usage (en informatique, pour la location d'un logiciel spécifique, tout droit qui n'est pas explicitement transféré reste la propriété de l'auteur) ; donc à défaut de mention explicite, l'acheteur n'aura aucun droit sur ce dont il aura financé le développement.

Pour les groupes importants (constitués de plusieurs sociétés), il faut toujours préciser que les droits sont acquis pour le groupe dans son périmètre actuel et futur. En outre, la propriété, dans le cas d'une application industrielle, permettra plus facilement de vendre la licence du procédé industriel accompagnée du logiciel d'application.

En conclusion, la négociation d'un transfert de propriété partiel pourra justifier un terme de paiement, cela ayant trois avantages :

- Rendre caduque une éventuelle « clause de réserve de propriété » du fournisseur (encore que cette dernière paraisse peu applicable en droit français dans les contrats de sous-traitance sauf pour les outillages spécifiques).
- Permettre la poursuite de l'exécution du contrat en cas de défaillance du fournisseur (cela en tenant compte évidemment des prérogatives de l'administrateur judiciaire en application de la loi du 10 juin 1994 sur « la réforme du droit des entreprises en difficulté »).
- Laisser le risque et la bonne fin de l'exécution des prestations à la charge du fournisseur (il reste gardien de la chose ; cette clause devant toutefois être clairement explicitée comme nous l'avons fait ci-dessus).

Pour les outillages spécifiques, l'acheteur ne devra pas oublier d'y faire porter une marque indélébile et indestructible permettant de revendiquer la propriété en cas d'incident.

Garantie à première demande

Elle prévoit une meilleure garantie que la caution. En effet, la garantie à première demande est **autonome** par rapport à l'obligation principale du débiteur ; la caution, elle, est en droit de vous opposer tous les moyens que le fournisseur pourrait avancer pour s'opposer au paiement (bénéfice de discussion et de division).

La garantie à première demande doit prévoir :

- le type de garantie que le fournisseur devra apporter (bonne fin d'exécution de la prestation, restitution d'avances ou d'acomptes),
- le montant de la garantie,
- le fait que la mise en jeu de la garantie n'est pas subordonnée à l'accord préalable du fournisseur et comporte un engagement irrévocable de la banque de payer.

Durée du contrat

Le contrat doit toujours être à durée déterminée (il faut prohiber la reconduction tacite).

La durée peut poser un problème dans le cas de contrat de Maintenance ; en effet, si celle-ci est trop courte, le sous-traitant sera tenté de minimiser ses prestations (tentation de l'obligation de moyens) ; par contre, si le matériel, objet du contrat, donne lieu à un arrêt triennal avec remise à niveau, il faudra nécessairement prévoir une durée déterminée de trois ans.

Compte tenu du fait que le contrat à durée déterminée ne peut être résilié avant son terme, il conviendra tout particulièrement de veiller à y introduire des clauses précises ouvrant cette possibilité à l'acheteur (par exemple sur des aspects qualité ou le non-respect trop fréquent des délais).

Enfin, afin d'avoir toujours une approche négociatrice, il importe d'insérer une clause telle que :

« Un mois avant le terme du contrat, les parties conviennent de se rencontrer afin d'examiner les conditions d'une éventuelle poursuite de leur collaboration. »

Délais et dates de livraison

Il faut indiquer qu'ils sont de rigueur (cela pour éviter d'une part les délais indicatifs systématiquement proposés par les sous-traitants, d'autre part les délais impératifs qui constituent des limites au plus tard mais n'interdisent pas des livraisons anticipées, lesquelles ont des conséquences sur la trésorerie de l'acheteur et peuvent en avoir sur les conditions de réception).

Les clauses pénales constituent une modalité pour sanctionner le sous-traitant défaillant.

Il faut rappeler que seul l'article 1152 du Code civil traite ce problème :

ARTICLE 1152

« Lorsque la convention porte que celui qui manquera de l'exécuter payera une certaine somme à titre de dommages et intérêts, il ne peut être alloué à l'autre partie une somme plus forte, ni moindre. Néanmoins, le juge peut, même d'office, modérer ou augmenter la peine qui aurait été convenue, si elle est manifestement excessive ou dérisoire. Toute stipulation contraire sera réputée non écrite. »

Cela signifie que :

- l'éventuelle clause pénale prévue pour forcer le sous-traitant à exécuter a un caractère forfaitaire ;
- seul le juge du contrat pourra, s'il est saisi, apprécier le caractère excessif ou dérisoire de la pénalité.

Cela conduit certains acheteurs à ne pas prévoir de clause pénale mais à insérer une clause ainsi rédigée :

« L'acheteur se réserve le droit d'annuler le contrat de plein droit, sans préjudice des réparations à la charge du sous-traitant pour tous les dommages que l'acheteur aurait subis. Le sous-traitant est réputé mis en demeure dès l'arrivée du terme sans qu'il soit besoin d'une mise en demeure expresse. »

Si l'acheteur prévoit une clause pénale, il devra prévoir la possibilité de résoudre (ou résilier) le contrat, cela posant le problème (qui n'est plus juridique mais commercial) de trouver un autre sous-traitant.

Contrôle et Assurance Qualité

Le développement de l'Assurance Qualité et de la certification rend aujourd'hui nécessaire l'insertion d'une clause telle que proposée :

« L'acheteur pourra évaluer (et éventuellement homologuer) le fournisseur avant l'exécution de cette prestation, pendant son exécution et ce, jusqu'à la réception (y compris la levée des réserves).

L'acheteur se réserve le droit d'auditer la conformité du système qualité du fournisseur et de ses éventuels sous-traitants aux normes internationales d'assurance Qualité ISO 9000 (éventuellement aux normes QUALIBAT) ; il pourra, en outre, demander l'élaboration d'un plan d'assurance Qualité spécifique à la prestation.

Il reste entendu que l'intervention de l'acheteur ne saurait en aucun cas constituer un acte d'immixtion de celui-ci dans l'exécution de la prestation, et qu'elle ne peut en rien diminuer la responsabilité du fournisseur pour l'exécution de la prestation.

Matières consommées

Le paragraphe n'est à envisager que si la prestation est du type « fabrication selon plans et spécifications » et que l'acheteur fournit les matières premières et consommables nécessaires à l'exécution (la clause ne sert à rien si la fourniture est à la charge du fournisseur ; dans ce cas, il faut uniquement viser la clause contrôle et assurance qualité vue ci-dessus).

Il faut tout d'abord établir la nomenclature des fournitures remises au fournisseur (matières premières, peinture, produits de protection et d'étanchéité, mais également, par exemple, visserie et boulonnerie).

Ensuite, il faut indiquer :

- Une nomenclature des besoins sera établie et régulièrement tenue à jour contradictoirement entre l'acheteur et le fournisseur. Elle fixera les coefficients pour rebuts normaux ; l'acheteur se réservant le droit d'effectuer des contrôles sur les consommations (nota : pour vérifier la pertinence des coefficients contenus dans la nomenclature).
- Le fournisseur ne devra pas prélever sur ses propres stocks (sauf accord préalable écrit de l'acheteur) les matières et fournitures nécessaires à l'exécution. Dans ce cas qui devra être exceptionnel, l'acheteur à son gré remplacera ou remboursera les matières et fournitures ainsi utilisées (le prix du remboursement sera celui pratiqué par l'acheteur et non pas celui obtenu par le fournisseur).
- En cas de rebuts supérieurs aux coefficients définis par la nomenclature, le remplacement des matières et fournitures sera entièrement à la charge financière du fournisseur.
- Le fournisseur sera responsable du stockage, de la conservation, de la garde des matières et fournitures à lui confier.
  Les matières et fournitures seront identifiées au nom de l'acheteur.
- Les chutes et excédents appartiennent à l'acheteur, lequel décidera souverainement de leur destination finale.

Transferts de propriété et de risques

Le transfert de propriété désigne le moment auquel le titre juridique de propriété sur la prestation (la chose, l'objet, l'ouvrage) passe à l'acheteur ;

(la propriété permet à l'acheteur d'user de la prestation, d'en recueillir les fruits et d'en disposer librement).

Le transfert de risques désigne le moment à partir duquel les dommages de toute nature pouvant affecter l'ouvrage (l'objet, la chose, la prestation) sont à la charge et au risque de l'acheteur.

Le risque est un accessoire de la propriété, il est donc transféré en même temps que cette dernière.

Autant pour le contrat de ventes, l'article 1583 pose un problème de fond sur les transferts autant pour les contrats de louage, il faut prévoir la clause suivante :

« Le transfert de propriété à l'acheteur a lieu à la réception de la prestation reconnue conforme par l'acheteur. »

On a vu précédemment que l'on peut prévoir des transferts partiels de propriété (lors de versements d'acomptes), ceux-ci devant régler très précisément le transfert des risques.

Il faut, pour la réception, faire purement et simplement référence à l'article 1792-6 du Code civil : « La réception est l'acte par lequel le maître de l'ouvrage (acheteur) déclare accepter l'ouvrage avec ou sans réserves ... ».

Il faut prohiber les termes de réception provisoire et définitive qui laissent sous-entendre un démembrement du transfert de propriété et induisent une confusion sur la date de départ des garanties.

Le même article 1792-6 précise que : «... la garantie de parfait achèvement à laquelle l'entrepreneur est tenu pendant un délai d'un an **à compter de la réception** ... ».

Garanties

Il faut mettre en évidence :

- d'une part, une éventuelle garantie contractuelle :
  « Les prestations exécutées font l'objet de garanties contractuelles précisées dans les conditions particulières » ;
- d'autre part, le fait que les articles 1792 et 2270 peuvent s'appliquer dans certains cas d'où la rédaction :
  « La durée des garanties contractuelles est définie sans préjudice de l'application des articles 1792 et 2270 du Code civil. »

Nota : Outre la citation faite ci-dessus, les articles définissent une présomption de responsabilité de tous les constructeurs à l'égard du maître de l'ouvrage (l'acheteur) et ce, pendant dix ans (c'est la fameuse responsabilité décennale) ou deux ans (garantie de bon fonctionnement de l'article 1792-3 applicable uniquement aux éléments d'équipement du bâtiment).

Confidentialité

Il est dans la pratique très difficile de faire la preuve de l'origine de fuites (il faut dans tous les cas plaider), mais l'insertion de la clause a l'avantage d'inverser la charge de la preuve (c'est dans ce cas au fournisseur de démontrer son innocence). On peut insérer une clause telle que :

« Le fournisseur s'engage à prendre toutes les dispositions, notamment vis-à-vis de son personnel et de ses sous-traitants éventuels, pour que soient maintenues confidentielles les informations de toute nature qui lui sont communiquées par l'acheteur pendant l'exécution du contrat. »

Les documents, objets, outillages spécifiques confiés au fournisseur (ou réalisés par lui) pour l'exécution du contrat devront être restitués à l'acheteur dès que le fournisseur n'en aura plus besoin pour accomplir ses obligations contractuelles.

« Les obligations dureront ... années après l'expiration des obligations contractuelles du fournisseur sauf pour les informations qui seront du domaine public. »

Remarque : Cette clause de confidentialité est aussi à appliquer pendant la phase de consultation des sous-traitants (notamment dans le cadre de discussions techniques ou commerciales).

Responsabilités et assurances

Cette clause est primordiale essentiellement dans le cas des entreprises extérieures intervenant sur un site de l'acheteur.

Il faut insister sur le fait que la clause de **responsabilité** doit toujours être présente dans les contrats de sous-traitance, mais que l'adage « toute obligation sans sanction ne vaut » doit inciter l'acheteur à exiger des assurances correspondant aux responsabilités sur lesquelles le fournisseur est engagé.

La clause de responsabilité peut revêtir une forme proche de celle proposée ci-après :

« Le fournisseur demeure responsable de plein droit, à l'égard de l'acheteur comme de tous tiers, des dommages de toutes natures susceptibles de leur être causés tant par lui-même que par son personnel, ses sous-traitants et, plus généralement par tout agent économique auquel le fournisseur ferait appel pour l'assister ou exécuter tout ou partie du présent contrat. »

La responsabilité telle que définie ci-dessus concerne aussi bien les dommages pouvant survenir en cours d'intervention sur le site de l'acheteur, qu'après réalisation des prestations comme conséquences directes et (ou) indirectes du fait même de ces prestations.

Le fournisseur déclare se porter également garant de tous les recours et réclamations que des tiers pourraient exercer à l'encontre de l'acheteur dans le cadre des présentes relations contractuelles et prendre à sa charge toutes les conséquences financières pouvant en résulter à l'occasion de ses prestations.

Pour les assurances, la difficulté est de faire accepter tous les dommages définis dans la clause « responsabilités » à savoir :

- Dommages corporels (toute atteinte corporelle subie par une personne physique).
- Dommages matériels (destruction, dégradation, endommagement de biens mobiliers ou immobiliers, toute détérioration ou destruction d'une chose ou substance).
- Dommages immatériels (tout préjudice pécuniaire résultant de la privation de jouissance d'un droit, de l'interruption d'un service rendu par une personne ou par un bien meuble ou immeuble, ou de la perte d'un bénéfice, qu'il soit la conséquence ou non de dommages corporels ou matériels garantis ou non).

C'est évidemment cette dernière partie (« dommages immatériels ») qui est la plus difficile à faire accepter notamment si l'on souhaite que le montant minimum couvert soit élevé (par exemple de l'ordre de 1,5 millions d'euros, alors qu'habituellement les dommages immatériels sont couverts à hauteur de quelques millions).

Nota : La perte d'exploitation souvent rencontrée dans les contrats de sous-traitance entre dans les dommages immatériels.

Il faut enfin rappeler que le fait d'être assuré ne dégage pas le fournisseur de ses responsabilités et il faut le rappeler dans ces termes : « Les obligations d'assurance n'exonèrent en aucun cas le fournisseur de ses responsabilités, celui-ci demeurant notamment débiteur des dommages qui lui seraient imputables et dont les conséquences financières ne seraient pas en tout ou partie prises en charge au titre de ses garanties d'assurance. »

Non-sollicitation du personnel

Cette disposition est nécessaire pour toutes les prestations intellectuelles et plus particulièrement en informatique.

On prévoit :

> « Les parties au contrat s'engagent l'une envers l'autre à ne pas solliciter le personnel de l'autre pendant la durée du présent contrat.
> L'obligation ci-dessus demeurera en vigueur pendant une durée de cinq (5) ans à compter de la date de réception (ou de la fin de la période de garantie contractuelle) dudit contrat. »

Garantie contre l'éviction

Cette clause engage le fournisseur à garantir l'acheteur contre toute action résultant de l'utilisation de tout matériel, fourniture ou logiciel faisant partie du contrat.

On pourra par exemple écrire :

> « Le fournisseur garantit l'acheteur contre toute action en justice intentée contre ce dernier pour contrefaçon d'un droit d'auteur de logiciel et supportera les dommages et intérêts éventuels prononcés à l'issue d'une telle action.
> Le fournisseur devra obtenir pour l'acheteur le droit de continuer à utiliser les logiciels incriminés ou réaliser le remplacement ou le dédommagement. »
> Les autres clauses ne présentent pas de particularité notoire par rapport à des contrats classiques.

CAS PARTICULIERS

Nous allons présenter pour clore ce chapitre deux exemples particuliers ; l'un faisant ressortir un partage des risques acheteur/sous-traitant en cas de résiliation anticipée due au client final ; l'autre mettant en évidence la notion de taux de disponibilité dans le cas d'un contrat de maintenance.

Partenariat avec résiliation anticipée et partage des risques

Ces dispositions sont applicables pour des contrats qui, techniquement, ne peuvent être conclus que pour des durées au moins égales à cinq ans (exemples : sous-traitance pour l'industrie de l'Armement ou de l'Aéronautique).

L'objet décrit précisément le contexte ainsi schématisé :

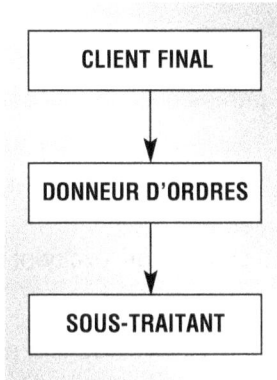

```
┌─────────────────────────┐
│   ┌─────────────────┐   │
│   │   CLIENT FINAL  │   │
│   └─────────────────┘   │
│            │            │
│            ▼            │
│   ┌─────────────────┐   │
│   │ DONNEUR D'ORDRES│   │
│   └─────────────────┘   │
│            │            │
│            ▼            │
│   ┌─────────────────┐   │
│   │  SOUS-TRAITANT  │   │
│   └─────────────────┘   │
└─────────────────────────┘
```

« L'objet du contrat est de fixer les dispositions contractuelles liant le donneur d'ordres et le sous-traitant pour la fourniture du matériel tel qu'il est défini en annexe.

Ce matériel sera commandé au sous-traitant en "X" tranches et livré sur une période de sept ans sous réserve de l'application des dispositions figurant au chapitre Perturbations. »

C'est sur ce chapitre que nous allons plus particulièrement insister.

Les délais d'exécution sont ainsi définis :

« Le donneur d'ordres notifiera les commandes au sous-traitant, au plus tard "N" mois avant la date conditionnelle de livraison du matériel concernant chaque commande. »

Le dispositif donne donc :

• Commande n° 1 :   Date de livraison : ....

                               À notifier avant le : ....

• Commande n° 2 :   Date de livraison : ....

                               À notifier avant le : ....

Une perturbation qui viendrait modifier la bonne exécution du contrat peut être due à :

• un retard dans une ou plusieurs commandes,
• une annulation d'une ou plusieurs commandes.

Le chapitre « PERTURBATIONS » doit être ainsi conçu :

Principe

Les engagements réciproques du donneur d'ordres et du sous-traitant sont basés sur la volonté commune des parties d'assurer la pérennité du présent contrat.

Toutefois, du fait des perturbations, le donneur d'ordres peut être amené à modifier son plan de production et ses engagements vis-à-vis du sous-traitant selon les dispositions du présent chapitre qui excluent toute résiliation du contrat lui-même.

Les indemnités prévues ci-après sont exclusives de tout autre dédommagement, dommages et intérêts, de quelque nature que ce soit, que le sous-traitant pourrait réclamer au donneur d'ordres.

Modification des délais d'exécution

Au cas où des perturbations obligent le donneur d'ordres à différer la notification au sous-traitant d'une ou plusieurs commandes des délais figurant ci-dessous, le donneur d'ordres s'engage à indemniser le sous-traitant selon les conditions suivantes :

Délai supplémentaire	Indemnité due
0 mois < délai < 6 mois	Aucune
6 mois < délai < 12 mois	Prix de la commande + 5 %
12 mois < délai < 18 mois	Prix de la commande + 8 %

Pour chacune des commandes, le donneur d'ordres s'engage à informer le sous-traitant de toutes modifications des délais d'exécution par lettre recommandée avec avis de réception et au plus tard avant les dates figurant au chapitre « Délais d'exécution », voir ci-avant (à notifier avant le ...).

Interruption momentanée des commandes

Au cas où les perturbations nécessitent l'application de délais supplémentaires supérieurs à dix-huit mois, sans toutefois excéder trente-six mois, les dispositions suivantes s'appliquent.

Le donneur d'ordres s'engage à régler au sous-traitant :

- l'indemnité due pour un délai supplémentaire inférieur ou égal à dix-huit mois telle que visée ci-dessus
- et une indemnité égale à 1 % du prix de la commande par période de trois mois complète de délai supplémentaire.

Annulation de commande

Dans l'hypothèse où les perturbations nécessitent l'annulation d'une commande ou de plusieurs commandes, le donneur d'ordres s'engage à indemniser le sous-traitant selon les dispositions suivantes :

Pour toute commande annulée, le donneur d'ordre s'engage à régler au sous-traitant :

- la valeur nette marchande des matières premières telle que définie en annexe au présent contrat,
- la valeur nette marchande des produits semi-finis et en cours entrant dans le processus de fabrication des matériels telle que définie en annexe au présent contrat.

On voit ici tout l'intérêt d'obtenir, lors de la négociation, une véritable transparence des coûts de revient prévisionnels des sous-traitants afin de pouvoir, en contrepartie, proposer une juste indemnisation.

On devra, selon les cas, s'assurer des points suivants :

- Les matières premières ont-elles une valeur marchande propre ? (c'est-à-dire le sous-traitant a-t-il l'opportunité ou non de réutiliser celles-ci sur d'autres commandes ?)
  En cas de réponse positive, l'indemnisation ne devrait alors porter que sur le coût de possession du stock (avec taux et durée à convenir d'un commun accord).
- La transparence des coûts doit isoler :

  - les matières premières,
  - la valeur ajoutée industrielle,
  - les frais généraux et la marge.

L'indemnisation sur matières premières ne doit donc pas intégrer des frais dits d'approvisionnement (qui sont en fait des pseudo-frais généraux).

Par contre, pour les produits semi-finis et les en-cours, il est beaucoup plus difficile d'isoler les frais généraux (souvent incorporés dans des taux machines ou main-d'œuvre) ; néanmoins, s'agissant de sous-traitance avec de longs cycles (Approvisionnements + Fabrication), on peut penser que le donneur d'ordres aura pu anticiper suffisamment pour éviter que le cycle de fabrication proprement dit ait pu commencer.

MAINTENANCE

Pour du matériel faisant l'objet de contrats d'entretien, il est de plus en plus fréquent d'insérer une clause pénale sur un taux de disponibilité. À titre d'exemple, nous avons pris le cas des ascenseurs et monte-charges électriques, cas qui a été traité dans le cadre des marchés publics (sous forme d'une recommandation de la Commission Centrale des Marchés).

Il est défini pour un appareil :

- le nombre d'heures de fonctionnement maximal (NHM) au cours de l'année (par exemple, pour un appareil fonctionnant pendant l'horaire normal de travail : 169 heures x 12 mois = 2 028 heures) ;
- le nombre d'heures d'indisponibilité au cours de l'année (NHI) après pondération.

Ces heures comprennent :

- les heures correspondant à l'**entretien préventif** qui seront affectées d'un coefficient 0,5 ;
- les heures correspondant à un **dépannage** à l'intérieur de l'horaire normal de dépannage qui seront affectées du coefficient 1 ; toutefois, en cas de retard d'intervention, les heures situées depuis la fin du délai d'intervention jusqu'au début de l'intervention seront affectées du coefficient 2.

Remarque

En cas de non-fonctionnement ou de mauvais fonctionnement d'un appareil pouvant affecter la sécurité, le sous-traitant doit intervenir dans un délai de deux heures après réception de l'appel (si la sécurité n'est pas en cause, le délai est de quarante-huit heures).

La formule appliquée est :

$$PI = PA \left(\frac{1}{4t} \times \frac{NHI}{NHM} - 0,25 \right)$$

Dans cette formule :

PI : Montant annuel de la pénalité pour indisponibilité

PA : Montant annuel du contrat d'entretien

t : Taux d'indisponibilité au-delà duquel des pénalités pour retard sont dues. On retient en général 5 %.

Exemple :

si $\qquad \dfrac{NHI}{NHM} = \dfrac{10}{100}$

on aura $\qquad \dfrac{PI}{PA} = \dfrac{25}{100}$

et si $\qquad \dfrac{NHI}{NHM} = \dfrac{25}{100}$

on aura $\qquad \dfrac{PI}{PA} = \dfrac{100}{100}$

c'est-à-dire une pénalité égale au montant du contrat.

6

Le management
de la fonction achats

Les propos de ce chapitre ne revendiquent pas la dernière méthode pour manager un service achats ou une sous-fonction « achat de sous-traitance ».

Notre approche se veut modeste, c'est-à-dire orientée vers des points de vue nourris de nos pratiques et nos expériences de terrain.

Une première approche succinte traitera des généralités sur le management.

Ensuite, nous essaierons dans une seconde partie de dégager des tendances en termes d'organisation de la sous-traitance.

Enfin, nous proposerons une grille de lecture des compétences attendues des différents acteurs de la profession.

LE MANAGEMENT DES ACHATS

Le terme « management » reste chargé de connotations diverses et n'est pas exempt d'ambiguïtés.

- Souvent synonyme de commandement, il a une influence unilatérale : le « Chef » et les autres. Là, il est peu efficace, tout repose sur un individu, la productivité n'est pas optimisée.
- Amalgamé à la notion de pouvoir et de puissance, le management est confondu avec rapport de force et domination.

Le management des hommes procède de différentes logiques[1].

Dans le domaine qui nous préoccupe, c'est-à-dire la négociation d'affaires, la gestion des conflits est permanente et constitue une logique dans laquelle il convient d'évoluer avec aisance.

Cette logique est celle du risque, de l'audace mais surtout celle du réalisme et de l'efficacité.

Accepter les différences dans un esprit ouvert, avec une réelle volonté de résoudre les problèmes, pour optimiser les décisions et les résultats.

Faire face aux problèmes, aux contradictions, voire aux contestations pour avancer. Cela suppose un management qui favorise l'échange fondé à la fois sur le rôle de « coach » à court terme et sur le management de projets à moyen et long terme.

Ces facettes revendiquent des qualités de négociateur, à savoir au moins :

- de se mettre d'accord sur les désaccords,
- d'argumenter pour vendre ses idées, son projet aux subordonnés,
- de respecter les valeurs et les différences des autres.

Cette gestion des différences, où les discussions acharnées est la seule source de progrès et de productivité d'une équipe.

La décision est liée au niveau de la compétence du groupe et, comme il faut que le travail se fasse, les décisions sont plus ou moins partagées suivant l'évolution du groupe. Le tableau 6-1 sur les comportements du manager présente des étapes chronologiques allant de la décision tranchée prise par le chef vers une délégation cohérente centrée sur les subordonnés. Nous entendons par délégation, un transfert de compétences et non pas une situation favorisant l'échec du groupe et légitimant le pouvoir du Chef.

---

1. Jacques Ardoino, *Management ou commandement*, ANDSHA EPI, 1970.

Autocratique

Prend des décisions et annonce ce qu'il a arrêté

Vend sa décision en s'efforçant de convaincre

Présente des idées, incite à poser des questions
et prend sa décision

Présente un projet de décision, sujet à révision

Présente le problème, obtient des suggestions
et prend sa décision

Définit le cadre et les perspectives, demande
au groupe de préparer la décision

Laisse le groupe décider à l'intérieur des limites
de compétences et des marges d'initiatives

Démocratique

Centré
sur le Chef

Centré sur les
subordonnés

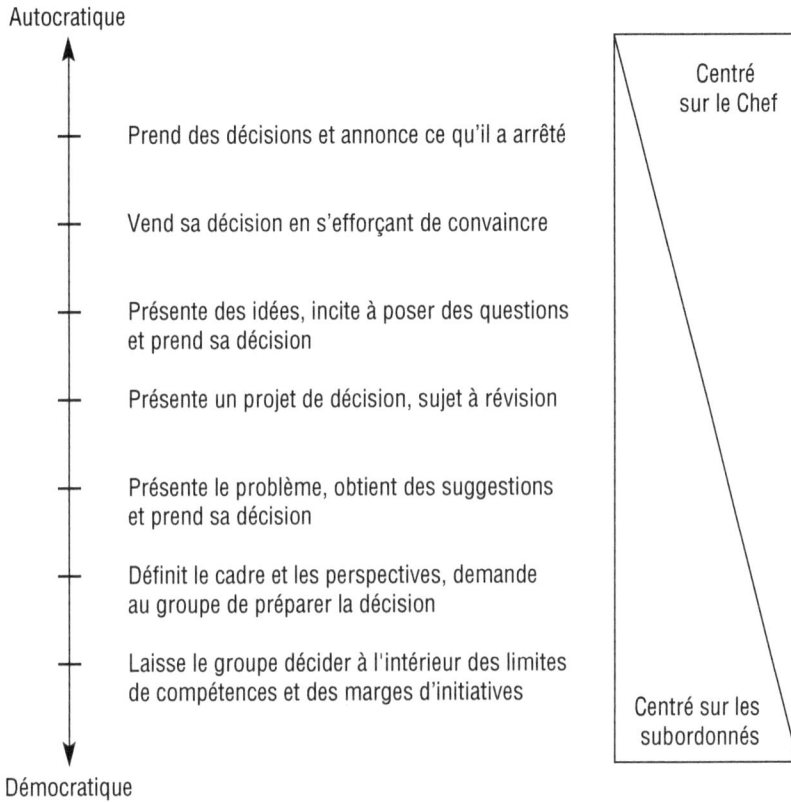

Tableau 6-1 • Les comportements du manager

Dans cette perspective, le manager est en premier lieu le responsable d'une équipe qu'il doit créer, diriger et conduire vers une autonomie de décisions. Ce rôle délicat et fondamental exige du manager qu'il soit proche de son équipe (au contact de la réalité), qu'il connaisse le potentiel de chacun et qu'il s'inscrive dans une politique de développement centrée sur les hommes tout en observant son rôle de relais de la direction et de la stratégie d'entreprise.

Le chemin du manager est long et semé d'embûches. Pour réduire les aléas et travailler avec une valeur ajoutée dans des environnements complexes, mouvants, il lui faut recadrer son action dans le processus clients/fournisseurs interne. Cette démarche amorcée dans plusieurs entreprises gagnantes vise au décloisonnement interne et favorise l'initiative. Bien sûr, elle bouscule les habitudes mais limite les dérives, sources de gaspillage et de coûts (coups) inutiles.

Pour optimiser les achats de sous-traitance dans un processus d'amélioration continue, le manager doit veiller dans un premier temps à son rôle de prestataire de services et mettre en œuvre une politique du juste besoin et de partenariat interne[1].

En effet, pour viser les résultats sur un marché aux rythmes accélérés, il est nécessaire de fixer plusieurs éléments-clés dans la démarche d'achats :

- définir des critères,
- fixer des objectifs réalistes,
- suivre l'action.

Définir des critères

Les critères facilitent les programmes d'amélioration d'une équipe et permettent de mieux fixer des objectifs. Ils agissent comme des filtres évitant la dispersion des initiatives et la dérive des actions.

Pour un service Achats les critères sont nourris par les contingences internes et externes, comme par exemple :

En externe,

- connaître le marché et son évolution,
- les services nouveaux,
- le potentiel et les capacités des fournisseurs éventuels,
- ...

En interne,

- réduire les coûts de fonction,
- respecter la qualité souhaitée,
- ...

Fixer des objectifs réalistes

Le management par objectifs reste toujours aussi pertinent et efficace.

À partir des contingences du marché et des demandes internes, les objectifs doivent s'inscrire dans la perspective des critères et valeurs tels que :

- la fidélisation des fournisseurs,
- la construction ensemble (clients-fournisseurs) de programmes d'amélioration,
- l'élaboration d'un projet de partenariat.

---

1. Georges Napolitano et Jean Lapeyre, *La certification des services*, Les Éditions d'Organisation, Paris, 2ᵉ tirage, 1994.

Pour être efficaces, les objectifs doivent être :

- précis,
- quantifiables,
- inscrits dans le temps,
- et surtout partagés.

Ce dernier point est un des traits essentiels du manager, à savoir convaincre les négociateurs d'achat de la pertinence des objectifs.

Suivre l'action

Dans un système mécanique, nous décririons le contrôle de l'action après coup.

Mais dans un système dynamique fondé sur l'engagement de chacun, nous choisissons :

- de corriger la trajectoire,
- d'évaluer les opportunités de progrès.

S'appuyer sur une dynamique de groupe pour faire le point sur les réussites et les difficultés rencontrées à obtenir des résultats, permet d'enrichir chacun des expériences des autres et d'améliorer son comportement.

Le manager, là, doit développer des compétences d'animateur et d'éducateur d'équipe pour renforcer un processus d'amélioration continue et non pas retomber dans le piège du « jugement-contrôle » individuel qui figerait des négociateurs ayant besoin de confiance.

C'est par une démarche permanente d'information, d'échange et de formation que le manager justifie sa position dans un climat de respect des individus et aussi de négociation systématique.

Vouloir manager des négociateurs d'achat sans prendre le risque (jouer) de négocier avec eux renforcerait le fossé qui sépare les discours et la pratique et manquerait visiblement de congruence.

L'ORGANISATION DE LA SOUS-TRAITANCE

L'organisation des achats de sous-traitance est en pleine mutation du fait d'au moins trois éléments majeurs :

- le style de management actuel, dont un aperçu vous a été donné dans les pages précédentes,

• la sous-traitance devenue un élément de l'avantage concurrentiel de l'entreprise ; c'est l'objet de l'ensemble de cet ouvrage,
• l'avenir de la sous-traitance qui peut se résumer à l'aide du schéma 6-2.

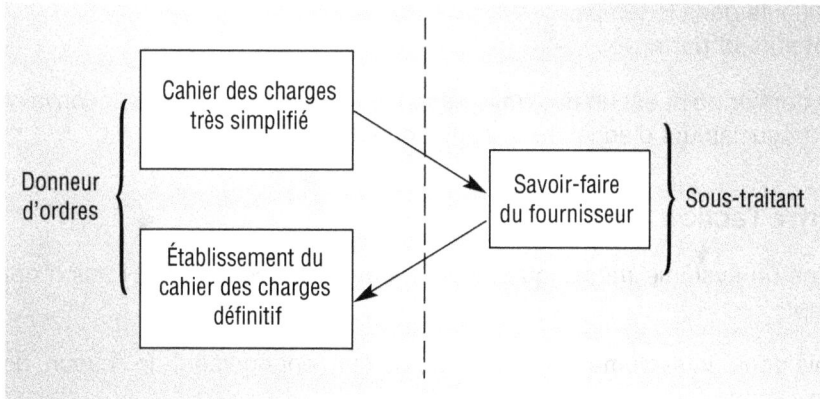

Figure 6-2 • L'avenir de la sous-traitance

Ce schéma est loin d'être un « scoop » : mais en le lisant bien, il est lourd de conséquences sur l'organisation des achats d'une entreprise.

Structures envisageables

Il est indispensable aujourd'hui de décrire une organisation générale capable de répondre aux différentes contraintes de la sous-traitance.

En revanche, nos expériences sur le terrain nous permettent de dégager un principe général basé sur les stratégies concurrentielles actuelles :

• prix du marché,
• flexibilité (notamment sur les délais de réalisation),
• innovation.

Avec de plus en plus souvent des contraintes fortes telles que :

• transfert de technologies,
• compensations internationales.

Les préoccupations de l'acheteur de sous-traitance sont multiples dans ce contexte :

• délocalisation des achats,
• problèmes logistiques,

• difficultés dans les négociations liées aux phénomènes conjoncturels tels
  que « compensations » (le fournisseur habituel n'a plus qu'une charge
  réduite au profit d'un fournisseur du pays client),
• difficultés d'homologation de fournisseurs,
• ...

À partir des outils stratégiques du chapitre 2, nous pouvons déterminer les
zones de compétence de l'acheteur.

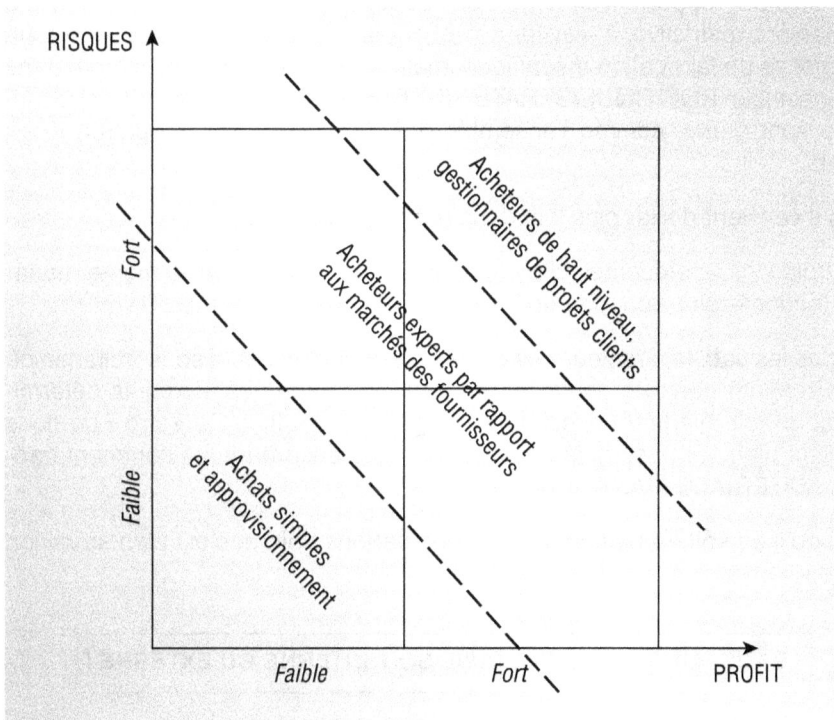

Figure 6.3 • Matrice de compétences de l'acheteur

Cette matrice détermine trois logiques d'organisation, qui déterminent des
flux physiques et d'information.

• Une **LOGIQUE CLIENTS** qui oblige à gérer certains achats de sous-traitance comme des PROJETS, avec toute l'anticipation nécessaire.
  En fait, il s'agit bien là d'anticiper véritablement la fonction achats dans
  l'ensemble du projet client. Cette logique détermine une fonction PRO-
  JETS.

- Une **LOGIQUE MARCHÉS** nécessaire pour établir des stratégies d'achats différenciées par lignes de produits achetés. Elle détermine une fonction EXPERTS.

- Une **LOGIQUE INTERNE** dans le but de satisfaire les besoins internes de l'entreprise, notamment en termes de délais. Cette logique détermine une fonction LOGISTIQUE.

Cet ouvrage met bien en évidence le fait que la sous-traitance n'est plus un acte isolé par rapport à l'ensemble des dépenses de l'entreprise qui consiste de manière restrictive, à « éviter des charges » ou à faire réaliser en interne des pièces de fabrication mécanique, mais bien un acte d'achat intégré dans un ensemble POLITIQUE/STRATÉGIE. Dès lors, les achats de sous-traitance sont gérés, comme l'ensemble des dépenses, par le « patron » des achats.

Mais il convient d'aller plus loin dans notre raisonnement.

Les trois logiques décrites ci-avant doivent être gérées par le même manager. Tendons-nous vers une notion de « MATERIALS MANAGER » ?

En tous les cas, le directeur des achats a aujourd'hui, et la sous-traitance où le partenariat dans un contexte interculturel en sont les éléments déterminants, un rôle élargi de directeur de la gestion des flux. Ce « titre » ne nous convient bien sûr pas, mais nous n'avons pas encore trouvé comment franciser MATERIALS MANAGER.

Quoi qu'il en soit, le manager dont nous parlons doit, et c'est bien sa raison d'être

> **SATISFAIRE LE CLIENT, QU'IL SOIT INTERNE OU EXTERNE**

Dans le cas le plus général, une structure, matricielle à double entrée est nécessaire.

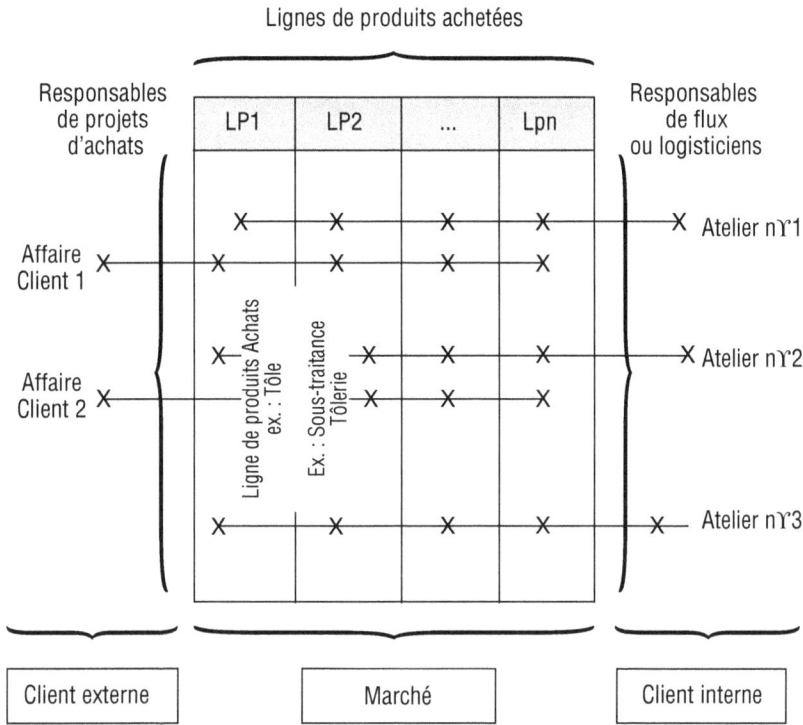

Figure 6-4 • La structure matricielle des achats

Le manager de ce centre de profit (non pas au sens comptable du terme, mais au sens des responsabilités) a donc la responsabilité du fonctionnement de ces trois logiques et des hommes attachés à ces fonctions.

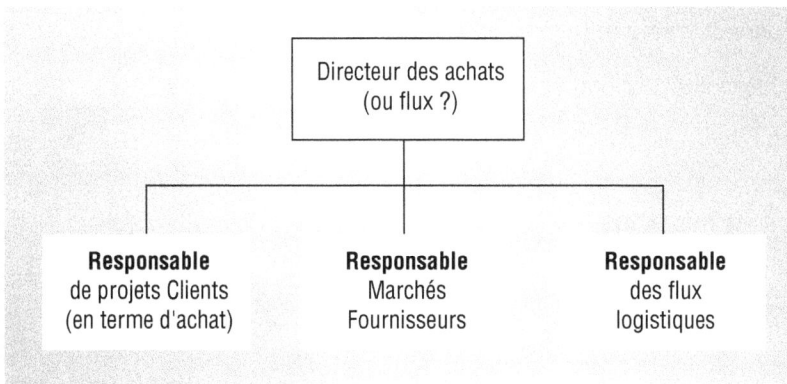

Figure 6-5 • Les responsabilités du manager des achats

© Éditions d'Organisation

Bien entendu, il appartient aux différents responsables ci-dessus de définir leur propre structure.

En particulier, les questions habituelles sur l'organisation des achats se posent :

■ Doit-on intégrer les gestionnaires de flux (ou approvisionneurs) à la fonction d'expertise MARCHÉS FOURNISSEURS, selon un fonctionnement par binôme avec les acheteurs de la même spécialité ?

Nous pensons que, de plus en plus, la réponse est OUI.

En effet, le directeur des achats doit satisfaire le client interne, et pour cela, doit être gérant des flux, physiques ou d'information. Il y a bien entendu des contre-indications, notamment dans les fabrications en très grande série. Mais, alors, il est difficile d'envisager des stratégies d'achats interculturelles telles que :

• partenariat,
• compensations,
• délocalisation.

Car il convient de se poser la question de l'utilité d'un approvisionneur en atelier qui devrait « relancer un fournisseur chinois de Honk Kong » ?

Cela dit, il convient impérativement de séparer les tâches de :

• moyen terme : ACHAT,
• court terme : APPROVISIONNEMENT (ou gestion des flux).

« CE NE SONT PAS LES MÊMES HOMMES MAIS ILS PEUVENT TRAVAILLER EN BINÔMES OPÉRATIONNELS. »

■ Où doit-on positionner physiquement les acteurs de la fonction ?

■ Quel est le rôle et la mission de chacun ?

■ Doit-on intégrer une cellule QUALITÉ dans ce service ?

■ etc.

Rôles et missions

Nous nous proposons maintenant de décrire les missions des différents responsables :

• responsable de projets d'achats,
• responsable de marchés d'achats,
• responsable des flux d'entreprises,

dans le cadre d'un fonctionnement d'entreprise par PROJETS.

Ces définitions ne sont pas exhaustives et sont données à titre d'exemple. Elles sont tirées de cas réels d'organisation mis en place dans le cadre de nos missions en entreprise.

Le responsable de projets d'achats

Ses responsabilités

Véritable « chef de projets », il est responsable des achats concernant une ou plusieurs affaires, en termes de :

- PRIX,
- QUALITÉ,
- DÉLAIS,

auprès des responsables d'affaires et de la Direction Commerciale.

Ses missions

Le responsable de projets d'achats :

- établit le devis des dépenses d'achats des affaires,
- choisit, avec les responsables de marchés d'achats, les solutions d'approvisionnement (c'est-à-dire les STRATÉGIES) les mieux adaptées à l'affaire concernée,
- établit le planning des achats par rapport à l'affaire et déclenche les achats critiques en termes de délais,
- détermine avec les responsables de marchés d'achats, les objectifs de PRIX par familles et sous-familles en cohérence avec les marchés des fournisseurs,
- assure le suivi financier des achats de l'affaire concernée,
- participe aux négociations importantes,
- transmet aux responsables de marchés d'achats, les modifications et contraintes issues du client final,
- gère les problèmes de COMPENSATIONS ou TRANSFERTS DE TECHNOLOGIE,
- etc.

Le responsable de marchés d'achats

Ses responsabilités

Véritable « patron de P.M.I. », il est responsable des résultats relatifs aux produits gérés par son groupe d'achats.

Le but est d'assurer pour son entreprise :

- les meilleures conditions d'achat des produits ou services,
- le respect des délais de livraison et de la qualité : satisfaire les besoins des demandeurs.

Ses missions

Le responsable des marchés d'achats :

- assure ou fait assurer le marketing achats des marchés confiés à son groupe,
- facilite l'accès aux fournisseurs et sous-traitants les plus performants,
- obtient les meilleures conditions d'achats pour ses fournisseurs et ceux de son groupe,
- garantit le respect des délais et des conditions d'approvisionnement des produits,
- veille au respect de la qualité des produits,
- établit des stratégies d'achat à court et long terme pour le groupe dont il est responsable.

Pour ce faire, c'est un entrepreneur qui doit :

- Manager une équipe constituée :

  - d'acheteurs,
  - d'approvisionneurs ou gestionnaires de flux,
  - de qualiticiens.

Le groupe ainsi constitué s'appelle un « centre d'achats » :

- il gère un ensemble de familles d'achats qui constitue le portefeuille du groupe,
- il est expert dans les domaines d'achats importants et stratégiques de son groupe,
- il assure une veille technico-économique des produits dont il a la responsabilité par des actions de marketing-achats,
- il définit la politique et la stratégie d'achat et de gestion de son portefeuille et en assure la mise en place et le respect,
- il négocie les achats des produits « difficiles » et importants et assiste ses collaborateurs dans l'atteinte des objectifs fixés,
- il garantit le traitement des besoins dans les conditions de rapidité et de réactivité fixées par le département auquel il appartient,
- il met en place ou suscite, dans un esprit créatif, des méthodes d'organisation, facteurs de progrès financier, logistique, administratif,

- il anime des actions de productivité au service achats chez les fournisseurs, productivité en termes :

  - d'achats,
  - d'approvisionnement,
  - de qualité.

- il fixe en accord avec la hiérarchie les objectifs de résultats financiers pour chaque affaire, en assure l'obtention et le suivi et ce, conformément aux objectifs fixés par la direction générale,
- il dépend hiérarchiquement du chef du département achats qui lui fixe ses objectifs et à qui il rend compte.

Le responsable des flux logistiques

Ses responsabilités

Le responsable de la logistique achats a pour objectif de satisfaire à temps, en quantité et qualité, les besoins internes de l'entreprise. Ses objectifs suivent une logique de satisfaction des circuits de fabrication.

Ses missions

Maître d'œuvre de la gestion des approvisionnements des gammes de produits dont il a la charge, il doit :

- définir les besoins en termes d'approvisionnement par projet et dimensionner les cadences d'approvisionnement adéquate,
- veiller à ce que les produits soient livrés aux demandeurs au moment où ils en ont besoin,
- gérer les problèmes d'approvisionnement par affaire au niveau des groupes d'achat,
- communiquer aux demandeurs (clients internes) les évolutions de livraison des produits et mener les actions qui en découlent,
- assurer l'interface à court et moyen terme au niveau de l'approvisionnement et des flux, entre les approvisionneurs et les clients internes, prioritariser les urgences et les actions préventives,
- prendre connaissance au niveau global du dossier des affaires dès leur lancement,
- élaborer et mettre en place des solutions logistiques auprès des fournisseurs afin de :

  - fiabiliser les délais fournisseurs,
  - planifier les réceptions des produits,
  - établir des conventions logistiques avec les fournisseurs,
  - mettre en place des plans de progrès en termes de qualité de service.

Reporting

Afin d'analyser et d'anticiper les flux d'approvisionnement, le responsable des flux logistiques doit développer des outils et des tableaux de bord simples et efficaces.

Ce reporting doit être fait simultanément aux chefs des départements Achats et Industriels.

Les informations fournies doivent être précises, vérifiables et opération-nelles ; le responsable des flux logistiques a aussi pour mission de définir, préparer, animer, suivre des réunions opérationnelles et efficaces concernant les approvisionnements.

AUTODIAGNOSTIC

Manager les achats, choisir entre une sous-traitance simple, un partenariat, participer aux demandes faire ou faire faire, nécessite une bonne connais-sance de ce que nous appelons les bonnes pratiques d'achats de l'entre-prise. Ainsi, nous vous proposons ci après un guide qui doit vous permettre de vous poser les bonnes questions concernant vos pratiques d'achats et éventuellement de remédier à certains dysfonctionnements qui ne manque-ront pas d'être mis en évidence à travers ce guide.

LA COMPÉTENCE DES ACHETEURS

DÉFINITIONS

Nous définissons 3 unités de compétences :

Compétences techniques

Elles reposent sur la chaîne de valeurs achats.

Ces compétences concernent les savoirs initiaux, acquis par l'étude théorique, et/ou par la pratique. Ce sont des savoirs de base sans lesquels on ne peut exercer la fonction valablement.

Ces savoir faire de base se transforment au fil de l'expérience en compétences pratiques.

Celles-ci concernent la mise en œuvre des savoirs acquis et détenus par le professionnel dans la pratique quotidienne. Elles font référence à des apprentissages ou à des leçons tirées de l'expérience.

Compétences relationnelles

Dans l'exercice de la fonction elles concernent l'aspect relationnel, qu'il soit défini sous un angle « présentiel » ou non, et aussi bien en interne (hiérarchie, services connexes, savoir-être vis-à-vis de l'ensemble des acteurs de l'entreprise) qu'en externe (fournisseurs, confrères, médias et membres de la profession).

Elles expriment la capacité du professionnel à gérer au mieux ces relations et à construire un réseau réunissant des compétences complémentaires.

En particulier, ces compétences se maximalisent avec l'expérience et la capacité des acteurs à évoluer dans des stratégies de fidélisation des fournisseurs dans un domaine interculturel en intégrant toutes les dimensions du développement durable.

Compétences cognitives

Elles traitent de l'acquisition, en continu, et de la capitalisation des savoirs acquis par l'étude théorique (par exemple par la formation continue), ou de la formalisation de ces savoirs faire ou savoirs être acquis par l'expérience.

Elles peuvent se matérialiser par la capacité à transmettre ces savoirs à des acteurs moins expérimentés, ou à fixer des objectifs professionnels dits « écologiques », c'est-à-dire cohérents avec les pratiques et usages professionnels dans un environnement interculturel.

LA CHAINE DE VALEURS ACHATS

Depuis l'expression des besoins jusqu'à la satisfaction du client, cette chaîne comprend trois grandes étapes :

Sourcing et achats amont

– Définition de la politique d'achats
– Expression des besoins
– Analyse du marché de l'offre et de la demande
– Visualisation du portefeuille des achats et analyse marketing
– Diagnostic et élaboration des stratégies d'achats

Achats et contractualisation

– Consultation du marché fournisseurs
– Négociation en présentiel où en ligne
– Contractualisation

Approvisionnement

– Revue de contrats et suivi d'affaires
– Mesure de la performance des fournisseurs
– Réception matérielle et immatérielle
– Paiement des fournisseurs

NIVEAU DE COMPÉTENCES

Nous définissons le niveau de compétences selon une notation de 1 à 5.

Niveau 1

C'est le niveau débutant. Les actes professionnels doivent impérativement être cadrés par un acteur plus expérimenté.

Aucun objectif, aussi bien qualitatif que quantitatif, n'est formulé.

Dans ce contexte, le rôle du professionnel est un rôle d'assistant ou d'aide sous forme d'une ressource complémentaire.

Niveau 2

Le savoir faire est acquis à partir d'un programme de formation, de lectures… etc.

Le professionnel est en cours d'apprentissage du métier.

L'entreprise investit sur cet acteur à potentiel de progrès identifié.

Dans ce contexte, son rôle est celui d'un assistant, mais n'a aucune responsabilité dans le processus.

Niveau 3

L'apprentissage du métier est réalisé. Le professionnel a acquis les concepts, outils et méthodes lui permettant de travailler seul selon les directives de sa hiérarchie qui lui fixe ses objectifs tant qualitatifs que quantitatifs.

La phase de professionnalisation est en cours à partir d'expériences qui doivent lui permettre de s'approprier pleinement les savoirs faire du domaine.

Niveau 4

Il s'agit d'un très bon niveau de professionnalisme permettant de :

- Fixer les objectifs créant de la valeur pour l'entreprise,
- Etre responsable des actes vis-à-vis de la hiérarchie,
- Etre force de proposition en interne pour améliorer la prestation attendue
- Régler les litiges et minimiser les risques d'approvisionnement
- Intégrer les éléments relationnels dans la prestation attendue par l'entreprise.

Niveau 5

C'est le niveau « expert ».

En plus du niveau 4, le professionnel doit être capable :

- De communiquer, en interne, ses démarches de progrès,
- De former les débutants des approches pertinentes dans le domaine concerné
- De conseiller l'ensemble des acteurs de l'entreprise sur les bonnes pratiques d'achats et les mettre en œuvre.

LES DOMAINES DE COMPÉTENCES DANS LA FONCTION ACHATS

Processus et Nouvelles technologies

Maîtrise le processus d'achats depuis l'expression du besoin jusqu'à la satisfaction du client final. Il inscrit le processus d'achat dans une démarche de qualité totale (Assurance Qualité aux Achats) fédérée par un manuel des achats. Est capable, à partir d'une démarche stratégique élaborée par les acheteurs amont, de faire des choix et de critiquer les tactiques à adopter, notamment sur le choix d'une démarche soit en présentiel, soit en ligne. Il s'assure de la pertinence des prévisions, en évitant la dispersion des achats entre les différentes unités du groupe et provoque les actions de standardisation.

Interface et négociation

Construit les moyens de collaborer efficacement avec tous types d'acteurs (aussi bien en interne qu'en externe).

Est capable de « vendre » ses actes, et plus particulièrement la fonction achats en interne.

Fait preuve d'adaptabilité et recherche l'atteinte de ses objectifs dans une logique « long terme ».

Comprend les enjeux stratégiques et sait les mettre en perspective avec les mesures à court terme, pour négocier dans des conditions optimales.

Environnement interculturel

A de l'intérêt et des sources de savoir quant aux contextes susceptibles d'influer sur ses choix : économique (conjoncture, tendances, quotas, réglementations, concurrence à l'achat), culturel (usages et coutumes, communication infra-verbale et non-dits, utilisation du temps, proxémie, prise de décision, modes pour convaincre, comportement social), géographique (climat, modes de vie), développement durable (éthique, commerce équitable, environnement).

Prend en compte les différences culturelles dans toutes ses approches client/fournisseur, aussi bien lors des contacts que dans les relations durables.

Anticipation, veille technico-commerciale

Anticipe, en se fondant sur les études de marchés aussi bien de l'offre que de la demande, son intuition et sa connaissance du domaine, pour atteindre ses objectifs sans risque de rupture d'approvisionnement mettant en péril la vie de son entreprise.

Propose en interne, les produits de substitution issus des nouveaux entrants sur le marché.

Informe l'entreprise sur les démarches effectuées auprès du panel des fournisseurs, par les concurrents à l'achat.

Diagnostic et stratégies d'achat

Sait émettre un diagnostic de la situation des approvisionnements pour un projet défini ou un exercice annuel.

Est capable de mettre en place des stratégies d'achats différenciées par famille de produits dans le but d'atteindre les objectifs fixés

Propose la bonne politique d'achat compte tenu de l'environnement et de la position concurrentielle de l'entreprise ;

Propose les bonnes approches client/fournisseur compte tenu du pouvoir de négociation dont dispose l'entreprise pour chaque achat de prestation, produit ou service.

Met en place toute action de progrès permettant d'améliorer le pouvoir de négociation pour les achats futurs.

D'une manière générale, recherche toute action permettant de créer de la valeur pour l'entreprise.

Management

Conduit une équipe et des collaborations qui ont pour finalité la création de valeur pour l'entreprise à partir de démarches achats.

Est capable de fixer des objectifs aussi bien qualitatifs que quantitatifs à son équipe, de déléguer le processus et d'en assurer la bonne marche.

Communique à son équipe les éléments de politique générale de l'entreprise et les éventuels changements d'organisation impactant sur le quotidien des acteurs.

Assure la formation des acteurs de son équipe dans un double but :

– le progrès permanent de son activité
– le bon déroulement de carrière des acteurs.

© Éditions d'Organisation

Conseille les membres de son équipe sur les bonnes pratiques d'achats à observer au cas par cas.

Met en place les tableaux de bord de l'activité achats

Elabore les règles de déontologie et en assure la bonne application dans son service

Pilotage et gestion

Elabore le tableau de bord stratégique de l'activité achats

Assure la bonne coordination des actions des différents services par rapport aux pratiques d'achat mise en œuvre par l'Assurance Qualité aux Achats.

Assure la bonne communication « produits » en interne (utilisation de l'intranet, d'un ERP…).

Pilote l'activité au quotidien à l'aide d'indicateurs pertinents (qualité, respect des délais fournisseurs…).

Utilise ces éléments s'ils sont élaborés par un manager achats ou un chef de projets achats.

COMPÉTENCES REQUISES POUR LA FONCTION DE « ACHETEUR SENIOR »

Domaine de compétence	Définition des compétences	Unité de compétence	Niveau requis
Diagnostic et stratégies d'achats	Est capable de réaliser des études de marché aussi bien de l'offre que de la demande. Comprend les différentes stratégies d'achats élaborées par un acheteur leader ou un responsable de projet d'achat, et les met en œuvre Est capable de visualiser le portefeuille de ses achats.	**Technique**	3
	Construit un réseau relationnel interne et externe dans un objectif de relations durables. Assure la bonne relation de long terme avec son panel fournisseurs, et ceci selon les règles de déontologies élaborées par le directeur des achats	**Relationnelle**	4
	Capitalise ses actes dans le manuel des achats ou le produit intranet de l'entreprise. Informe sa hiérarchie à partir d'un reporting régulier.	**Cognitive**	3

…/…

...../....

Anticipation, veille technico-commerciale	Est capable d'avoir une vision claire du marché en étant force de proposition sur les produits nouveaux existant sur le marché ainsi que sur les produits en fin de vie. Egalement doit pouvoir mesurer son pouvoir d'achat pour optimiser ses négociations.	**Technique**	3
	Est capable de maintenir un bon niveau de relations aussi bien en interne qu'en externe pour obtenir toutes les informations nécessaires au bon déroulement de ses investigations.	**Relationnelle**	4
	Informe sa hiérarchie à partir d'un reporting régulier.	**Cognitive**	3
Interface et négociation	Est capable de mener des négociations de très bon niveau : – Préparer en groupe les futures négociations avec les acteurs concernés en, notamment fixant les objectifs pour chacune des exigences de l'entreprise.	**Technique**	4
	– Mettre en place les démarches de négociation, aussi bien sur les achats hors production que de production. – Proposer un outil de reporting de négociation.	**Relationnelle**	5
	Est capable de conduire les négociations d'achat seul ou en groupe, c'est-à-dire avec l'appui des spécialistes techniques, logistiques…	**Cognitive**	5
	Doit informer sur les bonnes pratiques en terme de négociation, capitaliser et former les acheteurs junior et les assistants d'achats sur les démarches négociatrices afin que ceux-ci puissent suivre dans de bonnes conditions la vie des contrats négociés.		
Environnement interculturel	Sur demande des acheteurs leaders ou du responsable des achats, doit être capable de réaliser un sourcing international pour comparer les offres en coût global. Doit intégrer les dimensions culturelles de la négociation internationale :	**Technique**	4
	– Métaprogramme et stéréotypes interculturels – Us et coutumes, notamment sur les prises de contact – Approche négociatrice – Fiabilité, qualité, respect des engagements, règlement des litiges…	**Relationnelle**	4
	Doit capitaliser ses expériences interculturelles.		

...../....

_ .../... _

Processus et nouvelles technologies	Tous les actes constituant la chaîne de valeurs achats doivent être parfaitement assimilés. Doit être capable d'aider efficacement à la rédaction d'un manuel des achats et s'inscrire dans une démarche de qualité totale. Le choix des fournisseurs au panel doit être réalisé selon une méthodologie qu'il doit exposer à sa hiérarchie. L'acheteur doit être capable d'utiliser les outils actuels d'enchères inversées et d'e-procurement.	Technique	4
	Doit tisser des relations internes plus que satisfaisantes pour « vendre » sa prestation et raisonner en coût global.	Relationnelle	5
	L'acheteur doit être capable de mesurer la satisfaction des clients internes et de proposer les plans de progrès adaptés.	Cognitive	4
Pilotage et gestion	Il applique le mode de gestion mis au point par la direction des achats, et éventuellement propose des axes d'amélioration dans la cadre de son quotidien.	Technique	3
Management	Ce n'est pas la tâche prioritaire de l'acheteur, mais il doit seulement adhérer au style de management de sa hiérarchie.	Relationnel	3

Compétences requises pour la fonction de « acheteur leader ou responsable d'achats »

Domaine de compétence	Définition des compétences	Unité de compétence	Niveau requis
Diagnostic et stratégies d'achats	Est capable de réaliser des études de marché aussi bien de l'offre que de la demande. Propose les différentes stratégies d'achats à mettre en œuvre au titre d'un projet ou au titre de la politique générale de l'entreprise dans un souci de création de valeur. Développe sa capacité de synthèse. Prend de la hauteur par rapport au processus d'achat. Fait des projections étayées sur le devenir de la situation des approvisionnements.	Technique	5
	Construit un réseau relationnel interne et externe dans un objectif de relations durables. Assure la bonne relation de long terme avec son panel fournisseurs et les acheteurs de la fonction, et ceci selon les règles de déontologies élaborées par le directeur des achats.	Relationnelle	4
	Doit informer et former les acheteurs aux différentes techniques marketing et stratégies d'achats.	Cognitive	5
Anticipation, veille technico-commerciale	Fait de l'observation une source d'information méthodique sur ce que recèle le marché d'innovations. Sait détecter les tendances, pressentir les adaptations à réaliser pour tenir compte de la durée de vie des produits, activités ou services à acheter et convaincre de ses idées et choix. Se soucie de l'éthique en raisonnant en permanence à parti des éléments du développement durable.	Technique	5
	Est capable de maintenir un bon niveau de relations aussi bien en interne qu'en externe pour obtenir toutes les informations nécessaires au bon déroulement de ses investigations.	Relationnelle	4

.../...

.../...

Interface et négociation	Est capable de mener des négociations de très haut niveau, et ceci dans un but de globalisation : – Préparer en groupe les futures négociations avec les acteurs concernés en, notamment fixant les objectifs pour chacune des exigences de l'entreprise, et ceci dans une démarche de négociation centralisée pour l'ensemble de l'entreprise ou des unités d'un groupe d'entreprises.	**Technique**	5
	– Mettre en place les démarches de négociation, aussi bien sur les achats hors production que de production. Se positionne comme la personne de référence pour suivre les étapes d'une action.	**Relationnelle**	4
	Est capable de conduire les négociations d'achat seul ou en groupe, c'est-à-dire avec l'appui des spécialistes techniques, logistiques… Optimise ses capacités à intervenir dans des domaines nécessitant de la polyvalence. Gère des informations multiples, comme la dispersion des achats et argumente en interne pour globaliser les achats.	**Cognitive**	5
	Formalise ses idées sous forme de dossiers d'expert pour argumenter auprès de la direction générale.		
Environnement interculturel	Optimise en permanence sa capacité à intégrer la dimension interculturelle dans toutes ses approches. Est capable de mener à bien des études de délocalisation de produits, activités ou services.	**Technique**	5
	Doit intégrer de manière très professionnelle les dimensions culturelles de la négociation internationale : – Métaprogramme et stéréotypes interculturels – Us et coutumes, notamment sur les prises de contact – Approche négociatrice – Fiabilité, qualité, respect des engagements, règlement des litiges…	**Relationnelle**	5
	Est capable de former les acheteurs aux achats internationaux sous toutes leurs formes.	**Cognitive**	4

.../...

___ .../... ___

Processus et nouvelles technologies	Toutes les étapes du processus d'achat doivent parfaitement être maîtrisés. A ce niveau, l'acheteur leader ou le responsable d'achat doit prendre de la hauteur en proposant des démarches adaptées à l'entreprise.	**Technique**	4
	La communication interne doit être le point fort de l'acheteur leader ou du responsable d'achats.	**Relationnelle**	5
	Doit être le « référent » au sein de la fonction achats et des fonctions connexes.	**Cognitive**	4
Pilotage et gestion	Applique la politique générale de l'entreprise et construit les tableaux de bord de l'activité achats. Le responsable d'achats, que ce soit d'une famille de produits ou de l'ensemble d'un service, doit être capable de faire un diagnostic de son activité et de mettre en place les plans de progrès correspondants. Construit le référentiel des bonnes pratiques à utiliser dans son activité.	**Technique**	5
Management	Organise la fonction achats en cohérence avec les services connexes. Pour ce faire, il doit être capable de faire l'audit de l'activité achats et d'en dégager des axes de progrès.	**Technique**	3
	Elargit son champ d'action en s'appuyant sur la collaboration de son équipe. Est l'interlocuteur privilégié du directeur des achats ou de la direction générale.	**Relationnelle**	3
	Enrichit sa gamme d'outils managériaux pour construire sur sa pratique. S'approprie les méthodes novatrices pour motiver son équipe.	**Cognitive**	2

COMPÉTENCES REQUISES POUR LA FONCTION DE « ACHETEUR JUNIOR »

Domaine de compétence	Définition des compétences	Unité de compétence	Niveau requis
Diagnostic et stratégies d'achats	Doit comprendre les enjeux de la fonction achats avec sa problématique. Des notions de marketing et stratégies d'achats sont requises pour comprendre les différentes décisions prises par les responsables d'achats.	**Technique**	1
Anticipation, veille technico-commerciale	Doit comprendre ces notions d'anticipation et de risques de rupture d'approvisionnement.	**Technique**	1
	Est capable de maintenir un bon niveau de relations aussi bien en interne qu'en externe pour obtenir toutes les informations nécessaires au bon déroulement de ses actions.	**Relationnelle**	3
Interface et négociation	Est capable de préparer des négociations de bon niveau, pour jouer le rôle d'assistant à un acheteur confirmé : – Recherche de l'historique des relations avec le fournisseur, – Recherche de toute information pour assurer une bonne préparation à la négociation, – Constitution du dossier de présentation	**Technique**	2
	Egalement, l'acheteur junior traite, en terme de négociation, les achats courants, d'urgence et certains achats hors production.	**Relationnelle**	4
	L'acheteur junior doit impérativement tisser un réseau de relations aussi bien en interne qu'en externe. Sa démarche dans la relation client/fournisseur doit s'appuyer nécessairement sur une logique « long terme ».		
Environnement interculturel	L'acheteur junior doit dés ses premières expériences, entrer dans une logique internationale et commencer à en comprendre les enjeux pour la fonction achats.	**Technique**	1

.../...

— .../... —

Processus et nouvelles technologies	Tous les actes constituant la chaîne de valeurs achats doivent être parfaitement assimilés. Doit être capable d'aider efficacement à la rédaction d'un manuel des achats et s'inscrire dans une démarche de qualité totale. Le choix des fournisseurs au panel doit être réalisé selon une méthodologie qu'il doit exposer à sa hiérarchie. L'acheteur junior doit être capable d'utiliser les outils actuels d'enchères inversées et d'e-procurement.	Technique	4
	L'acheteur junior doit être capable de mesurer la satisfaction des clients internes et de proposer les plans de progrès adaptés.	Cognitive	3
Pilotage et gestion	Il applique le mode de gestion mis au point par la direction des achats, et éventuellement propose des axes d'amélioration dans la cadre de son quotidien.	Technique	3
Management	Ce n'est pas la tâche prioritaire de l'acheteur junior, mais il doit seulement adhérer au style de management de sa hiérarchie.	Relationnel	3

COMPÉTENCES REQUISES POUR LA FONCTION DE « DIRECTEUR DES ACHATS »

Domaine de compétence	Définition des compétences	Unité de compétence	Niveau requis
Diagnostic et Stratégies d'achat	Maîtrise l'ensemble des stratégies d'achats permettant de créer de la valeur pour l'entreprise. Propose et argumente ces stratégies en comité de direction et identifie les ressources pour la mise en œuvre de ces leviers de gain. Fait des propositions étayées sur le devenir de la situation des approvisionnements. Participe aux grandes décisions de l'entreprise en amenant la valeur ajoutée « achats ».	**Technique**	5
	Construit un réseau relationnel interne et externe au niveau des directeurs des autres fonctions de l'entreprise et des directeurs d'achats d'autres entreprises pour mesurer la pertinence de ses actions.	**Relationnel**	5
	Doit informer les acteurs de son service des décisions stratégiques prises par la direction de l'entreprise, impactant sur le fonctionnement des achats. Fixe les objectifs stratégiques de son activité. Communique les actions à mener.	**Cognitive**	5
Anticipation, Veille technico-commerciale	Son réseau relationnel interne doit lui permettre d'anticiper les problèmes d'approvisionnement sur les projets futurs. Doit informer son équipe des éventuels changements futurs. Le directeur des achats doit faire de l'anticipation son « credo ».	**Relationnel**	5
Interface et négociation	Est capable de mener des négociations de très haut niveau et de manager les équipes devant participer aux négociations. Son expérience technique dans ce domaine doit être significative.	**Technique**	5
	Est capable d'intervenir dans les domaines nécessitant de la polyvalence. Doit gérer une masse d'informations multiples en provenance de l'ensemble des fonctions de l'entreprise.	**Relationnel**	4

…/…

	Doit être capable de faire des reporting de négociation avec ses équipes et d'en dégager des plans de progrès. Prend la responsabilité des négociations en engageant l'entreprise.	**Cognitive**	5
Environnement interculturel	Optimise en permanence sa capacité à intégrer la dimension interculturelle dans toutes ses approches. Est capable de prendre des décisions stratégiques impactant les phénomènes sociaux telles que des décisions de délocalisation en intégrant toutes les dimensions liées au développement durable : – Ethique – Commerce équitable – Environnement	**Technique**	4
	Doit former et informer les acheteurs de son service à ces problématiques.	**Cognitive**	4
Processus et nouvelles technologies	Doit être au courant des nouvelles méthodes et outils d'achats. En particulier, il doit avoir la capacité de synthèse lui permettant de faire des choix concernant l'opportunité d'utiliser les nouvelles technologies. Ces choix doivent tenir compte de l'ensemble des paramètres techniques, financiers, humains et organisationnels.	**Technique**	4
	Doit être le formateur permanent de son service et faire preuve d'innovation dans ses approches.	**Cognitive**	4
Pilotage et gestion	Recueille toutes les informations en interne et construit : – Le tableau de bord stratégique des achats à destination du comité de direction pour informer des leviers d'action utilisés dans le cadre des projets. – Le tableau de gestion de son service comprenant les indicateurs pertinents de variation de coûts, de délais et de qualité. Propose les actions correctives. Construit le référentiel des bonnes pratiques à utiliser dans son activité.	**Technique**	5

1. PRÉAMBULE

Ce guide se divise en deux parties distinctes qui correspondent aux deux princi-pales catégories de personnes amenées à utiliser les bonnes pratiques d'achat.

- Le Directeur ou Responsable Achat.
- Les Acheteurs.

Chaque partie comprend :

- Des renseignements à caractère généraux.
- Des renseignements concernant la fonction.
- Des renseignements sur les missions effectuées.
- Des renseignements sur le tableau de bord.
- Des renseignements sur le système d'information.

2. LE DIRECTEUR ACHAT

Renseignements généraux concernant la fonction Achat

Votre poste :

Fonction :

Rattachement dans l'organigramme :

Ancienneté dans le poste :

Description du poste (si possible joindre la fiche descriptive du poste) :

Rappel du poste occupé auparavant et antécédents professionnels :

Les Missions

Vos missions :

Les tâches suivantes font-elles parties de vos attributions ? :	Oui	Non
Élaboration de la politique court, moyen, long terme		
Définition du processus Achat et des procédures Achat		
Définition et mise en place des stratégies Achat		
Définition du budget		
Êtes-vous autonome en ce qui concerne ? :		
La gestion		
La formation		
Le recrutement		

Si vous n'êtes pas autonome sur l'un des trois derniers points, à qui devez-vous vous référer ?

Le service Achat

Rappel du C.A. Achat global de l'entreprise :

Montant et pourcentage des Achats traités par les Achats par rapport au C.A. Achat global (les achats gèrent un Achat lorsque les Achats interviennent de l'expression du besoin jusqu'à la contractualisation) :

Effectif du service Achat : (1) = (2) + (3) + (4)

dont Administratifs (2) :

NOM	ÂGE	FONCTION	CLASSIFICATION

dont Acheteurs (3)

NOM	ÂGE	FONCTION	CLASSIFICATION

dont Approvisionneurs (4) :

NOM	ÂGE	FONCTION	CLASSIFICATION

Nombre de sites que vous gérez pour les Achats :

Localisation des sites et répartition des acheteurs par site :

SITE	ACHETEURS répartition des personnes / sites

Organisation des Achats ? (par famille d'Achat, par groupe fournisseur, par produit final...)

Pratiquez-vous le marketing Achat? Pouvez-vous nous décrire la méthode employée?

Utilisez-vous un Cahier des Charges Fonctionnel?

Les Achats sont-ils impliqués dans des démarches de Conception à Coût Objectif (CCO) lors des lancements de nouveaux produits?

Description et répartition des familles d'Achat par Acheteur, de la stratégie appliquée pour chaque famille d'Achat:

FAMILLE ACHAT	ACHETEUR	STRATÉGIE	COMMENTAIRE

Montant total et description du portefeuille Achat

TYPE DES ACHATS	NOMBRE DE FAMILLES ET DESCRIPTION DES FAMILLES	MONTANT TOTAL DU CA ACHAT POUR CE TYPE DE FAMILLE
Achat d'investissement		
Achat de travaux neufs		
Achat de composants		
Achat de sous-traitance • Pour produit final • Autres		
Achat de frais généraux et de consommables		
Achat de maintenance (prestation + pièces de rechanges)		
Achat de prestations intellectuelles		

Le tableau de bord Achat

Existe-t-il un tableau de bord qui permet de suivre les performances sur Achat ?

Si oui, quels sont les indicateurs (prix, délai achat...) retenus dans vos tableaux de bord, précisez-les ?

INDICATEURS	COMMENTAIRES

Quelle est la fréquence de remise à jour du tableau de bord ?

Qui se charge de le remettre à jour ?

Comment procède la/les personne(s) responsable(s) de la mise à jour du tableau de bord ?

Système d'Informations Achat

Quel est votre S.I (progiciel intégré ou autre) ?

Existe-t-il un système d'informations « permanent » (ex. : base de données fournisseurs, produits) ?

Existe-t-il un système d'informations variable pour le suivi des processus Achats (ex. : suivi des processus sur le plan des délais Achats) ?

Existe-t-il un système d'information « historique » (ex. : prix, quantité/année) ?

Ces trois systèmes d'informations sont-ils informatisés ?

Le S.I et les commandes :

Comment génère-t-on des commandes grâce à votre système d'informations ?

Pour la génération des commandes, existe-t-il une différence entre les « produits sur catalogue » avec code article et les autres produits sans code (ex. : prestations intellectuelles) ? En ce sens, peut-on commander automatiquement des produits « sur catalogue » par des systèmes de type Internet ou EDI ?

Temps moyen d'une saisie de commande informatique ?

Nombre de lignes pouvant être saisies par commande informatique ?

Part de vos Achats qui sont gérés automatiquement avec un/des fournisseur(s) (Internet/EDI) ? Pouvez-vous préciser le nom du/des fournisseur(s) ?

Points forts du S.I ?

Points faibles du S.I ?

Quelles sont les recommandations que vous feriez concernant le S.I (ex. : nouvelles fonctionnalités que vous aimeriez ajouter au S.I existant) ?

Votre analyse

Point fort du poste :

Point fort du service Achat :

Dysfonctionnements éventuels du poste :

Dysfonctionnements éventuels du service :

Propositions d'amélioration :

Autres :

3. LES ACHETEURS

Renseignements généraux (suite)

Votre poste :

Fonction :

Rattachement dans l'organigramme :

Ancienneté dans le poste et antécédents professionnels :

Description du poste (si possible joindre la fiche descriptive du poste) :

Les responsabilités de ce poste sont-elles clairement définies ?

Nombre de personnes à manager :

NOM	ÂGE	FONCTION	CLASSIFICATION

Le poste

1. Caractéristiques du Poste

Est-ce un poste d'acheteur ou bien un mélange achat/approvisionnement?

C.A. Achat du poste:

Pourcentage de ce C.A. par rapport au C.A. total du service Achat?

Schéma de traitement d'une Demande d'Achat, outils utilisés et processus des décisions et des signatures:

2. Description du portefeuille Achat

Nombre total de familles d'Achat dont vous vous occupez:

Nombre de produits pour ce portefeuille:

Connaissance précise des produits, du marché fournisseur:

Nombre de fournisseurs actifs référencés:

Description des types d'Achat de votre portefeuille :

TYPE DES ACHATS	NOMBRE DE FAMILLES ET DESCRIPTION DES FAMILLES	MONTANT TOTAL DU CA ACHAT POUR CE TYPE DE FAMILLE
Achat d'investissement		
Achat de travaux neufs		
Achat de composants		
Achat de sous-traitance • Pour produit final • Autres		
Achat de frais généraux et de consommables		
Achat de maintenance (prestation + pièces de rechanges)		
Achat de prestations intellectuelles		

3. Maîtrise du portefeuille

Comment classeriez-vous les familles d'Achat dont vous vous occupez ?

Achat stratégique (zone de risque et de profit fort dans les analyses de marketing Achat)

MONTANT DU CA	FAMILLE, DESCRIPTION DU PRODUIT	FOURNISSEURS (NOMBRE ET NOMS)	STRATÉGIE APPLIQUÉE ET RELATIONS AVEC FOURNISSEUR	NOMBRE DE COMMANDES OU D'APPEL DE LIVRAISON

Achat spécifié (risque fort, profit faible) : imposition technique de l'amont (BE)
imposition technique de l'aval (clients)

MONTANT DU CA	FAMILLE, DESCRIPTION DU PRODUIT	FOURNISSEURS (NOMBRE ET NOMS)	STRATÉGIE APPLIQUÉE ET RELATIONS AVEC FOURNISSEUR	NOMBRE DE COMMANDES OU D'APPEL DE LIVRAISON

Achat banalisé (zone de risque faible et de profit fort ou faible dans les analyses de marketing Achat, marché concurrentiel)

MONTANT DU CA	FAMILLE, DESCRIPTION DU PRODUIT	FOURNISSEURS (NOMBRE ET NOMS)	STRATÉGIE APPLIQUÉE ET RELATIONS AVEC FOURNISSEUR	NOMBRE DE COMMANDES OU D'APPEL DE LIVRAISON

4. Maîtrise globale du portefeuille

	ACHAT STRATÉGIQUE	ACHAT SPÉCIFIÉ	ACHAT BANALISÉ	TOTAL
nombre de contrats cadres				
nombre d'appels de livraisons				
nombre de commandes ponctuelles				
nombre de livraisons				

nombre de relances
    pour contrat cadre
    et appel de livraison
    pour commandes ponctuelles				

nombre de ruptures				

nombre de litiges
    prix
    qualité
    délai				

nombre de visites fournisseurs				
nombre de fournisseurs				
nouveaux actifs				

Globalement pour votre portefeuille Achat quel est le pourcentage de :

Achat par contrat cadre :   %

Achat par commandes ponctuelles :   %

Pouvez-vous préciser pour vos contrats cadres leur répartition selon leur durée :

1 an :   %

3 ans :   %

indéterminé :   %

Relations avec les autres Fonctions

Relations que vous avez avec les autres services

Échelle :

1 Bonnes relations professionnelles voire même extraprofessionnelles

2 Assez bonnes relations professionnelles

3 Il y a des litiges fréquents

4 Vous ne côtoyez jamais les personnes de ce service

	1	2	3	4
Commercial				
R & D				
Études et Méthodes				
Production				
Logistique				
Maintenance				
Informatique				
Finance				
Ressources humaines				
Juridique				

L'acte d'Achat

1. Les missions

Décomposition du temps de travail suivant les différentes missions inhérentes à l'acte d'Achat.

MISSIONS	NON	OUI	% PASSÉ À CETTE MISSION EN TEMPS	COMMENTAIRES
Analyse du besoin				
Connaissance du marché fournisseur				
Prospection				
Élaboration de la stratégie d'Achat basée sur les analyses de risque et profit de Marketing Achat				
Consultation formalisée				
Évaluation des fournisseurs				
Négociation				
Élaboration du contrat				
Émission des commandes				
Suivi des commandes				
Relance				
Réception				
Contrôle physique des fournitures				
Contrôle des factures				
Temps de déplacement (visites aux fournisseurs, présence à des salons professionnels)				

Tableau de bord Achat

Existe-t-il un tableau de bord qui permet de suivre les performances des fournisseurs ?

Quels sont les indicateurs retenus dans vos tableaux de bord, précisez-les ?

INDICATEURS	COMMENTAIRES

Quelle est la fréquence de remise à jour du tableau de bord ?

Qui se charge de le remettre à jour ?

Comment procède la/les personne(s) responsable(s) de la mise à jour du tableau de bord ?

Système d'informations Achat

Existe-t-il un système d'informations « permanent » (ex. : base de données fournisseurs, produits) ?

Existe-t-il un système d'informations variable pour le suivi des processus Achats (ex. : suivi des processus sur le plan des délais Achats) ?

Existe-t-il un système d'informations « historique » (ex. : prix, quantité/année) ?

Ces trois systèmes d'informations sont-ils informatisés ? Quel est votre S.I (progiciel intégré ou autre) ?

Le S.I et les commandes :

Comment génère-t-on des commandes grâce à votre système d'informations ?

Pour la génération des commandes, existe-t-il une différence entre les « produits sur catalogue » avec code article et les autres produits sans code (ex. : prestation intellectuelle) ? En ce sens, peut-on commander automatiquement des produits « sur catalogue » par des systèmes de type Internet ou EDI ?

Temps moyen d'une saisie de commande informatique ?

Nombre de lignes pouvant être saisie par commande informatique ?

Part de vos Achats qui sont gérés automatiquement avec un/des fournisseur(s) (Internet/EDI) ? Pouvez-vous précisez le nom du/des fournisseur(s) ?

Points forts du S.I ?

Points faibles du S.I ?

Quelles sont les recommandations que vous feriez concernant le S.I (ex. : nouvelles fonctionnalités que vous aimeriez ajouter au S.I existant) ?

Votre analyse

Point fort du poste :

Point fort du service Achat :

Dysfonctionnements éventuels du poste :

Dysfonctionnements éventuels du service :

Propositions d'amélioration :

Autres :

Les bonnes pratiques Achat

Un questionnaire sur les bonnes pratiques Achat permet de tester les différents acteurs du service Achat et d'évaluer la diffusion de ces bonnes pratiques et les carences éventuelles.

Ce questionnaire a une partie commune à tous les Acheteurs. Il a également été développé une partie qui concerne spécifiquement :

• Les Achats de Matière première.
• Les Achats de sous-traitance.
• Les Achats de prestations ou de services.

- Les Achats sur catalogue.
- Les Achats d'investissement.

La méthode consiste, pour chaque achat significatif, à répondre aux questions posées par oui ou non. Si l'on répond non à une des questions on ne peut pas répondre oui aux questions suivantes ayant attrait à la même catégorie (marché, processus...).

Chaque question est assortie d'une cotation (dans la pratique, elle ne devrait pas être divulguée aux acheteurs et elle peut évoluer dans le temps).

Pour le questionnaire commun la répartition est la suivante :

- Le marché   6 questions   ➤   100 points.
- Le processus   19 questions   ➤   300 points.
- L'expression du besoin   5 questions   ➤   100 points.
- Les approvisionnements   6 questions   ➤   100 points.

Le résultat peut être pris en valeur absolue par rapport à 600 points ou transformé en pourcentage.

On peut adopter la règle simple suivante :

- Jusqu'à 300 points : l'acte d'achat n'est pas pratiqué de manière efficace.

- De 300 à 504 points : la pratique est sur la bonne voie mais des progrès restent à faire.

- Au-delà de 504 points : votre pratique est bonne et votre performance à l'achat doit en découler.
  (504 points représentent 84 % de réponses positives).

QUESTIONS	COTATION	COMMENTAIRES
1. LE MARCHÉ 1.1. Avez-vous une liste formalisée des prestataires susceptibles de réaliser les prestations ?	10	
1.2. Connaissez-vous les prestations disponibles sur le marché et leurs usages ?	10	– La notion d'usage renvoie à l'aspect fonctionnalité (« C'est fait pour ») et pas uniquement technique. – En croisant 1.1. et 1.2., on doit établir une matrice prestations X fournisseurs potentiels afin de favoriser la mise en concurrence.
1.3. Est-ce que le ratio chiffre d'affaires annuel commandé/chiffre d'affaires annuel du fournisseur concerné (dernier exercice) et son évolution possible sont formalisés ?	15	– Ceci permet de mesurer l'impact des achats sur l'équilibre économique du fournisseur.
1.4. Avez-vous une procédure d'homologation formalisée des fournisseurs ? (qualité, géographie du capital, santé financière, rentabilité, moyens de production, références).	15	
1.5. Connaissez-vous vos concurrents à l'achat ?	25	– Il s'agit d'identifier les acheteurs, utilisateurs de la prestation et d'apprécier votre positionnement comme client cible pour le fournisseur.
1.6. Connaissez-vous l'évolution du marché de ce type de prestation ? (évolution en volume, tendances, nouveaux entrants, ... ?)	25	– On peut ainsi apprécier si la concurrence va s'intensifier ou le contraire et en conséquence d'ajuster sa stratégie d'achat à l'évolution du marché.
2. LE PROCESSUS 2.1. Connaissez-vous le prix de la prestation au moment de la commande ?	5	– Cela signifie que doivent être prohibés les commandes de régularisation et les achats en dépenses contrôlées.
2.2. Est-ce que l'acheteur a procédé à la négociation commerciale avec le prestataire sur la base d'une consultation faite ailleurs ?	5	

QUESTIONS	COTATION	COMMENTAIRES
2.3. Est-ce que l'acheteur a procédé à une consultation ouverte des fournisseurs à partir d'un cahier des charges ?	10	– Ces trois questions mesurent le degré d'implication de l'acheteur dans le processus.
2.4. Est-ce que l'acheteur a participé à l'élaboration du cahier des charges ?	20	
La sélection 2.5.1. Est-ce que vous négociez (cherchez à obtenir une remise sur le prix) avec le « moins cher » ou éventuellement le seul consulté ?	5	– La même question peut être posée si l'on a des propositions décomposées (par nature, par destination), et que l'on renégocie sur chaque poste décomposé puis sur le montant global.
2.5.2. Est-ce que vous négociez avec les « moins chers » en réponse à la consultation pour obtenir le mieux disant ?	15	
2.5.3. Avez-vous, sur une consultation comportant un découpage par lot, renégocié lot par lot avant de renégocier le montant global ?	20	
2.6. Avez-vous traité cet achat sous forme de contrats cadres ou de contrat pluriannuels ?	20	– L'objectif est de tendre grâce au découpage du cahier des charges vers l'offre idéale qui serait la somme des moins disants (chaque lot ou chaque décomposition).
2.7.1. Connaissez-vous, à partir d'une décomposition sommaire, l'élément déterminant du prix du marché ?	5	– Il s'agit de repérer : • une matière (évoluant sur un marché mondial), • une qualification précise « pesant » sur le coût main-d'œuvre, • un taux machine déterminant (amortissement, taux d'emploi).
2.7.2. Connaissez-vous le coût complet d'acquisition de la prestation et sa décomposition ?	15	– Il s'agit de la décomposition <u>par destination</u> (études, préfabrication, part matières achetée, transports, manutention, ...).

QUESTIONS	COTATION	COMMENTAIRES
2.7.3. Avez-vous une idée précise avant la négociation avec le fournisseur de la décomposition de son prix de vente? (marge nette, frais généraux, valeur ajoutée industrielle, consommation intermédiaire avec un éclairage charges fixes/variables.)	30	– Il s'agit de la décomposition par nature qui est la seule que l'on peut plus ou moins rapprocher des données comptables de l'entreprise.
2.8. Avez-vous un plan formalisé accepté contractuellement par le fournisseur de réduction de ses coûts de production avec partage des gains (éventuellement avec une contrepartie: promesse de volume, engagement sur la durée, ...)?	50	
La négociation 2.9. Participez-vous aux négociations?	15	– L'objectif est de savoir si l'acheteur a un rôle passif ou actif lors de l'acte d'achat.
2.9.1. Préparez-vous la négociation en définissant les enjeux, les risques et les opportunités?	20	– Il s'agit de repérer si l'acheteur possède la technique de la négociation.
2.9.2. Menez-vous la négociation?	15	– Il s'agit de vérifier que s'il participe à la négociation, l'acheteur est bien le leader dans cette étape.
2.9.3. Définissez-vous une stratégie et une tactique de négociation?	20	– Il s'agit de vérifier que l'acheteur sait précisément où il veut aller dans la négociation et que ses objectifs sont définis en terme de stratégie et de leviers d'actions opérationnels.
2.9.4. Reconnaissez-vous le style de l'autre?	10	
2.9.5. Connaissez-vous votre style?	10	
2.9.6. Négociez-vous dans un contexte international?	10	

QUESTIONS	COTATION	COMMENTAIRES
3. L'EXPRESSION DU BESOIN 3.1. Est-ce qu'il existe un document tel que cahier des charges ou spécification fonctionnelle ?	5	– Il faut définir le besoin d'achat en terme de fonction et non de moyens. – Lorsque la prestation peut en faire l'objet, il faut obtenir un découpage obligatoire du cahier des charges en lots indépendants, chiffrés séparément et sous la même forme (chaque lot doit avoir un montant estimé inférieur à 40 % du total).
3.2. Avez-vous une connaissance des standards du marché c'est-à-dire du type de prestation la plus fréquemment achetée donc vendue sur le marché ?	15	
3.3. Essayez-vous de transformer le besoin d'achat en besoin pouvant être satisfait par un standard du marché ?	25	– On peut éventuellement chercher à découper le besoin global en sous ensembles standards et disponibles sur le marché.
3.4. Une évaluation technique du cahier des charges a-t-elle été pratiquée et est-elle formalisée pour soit valider le cahier des charges, soit justifier l'adéquation entre le besoin exprimé par le cahier des charges et le résultat à obtenir ?	25	
3.5. Connaissez-vous les incidences directes et indirectes des variations techniques de la prestation sur le prix de celle-ci ?	30	– L'objectif est que l'acheteur, d'une part, participe à l'élaboration du cahier des charges, d'autre part, mesure le « poids » économique des variantes techniques.

Les bonnes pratiques Achat (suite)

Pour les **Acheteurs de matières premières** :

Lorsque vous achetez des matières premières avez-vous présent à l'esprit :

	OUI	NON
Étude des stocks mondiaux		
Connaissance et suivi de votre puissance d'Achat		
Prévision d'évolution des marchés		
Étude des cycles des matières premières		
Recherche de la fidélité réciproque pour contrer les pénuries		
Les réglementations sur l'environnement		
Maîtrise des coûts de possession		
Couverture sur les monnaies de règlement		
Les définitions du transfert de risque et de propriété		
Prise en compte de la saisonnalité		
Les conditions de chargement/déchargement		
Problème de péremption		

Pouvez-vous préciser la démarche que vous appliquez lors de l'achat de matières premières ?

Pour les **Acheteurs de sous-traitance :**

Lorsque vous achetez de la sous-traitance avez-vous :

	OUI	NON
Participé à l'élaboration du projet dès la phase de développement		
Mis en place un binôme Technicien/Acheteur		
Analysé le marché amont et représenté sous forme matricielle les risques et les profits pour le produit acheté		
Analysé les capacités d'étude du sous-traitant		
Analysé en détail la comptabilité analytique du fournisseur et la santé financière de votre fournisseur		
Analysé la capacité machine du fournisseur		
Analysé l'évolution de votre puissance d'Achat		
Acquis une décomposition des coûts du fournisseur qui implique la transparence des coûts		
Pris conseil au niveau de votre fournisseur sur les aspects techniques de la partie ou système à sous-traiter		
Impliqué et responsabilisé le fournisseur dans la destination finale du produit		
Évalué techniquement et technologiquement vos fournisseurs		
Mis en place un plan d'assurance qualité		
Prévu des plans de progrès avec vos fournisseurs		
Décentralisé les approvisionnements		

Pouvez-vous préciser la démarche que vous appliquez lors de l'achat de sous-traitance ?

Pour les **Acheteurs de prestations ou de services :**

Lorsque vous achetez des prestations ou des services avez-vous :

	OUI	NON
Réalisé une étude Make or Buy		
Utilisé des études Benchmarking		
Obtenu la décomposition des coûts		
Connaissance de l'élément déterminant du coût de la prestation		
Connaissance du droit régissant la propriété intellectuelle		
Globalisé votre offre pour augmenter votre puissance d'Achat		
Utilisé la mise en concurrence comme levier de gain		
Passé des contrats cadres avec un/des fournisseur(s) en nombre limité		

Pouvez-vous préciser la démarche que vous appliquez lors de l'achat de prestation ou service ?

Pour les **Acheteurs sur catalogue (ou certains consommables) :**

Lorsque vous achetez des consommables avez-vous :

	OUI	NON
Mis en place des procédures qui permettent à l'utilisateur final d'exprimer le besoin		
Rationalisé et standardisé le besoin pour avoir une gamme large de produits communs à tous les utilisateurs		
Globalisé le besoin en signant des contrats cadres avec un nombre restreint de fournisseurs		
Prévu des contrats ouverts		
Prévu des conditions logistiques dans vos contrats cadres (notamment au niveau des fréquences de livraisons)		
Mis en place une politique de délégation		
Mis en place des échanges de données informatiques de type EDI avec les fournisseurs		
Mis en place des modes de paiement de type Carte d'Achat		
Utilisé des leviers de gains de type mise en concurrence à intervalle régulier (tous les ans)		

Pouvez-vous préciser la démarche que vous appliquez lors de l'achat de consommables ?

Pour les **Acheteurs d'investissement (ex. équipement) :**

Lorsque vous achetez des investissements avez-vous :

	OUI	NON
Participé à la rédaction du cahier des charges qui définit en termes de fonctionnalité l'investissement à réaliser		
Mis en place un binôme technicien/acheteur		
Pris conseil auprès de vos fournisseurs pour définir le CDC		
Obtenu une décomposition des coûts qui vous permet de connaître l'élément-clé influant sur le prix de l'investissement		
Connaissance du coût global de possession		
Négocié les conditions de maintenance		
Utilisé des formules de retour sur investissement pour guider votre choix (pay back, actualisation)		
Évalué technico économiquement votre fournisseur		
Mis en place un plan d'assurance qualité pour l'investissement		

Pouvez-vous préciser la démarche que vous appliquez lors d'achat d'investissement ?

CONCLUSION

Des pages qui précèdent, nous pouvons déduire qu'il est nécessaire aujourd'hui d'élaborer des stratégies différenciées par lignes de produits achetés.

Dans ce cadre, la fonction achats a un rôle prépondérant à jouer au niveau de la stratégie d'entreprise.

Toute décision, qu'elle soit de type stratégie d'entreprise (alliance ou coopération), de type industriel (faire ou faire faire), de type commercial (compensation ou transfert de savoir-faire), impacte lourdement sur les achats de l'entreprise.

Il importe donc, en termes d'organisation, que le responsable des achats soit placé à un niveau de décision suffisant.

Nous espérons que cet ouvrage contribuera quelque peu à définir les relations clients-fournisseurs les plus pertinentes dans l'économie de marché dans laquelle nous vivons.

Bibliographie

Des mêmes auteurs

R. Perrotin, *L'entretien d'achat,* Les Éditions d'Organisation, Paris, troisième tirage 1995.

R. Perrotin, *Le marketing achats,* Les Éditions d'Organisation, Paris, troisième tirage 1995.

R. Perrotin et P. Heusschen, *Acheter avec profit,* Les Éditions d'Organisation, Paris, troisième tirage 1995.

R. Perrotin et C. Victor, *Mieux acheter avec la PNL,* Les Éditions d'Organisation, Paris, deuxième tirage 1994.

Y. Lavina et J.-M. Loubère, *Maintenance et travaux neufs – Les règles de la sous-traitance,* Les Éditions d'Organisation, Paris, deuxième tirage 1995.

Autres ouvrages

T. M. Collins et T. L. Doorley, *Les alliances stratégiques,* InterÉditions, Paris, 1991.

R. C. Camp, *Le benchmarking,* Les Éditions d'Organisation, Paris, deuxième tirage 1994.

P. Korda, *Vendre et défendre ses marges,* Éditions Dunod, Paris, 1994.

D. Mac Gregor, *La profession de manager,* Éditions Gauthier-Villars, Paris, 1974.

J. Ardoino, *Management ou commandement,* ANDSHA EPI, 1970.

G. Napolitano et J. Lapeyre, *La certification des services,* Les Éditions d'Organisation, Paris, 1994.

G. Merli, *Co-Markership,* Productivity Press.

R. Lamming, *Beyond Partnership,* Prentice Hall.

L. Cordin, *Stratégies gagnantes,* Éditions Dunod, Paris, 1992.

James, Womarck, Daniel T. Jones, Ross – Le *système qui va changer le monde,* Éditions Dunod, Paris, 1992.

R. Juan-Bonhomme, *Sous-traiter,* Lamy / Les Échos, Paris, 1993.

C. Altersohn, *De la sous-traitance au partenariat industriel,* Éditions L'Harmattan, Paris, 1992.

L. Laurent, *Guide de l'acheteur industriel,* Dunod Entreprise, Paris, 1990.

Revue juridique du Centre-Ouest, n° 13, janvier 1994, Journée organisée sur la sous-traitance.

R. Venkatesan, « Faire ou faire faire un choix stratégique », *Harvard-L'Expansion,* printemps 1993.

M.-J. SOSTÈNES, « Le partenariat dans l'optique marketing-achats », *Revue française de gestion,* janvier-février 1994.

Norme AFNOR X50-300 (novembre 1987) – *Sous-traitance industrielle.*

A. BENSOUSSAN, *Le Facilities Management et le droit* – Memento-Guide, Hermès, Paris, 1994.

Découverte de la microéconomie (n° 254), La Documentation française, Paris, février 1992.

www.ingramcontent.com/pod-product-compliance
Lightning Source LLC
Chambersburg PA
CBHW071959220326
41599CB00034BA/6884